BIBLIOGRAPHIE GÉNÉRALE

DES

INVENTAIRES IMPRIMÉS

PAR

Fernand DE MÉLY & Edmund BISHOP

TOME PREMIER

FRANCE & ANGLETERRE

PARIS

ERNEST LEROUX, ÉDITEUR

28, RUE BONAPARTE, 28

1892

BIBLIOGRAPHIE GÉNÉRALE

DES

INVENTAIRES IMPRIMÉS

TOME I

LE PUY. — IMPRIMERIE MARCHESSOU FILS.

MINISTÈRE DE L'INSTRUCTION PUBLIQUE ET DES BEAUX-ARTS

BIBLIOGRAPHIE GÉNÉRALE

DES

INVENTAIRES IMPRIMÉS

PAR

Fernand DE MÉLY & Edmund BISHOP

TOME PREMIER

FRANCE & ANGLETERRE

PARIS
ERNEST LEROUX, ÉDITEUR
28, RUE BONAPARTE, 28

1892

AVERTISSEMENT [1]

Si la crainte d'être incomplets devait arrêter deux auteurs, la publication de la *Bibliographie des Inventaires imprimés* n'aurait certainement pas vu le jour. Nos recherches mêmes nous ont, en effet, pleinement convaincus que ce premier volume devait être seulement considéré comme un essai, destiné à révéler la grande quantité de documents de cette nature, déjà publiés.

Depuis que les premières fiches ont été envoyées à l'imprimerie, à mesure que les épreuves en revenaient, le nombre des inventaires allait croissant; c'est dire qu'à la fin du tome II, un supplément, aussi copieux qu'incomplet encore, prendra place dans cette série.

On avait d'abord pensé à se borner à la France. On s'est aperçu que beaucoup de ces pièces, imprimées dans les autres pays, intéressaient directement la France et que, pour retirer de cette archéologie documentaire un réel profit, il fallait nécessairement pouvoir les comparer entre elles. Le cadre s'est alors agrandi, et chaque nation d'Europe va se trouver représentée dans ces deux volumes. Un vaste champ d'études s'ouvre donc ici pour l'économie sociale, le parallélisme des dates permettra de s'y reconnaître : la France y pourra puiser largement et l'histoire des alliances de ses rois, comme celle de ses relations diplomatiques n'aura qu'à y gagner.

---

(1) L'introduction détaillée qui paraîtra à la fin du deuxième volume devra prendre place à la suite de cet avertissement en tête du premier volume.

Ce n'est réellement que par les tables que notre travail est appelé à rendre quelques services. Par elles seules, les travailleurs se reconnaîtront au milieu de tous ces renseignements. En attendant qu'elles paraissent, quelques données permettront cependant de se servir de ce volume avec utilité.

En principe, nous n'avons admis que les inventaires proprement dits; de propos délibéré, nous avons laissé absolument de côté tous les inventaires de manuscrits et de bibliothèques, qui ne se rattachent pas immédiatement à l'archéologie, et d'ailleurs, déjà étudiés par d'autres. Nous avons également écarté les simples énumérations de reliques, les donations qui n'étaient pas le point de départ d'un trésor, les testaments et les descriptions littéraires : nous eussions été entraînés beaucoup trop loin. Néanmoins, nous avons dû forcément faire quelques exceptions, nécessitées soit par la valeur archéologique de la pièce même, soit par son authenticité, soit enfin par l'importance du monument auquel elle se rattachait.

Nous avons divisé l'Europe par contrées principales. La France, en suivant autant que possible le *Gallia Christiana*, comprend par conséquent la Belgique et l'Alsace-Lorraine : l'Allemagne se compose de toutes les nationalités du centre de l'Europe, on y trouvera l'Autriche et la Bohême : nous avons cru devoir mettre à part la Hongrie et la Pologne, dont les langues, profondément différentes de leurs voisines, caractérisent une vie sociale absolument séparée. L'Écosse est restée en dehors de l'Angleterre, tout comme l'Islande est distincte du Danemark, car chacun de ces deux pays a eu son existence propre. Les autres États sont classés suivant leurs frontières naturelles.

Malgré ce plan qui paraît si simple à suivre, il ne nous a pas toujours été facile d'y rester continuellement fidèles. Bien que nous ayons tenté de ramener, aussi méthodiquement que possible, les inventaires à leur pays d'origine, tel qui appartient à la Savoie, par conséquent aujourd'hui à la France, est classé à l'Italie, tel dépend de la France, qui est à l'Écosse, comme les inventaires de Marie Stuart, tels inventaires des ducs de Bourgogne sont à l'Allemagne, tels enfin, bien que d'Avignon, ne se retrouveront qu'avec l'Italie, parce qu'ils font partie de la série des inventaires du Saint-Siège.

Pour les dates, nous avons adopté celles données par les éditeurs du document, leur laissant l'entière responsabilité de la publication, en adoptant cependant le 1ᵉʳ janvier pour le commencement de l'année. La table, à ce sujet fera des rectifications curieuses; mais, sans sortir du cadre bibliographique adopté dès le principe, nous avons tenté néanmoins de rectifier, autant que faire se pouvait, les erreurs géographiques manifestes, trop souvent rencontrées; nous avons même dû parfois essayer l'identification, négligée par les éditeurs, de noms de lieux, vraiment incompréhensibles, reproduits tout simplement d'après les documents originaux et donner leur équivalent moderne.

Certains auteurs ont publié des volumes entiers d'inventaires sur une seule époque : M. Guiffrey, sur les artistes français du xviiᵉ et du xviiiᵉ siècle, MM. Raine, Greenwell et Walcott sur les inventaires anglais du xviᵉ siècle, pour ne citer que les principaux auteurs qu'on trouvera dans ce premier volume. Vouloir décomposer leur œuvre, mettre à leurs dates respectives des textes souvent extrêmement courts, et dont la réelle importance réside principalement dans leur juxtaposition, était allourdir inutilement notre travail; nous avons simplement dressé de véritables tables analytiques de ces publications, en les plaçant soit à la première des dates qu'on y trouve, quand l'espace qu'elles embrassaient n'était pas trop considérable, soit au siècle même, quand les documents reproduits s'étendaient sur une longue suite d'années.

Comme nous avons *vu* par nous-mêmes tous les inventaires imprimés cités, nous faisons suivre la rubrique, quand la chose en vaut la peine, d'une petite énumération des objets les plus importants de l'inventaire.

Nous indiquons également en quelle langue le document est rédigé. Mais au XVIe siècle, chaque nation commence à se servir couramment de sa langue propre : à partir de cette date, nous avons donc jugé inutile de continuer cette mention quand l'inventaire est en langue du pays : nous ne signalons que les exceptions.

Un mot de la bibliographie.

Chaque référence bibliographique est complète, une fois seulement, à la première citation ; la table, au nom de l'auteur, permettra de toujours être à même de retrouver, au premier renvoi, tous les renseignements nécessaires. Mais il faut faire remarquer que pour les *Revues*, de sérieuses difficultés se sont rencontrées. Tel inventaire, qui a paru, en brochure, en 1862, n'est édité que dans un volume de société savante terminé en 1864, tel autre, au contraire, qui porte la date de 1891, a été imprimé dans des *Mémoires* de 1890 ; ajoutons d'ailleurs, que trop souvent les auteurs, les éditeurs plutôt, voudraient dissimuler les publications d'où sont tirées leurs plaquettes. Pour obvier autant que possible à cet inconvénient, nous n'avons *jamais* cité que les *Revues* mêmes, réservant pour le supplément les tirages à part, dont nous n'avons pu retrouver la filiation : puis, la date du volume accompagnant toujours le numéro du tome, permettra au lecteur de se reconnaître avec certitude, dans le dédale des première, deuxième, nouvelle série, qui, bien souvent, se succèdent très-rapidement.

Pour mener à bien notre œuvre, nous faisons appel ici à la bienveillance des travailleurs de tous les pays. Malgré des déplacements en Allemagne, en Italie, malgré la volumineuse correspondance échangée avec nombre d'érudits, il reste dans les bibliothèques de province ou

particulières, bien des travaux locaux qui continueront forcément à nous échapper. S'ils sont publiés récemment,
nous demandons aux auteurs de nous les signaler; s'ils font
partie d'anciens ouvrages, que les érudits qui les rencontre-
ront veuillent bien nous les indiquer. Parfois, dans le livre le
plus inattendu se trouvera ce que nous cherchons, ce n'est
donc pas trop de solliciter la collaboration de tous ceux
qui se serviront de ce premier volume.

Mais avant de remercier, comme nous comptons le faire
dans la préface de l'ouvrage, tous ceux qui auront bien
voulu nous rendre service, nous tenons à dire dès aujour-
d'hui la complaisance extrême avec laquelle la Bibliothèque nationale et le British Museum nous ont communi-
qué des richesses qui se complétaient les unes les autres.
Nous ne saurions trop exprimer notre reconnaissance aux
Administrateurs et aux conservateurs qui n'ont pas toujours pu répondre facilement à nos demandes, mais n'ont
cependant jamais cessé de se mettre avec la dernière bonne
grâce à notre entière disposition.

F. DE MÉLY.   Ed. BISHOP.
Château du Mesnil-Germain   Castlegate, Lewes
(Calvados).   (Sussex).

BIBLIOGRAPHIE

DES

INVENTAIRES IMPRIMÉS

831

1. — Inventaire des biens de l'abbaye de Saint-Riquier [comprenant les inventaires des églises de Forestmontier, Bourecq et Encre (auj. Albert), dépendant du monastère de Saint-Riquier.]
Chronicon Centulense, lib. III, c. 3, dans d'Achery, *Spicileg.*, in-fº, t. II, p. 310-312. — Mabillon, *Annal. O. S. B.* (1704), t. II, p. 539.

850

2. — Inventaire de l'église de Courtisols.
Guérard, *Polyptyque de Saint-Remy de Reims,* p. 56.

3. — Inventaire de l'église de Beine.
Ibid., p. 61-62.

4. — Inventaire de l'église de Louvercy.
Ibid., p. 39.

5. — Inventaire de l'église de Rilly-la-Montagne.
Ibid., p. 8.

6. — Inventaire de l'église de Saulx-Saint-Remy.
Ibid., p. 87.

7. — Inventaire de l'église de Vieil-Saint-Remy.
Ibid., p. 78.

870, 15 août.

8. — Inventaire de l'abbaye de Saint-Trond, fait par ordre de l'évêque Adventius.

1

[Reliques, châsses, vases sacrés, vêtements, étoffes, couteaux, mobilier.]

Rodulfi gesta abbat. Trudonens., lib. I, dans d'Achery, *Spicileg.*, in-f°, t. II, p. 66 [avec la date de 770]. — Pertz, *Scriptores*, t. X, p. 230-231.

IXe SIÈCLE.

9. — Inventaire de Téole.

Guérard (Benj.), *Polytyque de l'abbé Irminon* (Paris, Imprim. Royale, 1844, in-4°), appendice, p. 296-297.

Xe SIÈCLE.

10. — Inventaire des objets mobiliers de la sacristie du monastère de Saint-Père-en-Vallée de Chartres.

Poisson (L'abbé), *Inventaire de Saint-Père,* dans les *Annales archéol.*, t. VII (1850), p. 90. — Poisson (L'abbé), *Chroniques de l'abbaye royale de Saint-Père-en-Vallée* (Chartres, Garnier, 1857, in-12), p. 210. — Mély (F. de), *Les Inventaires de Saint-Père-en-Vallée,* dans la *Revue de l'art chrétien*, nouv. série, t. IV (1886), p. 308. (Tirage à part, Paris, Picard, 1887, in-8°).

Xe SIÈCLE.

11. — Inventaire du trésor et du mobilier de la cathédrale de Clermont-Ferrand.

Douët d'Arcq. *Revue archéol.*, t. X (1853), p. 172-174.

XIe SIÈCLE.

12. — Inventaire du trésor de Saint-Cyr de Nevers.

Boutillier (L'abbé), *Le Trésor de la cathédrale de Nevers,* dans le *Bulletin de la Soc. Nivernaise des lettres, sciences et arts*, 3e sér., t. III (t. XIII, 1889), p. 213-281. (Tirage à part).

1170

13. — Inventaire des reliques et autres objets précieux conservés au xiie siècle dans le trésor de l'abbaye de Saint-Waast d'Arras.

Van Drival (L'abbé), *Le Trésor sacré de la cathédrale d'Arras* (Arras, Brissy, 1867, in-8°), p. 1-25.

XIIe SIÈCLE.

14. — Inventaire des ornements conservés dans le trésor de l'abbaye de Saint-Martial de Limoges.

Coussemaker (de), *Bulletin archéol.*, t. IV (1847-48), p. 100-101.

XIIe SIÈCLE.

15. — Inventaire de l'église de Saint-Waast d'Arras.

Van Drival (L'abbé), *Cartulaire de l'abbaye de Saint-Vaast d'Arras*

(Arras, Courtin, 1875, in-8°), p. 105-112. — Dehaisnes (Mgr), *Documents et extraits divers concernant l'histoire de l'art dans la Flandre, l'Artois, le Hainaut, avant le xv° siècle* (Lille, Quarré, 1886, in-4°), 1re partie, p. 44-46.

FIN DU XIIᵉ SIÈCLE.

16. — Inventaire du trésor et des livres de la cathédrale de Rouen.

Linas (Ch. de), *Gazette archéol.*, t. XI (1886), p. 29 et *Revue de l'art chrétien*, 3° sér., t. IV (1886), p. 460-467.

1204-1205

17. — Reliques envoyées de Constantinople à l'église de Soissons par l'évêque Nivelon.

Riant (Le comte), *Exuviæ sacræ Constantinopolitanæ* (Genève, Fick, 1877, in-8°), t. I, p. 7-8.

1205

18. — Reliques apportées de Constantinople au monastère de Pairis, par l'abbé Martin.

Gunther de Pairis, dans Jacques Basnage, *Observatio in Guntheri historiam Constantinopolitanam* (Migne, Patrologie, CCXII), col. 253. — Riant (Le comte), *Exuviæ sacræ Constantinopolitanæ*, t. I, p. 121-123.

1218

19. — Inventaire des reliques, reliquaires, vases liturgiques, ornements, étoffes, peignes, bannières et livres de l'église de Saint-Aubin de Namur.

Le Beffroi (Bruges, Gaillard, 1863-1876, 4 vol. in-4°), t. III (1871), p. 129-133.

1226-1245

20. — Inventaire du trésor de Saint-Martial de Limoges, au temps de l'abbé Raimond Gaucelm.

Duplès-Agier, *Bibliothèque de l'École des chartes*, 4° série, t. I (1855), p. 29-35. — Duplès-Agier, *Chroniques de Saint-Martial de Limoges* (Paris, Renouard, 1874, in-8°, Société de l'Histoire de France), p. 309-318. — Guibert, *Bulletin de la Soc. archéol., du Limousin*, t. XXXII (1885), p. 56-58 (traduction).

1230

21. — Inventaire du mobilier d'une ferme (Killon) mise en location.

[Bétail, mobilier agricole.]

Delisle (Léopold), *Étude sur la condition de la classe agricole et de l'état de l'agriculture en Normandie au moyen âge* (Evreux, Hérissey, 1851, in-8°), p. 3o3-3o4.

1231

22. — Inventaire, après décès, des vêtements et des ornements ecclésiastiques de Foulques, évêque de Toulouse.

Catel (Guillaume de), *Mémoires de l'Hist. du Languedoc* (Toulouse, Bosc, 1633, in-f°), p. 901-902.

1246

23. — Inventaire des biens, meubles et immeubles, de l'abbaye de Saint-Sernin de Toulouse.

Douais (Le chanoine), *Inventaire des biens, meubles et immeubles, de l'abbaye de Saint-Sernin de Toulouse* (Paris, Picard, 1886, in-4°), 28 p.

1256, 3 février.

24. — Inventaire du trésor de la cathédrale de Saint-Maurice d'Angers.

Farcy (L. de), *L'Ancien trésor de la cathédrale d'Angers*, dans la *Revue de l'art chrétien*, t. XXX (1880), p. 188-190 et t. XXXI (1881), p. 371. (Tirage à part).

1260

25. — Inventaire du mobilier de guerre et des approvisionnements du château de Sommières [comprend aussi le mobilier de la chapelle.]

Demay, *Bulletin de la Société des Antiquaires de France*, t. XXXV (1874), p. 43-44.

1266

26. — Inventaire et comptes de la succession d'Eudes, comte de Nevers.

Chazaud, *Mémoires de la Société des Antiquaires de France*, t. XXXII (1871), p. 176-206. (Tirage à part).

1269

27. — Inventaire de l'armement et de l'approvisionnement du château de Gimel, quand il fut pris par le sénéchal du roi d'Angleterre sur Raoul de Beaufort.

Vaissière (A.), *Bulletin de la Soc. histor. et archéol. de la Corrèze*, t. V (1883), p. 86. — *Revue de l'Art chrétien*, 1884, p. 98.

1273

28. — Inventaire des reliques, argenteries et manuscrits de la cathédrale de Quimper.

Le Men (R.-F.), *Monographie de la cathédrale de Quimper* (Quimper, Jacob, 1877, in-8°), p. 349-351 (extraits).

1283, 18 juillet.

29. — Inventaire des reliques de l'église de Térouanne.

Duchet (Th.) et Giry(A.), *Cartulaire de l'Église de Térouanne* (Saint-Omer, Fleury, 1881, in-4°, Société des Antiquaires de la Morinie), p. 205. — Dehaisnes, *Documents*, p. 76.

1286

30. — Inventaire du trésor de la cathédrale de Térouanne.

Duchet (Th.) et Giry (A.), *Cartulaire de l'église de Térouanne*, p. 206. — Dehaisnes, *Documents*, p. 77-78.

1286

31. — Inventaires du trésor de la collégiale de l'église de Saint-Amé-de-Douai.

Dehaisnes, *Souvenirs de la Flandre Wallonne* (Douai, Crépin), Ire série, t. V (1865), p. 26-48, et 146-179.

1287, 22 janvier.

32. — Inventaire de la cathédrale d'Angers.

Farcy (L. de), *L'Ancien trésor de la cathédrale d'Angers*, dans la *Revue de l'art chrétien*, t. XXX (1880), p. 190-191, t. XXXI (1881), p. 371-372.

1288

33. — Inventaire des reliques de l'église de Saint-Just de Lyon.

Guigue, *Bulletin de la Société des Antiquaires de France*, t. XL (1879), p. 116.

1289

34. — Inventaire des joyaux de Béatrice de Courtrai.

J. D. S. G [Jules de Saint-Genois], *Messager des Sciences historiques de Belgique* (Gand, 1843, in-8°), p. 222-223 (traduction). — Dehaisnes, *Documents*, p. 78-79.

1289

35. — Inventaire du trésor de l'abbaye de Silvacane.

Albanès (L'abbé), *Revue des Soc. savantes*, 7° série, t. I (1880), p. 153-156.

1294

36. — Inventaire des reliques, vases et ornements d'église, appartenant à l'abbaye de Saint-Pierre-le-Vif de Sens.

Geoffroy de Courlon, *Le livre des reliques de l'abbaye de Saint-Pierre-le-Vif de Sens*, publié par G. Julliot et M. Prou (Sens, Duchemin, 1887, in-8°), p. 1-76.

1297, 26 juillet.

37. — Inventaire de la cathédrale d'Angers.

> Godard-Faultrier, *Revue des Soc. savantes,* 4ᵉ sér., t. V (1867), p. 516-519. — Farcy (L. de), *L'Ancien trésor de la cathédrale d'Angers,* dans la *Revue de l'art chrétien,* t. XXX (1880), p. 192.

1297

38. — Inventaire de la vaisselle et des joyaux d'Isabelle, comtesse de Flandres († 1295).

> Dehaisnes, *Documents,* p. 92-93.

1297

39. — Inventaire du mobilier du prieuré de Saint-Laurent de Montfort l'Amaury.

> Dion (A. de), *Mémoires et Documents publiés par la Soc. archéol. de Rambouillet,* t. VIII (1888), p. 176-179. (Tirage à part).

1298

40. — Inventaire des lits, robes et joyaux de Marguerite de Hainaut, comtesse d'Artois.

> Richard (J.-M.), *Mahaut, Comtesse d'Artois et de Bourgogne* (Paris, Champion, 1887, in-8ᵉ), p. 381-384.

XIIIᵉ SIÈCLE

41. — Inventaire du mobilier de la cuisine du couvent de Saint-Remy de Reims.

> Demaison (Louis), *Travaux de l'Académie nation. de Reims,* t. LXXII (1881-1882), p. 115-119.

XIIIᵉ SIÈCLE

42. — Inventaire de l'argenterie de l'église de Cysoing.

> Dehaisnes, *Documents,* p. 112-113.

1301, 30 décembre.

43. — Inventaire des joyaux, couronnes, chapeaux, fermaux, étoffes de Marguerite, comtesse d'Artois.

> Richard (J.-M.), *Mahaut d'Artois,* p. 384-386. — Dehaisnes, *Documents,* p. 118-120.

1302

44. — Inventaire du mobilier de Mᵉ Guillaume As Feives, bourgeois de Paris.

> Stein (H.), *Bulletin de la Société de l'Histoire de Paris,* 1883, p. 165-174. (Tirage à part).

1302

45. — Inventaire, après décès, des livres et objets d'art des châteaux de Frasniches, de Beaulieu, de Brios, de l'hôtel de Paris, appartenant à Raoul de Clermont, seigneur de Nesles, connétable de France.

[Orfèvrerie, joyaux, étoffes, livres, vêtements, artillerie, armes, outils, mobilier agricole.]

Pinchart (Alexandre), *Archives des Arts* (Gand, Hebbelynck, 1860-1881), t. I, p. 85 (extraits). — Dehaisnes, *Documents*, p. 124-150.

1304, 4 décembre.

46. — Inventaire, après décès, d'objets ayant appartenu au comte Jean de Hainaut.

Dehaisnes, *Documents*, p. 154-157.

1305 (?)

47. — Inventaire d'objets ayant apparteru au comte Guy de Flandres.

[Argenterie, bourses, étoffes, robes et vêtements, objets de cuisine.]

Dehaisnes, *Documents*, p. 169-172.

1306, 4 avril.

48. — Inventaire, après décès, de l'argent monnayé, des argenteries, vases sacrés et joyaux de Jean II, duc de Bretagne, trouvés à la Tour Neuve de Nantes et en la voûte de Sucinio.

Lobineau (Dom Gui-Alexis), *Histoire de Bretagne* (Paris, Guérin, 1707, in-f°), t. II, col. 453-455.

1306, 18 octobre.

49. — Inventaire des joyaux mis en gage à Bruges, chez Denyse d'Albe, par Robert de Béthune, comte de Flandres.

Dehaisnes, *Documents*, p. 174-175.

1307, 16 juin.

50. — Inventaire du trésor de la chapelle du comte de Hainaut.

Bulletin de la commission royale d'hist. de Belgique, 2ᵉ sér., t. IV (1852), p. 115-117. — Dehaisnes, *Documents*, p. 180-181.

1307, 13 octobre.

51. — Inventaire des commanderies de Baugis et de Bretteville, appartenant aux Templiers de Caen.

[Bétail, linge, argenterie, mobilier civil.]

Delisle (Léopold), *Études sur la condition de la classe agricole en Normandie au moyen âge*, p. 721-728.

1308, mai.

52. — Inventaire du mobilier de la chapelle de Binche.
Dehaisnes, *Documents*, p. 182.

1308

53. — Inventaire des biens meubles de Robert de Béthune, comte de Flandres.
Dehaisnes, *Documents*, p. 186.

1308

54. — Procès-verbal de visite de l'église de Saint-Nizier de Lyon.
Guigue, *Bulletin de la Société des Antiquaires de France*, t. XXXVII (1876), p. 147-158.

1313, 5 juin.

55. — Inventaire des ornements et vases sacrés de la chapelle de la commanderie de Joigny.
Tardif (A.), *Annales archéol.*, t. VII (1850), p. 85-86.

1313

56. — Procès-verbal de la prise de possession de la Maison du Temple, à Toulouse, par les Hospitaliers.
Du Bourg, *Mémoires de la Soc. archéol., du Midi de la France,* t. XI (1880), p. 177-185.

1316

57. — Inventaire des biens meubles et immeubles de la comtesse Mahaut d'Artois, pillés par l'armée de Robert d'Artois, son neveu.
Le Roux de Lincy, *Bibliothèque de l'École des chartes*, 3ᵉ série, t. III (1853), p. 60-68 (en français), 71-75 (en latin). (Tirage à part). — Dehaisnes, *Documents*, p. 235-236.

1316

58. — Inventaire des meubles de Louis X le Hutin.
[Chambres, armures, draps, eschançonnerie, chevaux.]
Recueil des Historiens des Gaules et de la France, t. XXII (Paris, 1865, in-fᵒ), p. 770-771.

1317-1319

59. — Quittance générale donnée par le roi Philippe le Long à

Henri de Sully, bouteiller de France, pour les trésors et joyaux de la couronne qu'il avait en sa garde au château du Louvre.

Ma.olles (L'abbé de), *Inventaire des titres de Nevers*, publié et annoté par le comte de Soultrait (Nevers, Paulin Fay, 1873, in-4°), col. 617-627.

1322, 2 janvier.

60. — Inventaire du mobilier des maisons épiscopales d'Arras et de Mareuil-lès-Arras.

[Mobilier civil, animaux.]

Richard (J.-M.), *Revue des Soc. savantes*, 7ᵉ série, t. V (1882), p. 253-259.

1322

61. — Inventaire après décès, des bijoux, reliquaires, reliques, ornements d'église, appartenant à P. de Chambli Chalop, de Rouen.

Boutaric, *Bullet. de la Société des Antiquaires de France*, t. XXVI (1859), p. 68.

1322

62. — Inventaire des objets mobiliers trouvés à Courtrai, après la mort de Robert de Béthune, comte de Flandres.

Dehaisnes, *Documents*, p. 238-248.

1322

63. — Inventaire du trésor de la cathédrale de Chartres.

Mély (F. de), *Trésor de Chartres* (Paris, Picard, 1885, gr. in-8°), p. 100-101. — Merlet (Lucien), *Catalogue des reliques et joyaux de Notre-Dame de Chartres* (Chartres, Garnier, 1885, pet. in-8°), p. 90-92.

1322

64. — Inventaire des images, pierres précieuses et reliquaires du trésor de la chapelle du Saint-Soulier de Rodez.

Bion de Marlavagne (L.), *Histoire de la cathédrale de Rodez* (Rodez et Paris, Didron, 1875, in-8°), p. 255-259.

1323

65. — Inventaire des biens meubles légués à l'église de Rodez par l'évêque Pierre IV de Pleine-Cassagne.

Bion de Marlavagne (L.), *Histoire de la cathéd. de Rodez*, p. 260-263.

1323

66. — Inventaire de Marguerite et de Jeanne de Hainaut.

[Couronnes, chapeaux, fermaux, ceintures, lits, tapis, draps de soie, chapelle.]

Godefroy Ménil-Glaise (Le marquis de), *Bulletin de la Soc. de l'Hist·
de France*, t. VI (1868), p. 132-147.

1327, 1er février.

67. — Inventaire de la chapelle du comte de Blois.

Laborde (Le comte de), *Les ducs de Bourgogne* (Paris, Plon, 1849-1852,
3 vol. in-8°), t. III, p. 4-5.

1327, février.

68. — Inventaire, après décès, des vêtements, argenterie et livres
de Pierre Gogueil, évêque du Puy, au château d'Espaly.

Chassaing (Aug.), *Annales de la Société d'agriculture, sciences et
arts du Puy*, t. XXVIII (1866-67), p. 568-592.

1327, décembre.

69. — Inventaire, après décès, des vêtements, pontificaux, chaus-
ses, aumusses, pierres précieuses, ceintures, reliques et chapelle de Robert de Joigny, évêque de Chartres.

Merlet (L.), *Bulletin du Comité de la langue*, t. IV (1857), p. 309-312.
— Lépinois (E. de) et Merlet (L.), *Cartulaire de Notre-Dame de Chartres* (Chartres, Garnier, 1863, in-4°), t. II, p. 263-265.

1328, 18 octobre.

70. — Inventaire et vente, après décès, des biens de la reine Clé-
mence de Hongrie, veuve de Louis X le Hutin, faits à Paris,
à Corbeil, à Tigery (Seine-et-Oise), à Fontainebleau, à Moret
(Seine-et-Marne), à Flagy en Gâtinais (S.-et-M.), à Lorrez-le-
Bocage (S.-et-M.), à Grez en Gâtinais (S.-et-M.), à Nemours en
Gâtinais (S.-et-M.), au Mez-le-Maréchal (S.-et-M.), à Lorris en
Gâtinais (Loiret), à Châteauneuf-sur-Loire (Loiret), à Maine-
ville (Eure).

Douët d'Arcq, *Nouveau recueil de comptes de l'Argenterie des rois de
France* (Paris, Renouard, 1874, in-8°, Société de l'Histoire de France),
p. 37-112.

1331

71. — Inventaire des coupes et hanaps ayant appartenu à Jeanne
de Bretagne, dame de Cassel.

Dehaisnes, *Documents*, p. 288-289.

1332

72. — Inventaire des ornements d'Othon, évêque de Carpentras.

André (L'abbé), *Revue des Soc. savantes*, 5e sér., t. VI (1873), p. 107-112.

1333, 7 novembre.

73. — Inventaire de la cathédrale de Toulon.

Albanès (L'abbé), *Revue des Soc. savantes,* 7ᵉ série, t. I (1880), p. 156-159.

1333

74. — Inventaire des armures de Jean de Chalon, comte d'Auxerre, seigneur d'Orgelet [42 pièces d'armures.]
> Gauthier (J.), *Bulletin archéol.,* 1883, p. 101-102.

1337

75. — Inventaire, après décès, des vaisselle, bouteillerie, argenterie, étoffes, meubles, bourses, écrins et coffres de messire de Naste.
> Dehaisnes, *Documents,* p. 311-325.

1337

76. — Inventaire du mobilier que Jean Bernier, banni de Valenciennes, laissa dans sa maison, à son départ.
> Dehaisnes, *Documents,* p. 325-326.

1338, 27 avril.

77. — Inventaire des meubles du château de Rouen.
> Roman (J.), *Bulletin archéol.,* 1885, p. 545-548.

1342

78. — Inventaire du trésor de l'abbaye de Saint-Martin-des-Champs de Paris.
> Lebeuf (L'abbé), *Histoire de la ville et de tout le diocèse de Paris,* annotée par Hippolyte Cocheris (Paris, Durand, 1867, in-8ᵉ), t. II, p. 326-330.

1343

79. — Inventaire du trésor de Notre-Dame de Paris.
> Fagniez (Gustave), *Revue archéol.,* t. XXVII (1874), p. 249-259.

1346

80. — Inventaire des pièces nécessaires pour élever le tombeau de Louis, comte de Flandres.
> Pinchart, *Archives des Arts,* t. I (1860), p. 68.

1346

81. — Inventaire du mobilier du château de Berzé.
> Furgeot (Henri), *Cabinet Historique,* t. XXV (1879), p. 150-157. (Tirage à part).

1347, 6 et 7 mars.

82. — Inventaire de la chapelle de Notre-Dame du Miracle de Saint-Omer.

Dehaisnes, *Documents*, p. 355-359.

1347, 11 mars.

83. — Inventaire du trésor de l'église d'Amiens.

Garnier (J.), *Mémoires de la Soc. des Antiquaires de Picardie*, 1re sér. t. X (1850), p. 254-275.

1347, 8 août.

84. — Inventaire du trésor de la collégiale de Saint-Donat de Bruges.

Dehaisnes, *Documents*, p. 359-360.

1347

85. — Inventaire de Jeanne de Presles.

Douët d'Arcq, *Bibliothèque de l'École des Chartes*, t. XXXIX (1878), p. 88-109.

1347

86. — Inventaire des objets que doivent apporter les lépreux avec eux, quand ils sont reçus à la léproserie de Saint-Ladre-le-Val (Belgique).

F. J. B., *Bulletin de la Société histor. et littér. de Tournai*, t. VIII (1862), p. 41-42.

1349

87. — Inventaire des biens meubles de Saint-Ladre-aux-Hommes (léproserie de Saint-Éloy), de Reims.

Demaison (L.), *Travaux de l'Académie de Reims*, t. LXXII (1881-1882), p. 119-125.

1349

88. — Inventaire des joyaux et pierreries donnés au couvent des Grands Carmes de la place Maubert, à Paris, par la reine Jeanne d'Évreux.

Montaiglon (A. de), *Archives de l'Art français*, 2e sér., t. I (1861), p. 448-453.

1351, 26 octobre.

89. — Procès-verbal d'une visite de l'Hôtel-Dieu de Gonesse. [Vêtements sacerdotaux, argenterie, livres, meubles, linge, animaux, mobilier de ferme.]

Delisle (Léopold), *Bibliothèque de l'École des Chartes*, 4e série, t. V (1859), p. 273-274.

1352

90. — Inventaire du trésor de l'église collégiale et paroissiale de Saint-Georges du Puy-en-Velay.

> Chassaing (Aug.), *Revue des Soc. sav.*, 5ᵉ série, t. VI (1873), p. 113-119.

1353, 15 mai.

91. — Inventaire du garde-meuble de l'argenterie du roi Jean II, dit le Bon.

> Douët d'Arcq, *Comptes de l'Argenterie* (Paris, Renouard, 1851, in-8°, Société de l'Histoire de France), p. 304-330.

1353, 17 août.

92. — Inventaire des meubles, joyaux et vêtements de la sacristie de Notre-Dame de Chartres.

> Mély (F. de), *Trésor de Chartres*, p. 102-106 (extraits). — Merlet (L.), *Catalogue des reliques et joyaux de Notre-Dame de Chartres*, p. 192-202 (extraits).

1358, 5 novembre.

93. — Inventaire des objets précieux vendus à Avignon par le pape Innocent VI.

> Müntz (Eugène) et Faucon (Maurice), *Revue archéol.*, 4ᵉ sér. t. XLIII (1882, t. I), p. 218-225. (Tirage à part.)

1358

94. — Inventaire des ornements et pontificaux de l'abbé de Saint-Victor de Marseille.

> Albanès (L'abbé), *Revue des Soc. sav.*, 7ᵉ série, t. I (1880), p. 160-166.

1358

95. — Inventaire de l'armurerie de Guillaume III, comte de Hainaut, au château de Mons.

> Lacroix (A.), *Annales du Cercle archéologique de Mons*, t. IX (1869), p. 145-150. — Devillers (L.), *Cartulaire des comtes de Hainaut, de l'avènement de Guillaume II à la mort de Jacqueline de Bavière* (Bruxelles, Hayez, 1881, in-4°), t. I, p. 559-561.

1359, 26 mars.

96. — Inventaire du trésor de la cathédrale de Cambrai.

[Reliques, reliquaires, livres, coffres.]

> Dehaisnes, *Documents*, p. 396-402.

1359, 15 juin.

97. — Inventaire de la sacristie de Notre-Dame de Cambrai.

> Houdoy (Jules), *Histoire artistique de la cathédrale de Cambrai* (Paris, Damascène Morgand, 1880, in-8°), p. 313-316 (extraits). — Dehaisnes, *Documents*, p. 402-414 (texte complet).

1359

98. — Inventaire de la sacristie des Cordeliers d'Avignon.

André (L'abbé), *Revue des Sociétés savantes,* 5ᵉ série, t. III (1872),
p. 441-446.

1360, 1ᵉʳ octobre.

99. — Inventaire des joyaux, argenterie et vaisselle de la reine
Jeanne de Boulogne, seconde femme du roi Jean, fait à Vadans
(Jura).

Douët d'Arcq, *Bibliothèque de l'Ecole des Chartes,* t. XL (1879),
p. 552-562.

1361, mars.

100. — Compte de l'exécution du testament de Jeanne de Bretagne, dame de Cassel.

[Ornements d'église, étoffes, lingerie, argenterie et bijoux,
plumes, vêtements.]

Dehaisnes, *Documents,* p. 420-433.

1361, 11 juin et 14 juillet.

101. — Inventaire du mobilier du château d'Ozon, en Vivarais,
dressé après le décès de Florie de Poitiers, veuve de Jean
Pagan, seigneur de Mahun.

Chassaing (Aug.), *Revue des Soc. savantes,* 7ᵉ série, t. II (1880),
p. 163-168.

1362, 5 décembre.

102. — Inventaire du trésor de l'abbaye de Fécamp.

Beaurepaire (Ch. de), *Bibliothèque de l'Ecole des Chartes,* 4ᵉ série,
t. V (1859), p. 160-167.

1362

103. — Inventaire de Hugues de Merle.

Bombal, *Bulletin de la Société scient., histor. et archéol. de la Corrèze,*
t. V (1883), p. 485-500.

1363

104. — Inventaire des reliques du monastère de Saint-Gilles.

Ménard, *Histoire civile, ecclésiastique et littéraire de la ville de Nimes*
(Nimes, Clavel-Ballivet, 1874, 7 vol. in-8ᵉ), t. II, p. 222-223 (résumé).

1364, 7 avril.

105. — Inventaire des joyaux, anneaux, bijoux et robes, appartenant au roi de France, Jean ie Bon.

Bapst (G.), *Testament du roi Jean le Bon et inventaire de ses joyaux*
(Paris, Lahure, 1884, in-8ᵉ), p. 24-53.

1364, 22 novembre.

106. — Inventaire des reliques, livres, calices et ornements de l'église de Cambrai.

> Dehaisnes, *Documents*, p. 452-453.

1364-1365

107. — Inventaire des joyaux de Louis Ier, duc d'Anjou.

> Laborde (Le comte de), *Notice des émaux, bijoux et objets divers exposés dans la galerie du Musée du Louvre* (Paris, Vinchon, 1853, in-12), 2ᵉ partie, glossaire, p. 1-114.

108. — Fragments faisant suite à l'inventaire de Louis Ier duc d'Anjou.

> [Tapisseries, orfèvrerie, 55 et 8 n[os].]

> Ledos (E.-G.), *Bibliothèque de l'Ecole des Chartes*, t. L (1889), p. 171-179. (Tirage à part).

1365, 24 mars.

109. — Inventaire des meubles ayant appartenu à madame de Royan [Isabeau de Nuisement], mère de la comtesse de Périgord.

> Marchegay (P.), *Revue des Soc. savantes*, 5ᵉ sér., t. V (1873), p. 481-483.

1365, 29 octobre.

110. — Inventaire de la succession de Jean de Saffres, chanoine de Langres.

> [Chapelle, livres, anneaux et pierres précieuses, vêtements et linge, literie, meubles et jeux, armes, mesures, vases, cave, écurie, éclairage, coffres.]

> Jolibois, *Bulletin archéol.*, t. IV (1847-48), p. 329-351 (extraits).

1367, 23 septembre.

111. — Inventaire de l'argent comptant, de la vaisselle, des ceintures, joyaux, étoffes, linge, armures, d'Ailleaume d'Auberchicourt, marchand cirier, bourgeois de Douai.

> Dehaisnes, *Documents*, p. 471-475.

1367

112. — Inventaire du mobilier de Simon du Bos, bourgeois de Tournai, et d'Offrise, sa femme.

> Dehaisnes, *Documents*, p. 475.

1368, 21 août.

113. — Inventaire de Hugue du Chataignier, chanoine de Rouen.

Le Prévost (Aug.), *Pouillés du diocèse de Lisieux,* dans les *Mémoires de la Société des Antiquaires de Normandie,* 2ᵉ sér., t. III (1844), p. 96-97. (Tirage à part).

1369

114. — Inventaire des biens d'Alix de Frolois, abbesse de Jouarre.

Courajod (L.), *Archives de l'art français,* 1874-1875, p. 156-161.

1369

115. — Inventaire du pape Urbain V, à Avignon.

[Nom des tours du palais d'Avignon.]

Müntz (Eug.), *Bulletin archéol.,* 1887, p. 283-284 (extraits).

1372, 18 septembre.

116. — Compte de l'exécution du testament de la reine Jeanne d'Évreux.

[Bijoux, argenterie, orfèvrerie, petites statues, reliquaires, joyaux, chapelles, tapisseries, robes, étoffes, mobilier.]

Leber, *Collection des meilleures dissertations relatives à l'histoire de France* (Paris, Dentu, 1838, in-8°), t. XIX, p. 120-169.

1372

117. — Inventaire d'un serrurier lyonnais.

V. de V[alous], *Inventaire des biens d'un serrurier lyonnais en 1372* (Lyon, Mougin-Rusand, in-8°), 7 p.

1373 (?)

118. — Inventaire de Saint-Jean et Saint-Apollinaire de Valence.

Chevalier (L'abbé), *Revue des Sociétés savantes,* 5ᵉ sér., t. I (1870), p. 88.

1374

119. — Inventaire de l'albâtre trouvé au château de Lille et des autres images de pierre et de bois.

Pinchart, *Archives des Arts,* t. III (1881), p. 10.

1375, 10 septembre.

120. — Inventaire du trésor de l'abbaye de Fécamp.

Beaurepaire (Ch. de), *Bibliothèque de l'École des Chartes,* 4ᵉ série t. V (1859, t. XX), p. 167-170, 399-403.

1377, 12-14 août.

121. — Inventaire de l'église de Saint-Amé de Douai.

Dehaisnes, *Documents,* p. 541-550.

1377

122. — Quittance d'un trousseau constitué en dot à Delphine Bravard d'Eyssac.

Chassaing (Aug.), *Annales de la Société d'agriculture, sciences et arts du Puy*, t. XXVIII (1866-1867), p. 595-598.

1379 (v. s.), 21 janvier.

123. — Inventaire de Charles V, fait aux châteaux de Melun, de Vincennes, du Louvre, de Saint-Germain-en-Laye, de Beauté-sur-Marne, et à l'hôtel Saint-Pol à Paris.

Choisy (L'abbé de), *Histoire de Charles V* (Paris, 1689, petit in-4°), supplément, 24 p. (extraits). — Montfaucon, *Monuments de la Monarchie Française*, t. III, p. 53-65 (extraits). — Laborde (Le comte de), *Revue archéol.*, t. VII (1850), p. 498-509, 603-617, 731-745 (extraits). (Tirage à part). — Labarte (J.), *Inventaire du roi Charles V*, dans les *Documents inédits* (Paris, Imp. nat., 1879, in-4°, pl.).

1379, 1er juillet.

124. — Inventaire du trésor de l'église du Saint-Sépulcre de Paris.

Molinier (Émile), *Mémoires de la Soc. de l'Hist. de Paris*, t. IX (1882), p. 248-286. (Tirage à part).

1380, 4 mars.

125. — Inventaire des châteaux de Cornillon et de Vertefeuille (Gard).

Albanès (L'abbé), *Revue des Soc. sav.*, 7° série, t. I (1879), p. 202-232.

1382, 12 août.

126. — Inventaire des joyaux, ornements et reliques de l'église de Cluny.

Benet (A.), *Revue de l'Art chrétien*, nouv. sér., t. VI (1888), p. 195-205 (traduction).

1382, novembre.

127. — Vaisselle de Philippe le Hardi, duc de Bourgogne, et de Marguerite de Flandres, sa femme.

Dehaisnes, *Documents*, p. 586-591.

1382, novembre.

128. — Compte de la vaisselle d'or et d'argent envoyée par la duchesse au duc de Bourgogne, Philippe le Hardi, à Péronne.

Dom Plancher, *Histoire générale et particulière de Bourgogne* (Dijon, de Fay, 1739, 4 vol. in-f°), t. III, pièce LXXVI.

1382

129. — Inventaire des livres et ornements de l'église du chapitre de Saint-Vincent de Soignies.

Pinchart, *Archives des Arts*, t. I (1860), p. 89-92. — Dehaisnes, *Documents*, p. 592-594.

1384, septembre.

130. — Inventaire des meubles de Jeanne, duchesse de Bretagne, comtesse de Penthièvre, vicomtesse de Limoges.

La Borderie (A. de), *Revue des provinces de l'Ouest*, t. I (1854), p. 203-211.

1385

131. — Inventaire de la vaisselle d'or et d'argent qui restait à rendre par Louis Ier, duc d'Anjou, sur celle que le roi de France lui avait prêtée pour aider à la conquête de son royaume de Sicile.

Lecoy de la Marche, *Comptes et Mémoriaux du roi René* (Paris, Picard, 1873, in-8°), p. 186-198.

1386

132. — Inventaire des joyaux et ornements de Sainte-Catherine de Lille.

Dehaisnes, *Documents*, p. 629-630.

1388

133. — Inventaire de l'abbaye de l'Huveaune.

Albanès (L'abbé), *Revue des Soc. sav.*, 7ᵉ série, t. I (1879), p. 166-167.

1389 (n. s.), 1ᵉʳ janvier.

134. — Inventaire de la vaisselle d'or et d'argent reçue par Jehan Poulain, de messire Amaury d'Orgemont, chancelier du duc de Touraine.

Laborde (Le comte de), *Ducs de Bourgogne*, t. III, p. 35.

1389, 8 septembre.

135. — Inventaire des joyaux et vaisselle de Valentine Visconti, duchesse de Touraine.

Laborde (Le comte de), *Ducs de Bourgogne*, t. III, p. 43-46 (extraits).

1389

136. — Inventaire et vente, après décès, des biens meubles de Guillaume de Lestrange, archevêque de Rouen, nonce du pape Grégoire XI, et ambassadeur du roi Charles V.

Lestrange (Le comte Henry de), *Inventaire et vente des biens meubles de Guillaume de Lestrange, archevêque de Rouen* (Paris, Picard, 1888, in-4°).

1389

137. — Inventaire, après décès, de Richard Picque, archevêque de Reims.

Tarbé (Prosper), *Société des Bibliophiles de Reims* (1842, in-12 de 168 p., tiré à 75 exempl.).

1391, 13 janvier.

138. — Inventaire des meubles d'une maison de la rue des Murs à Paris, appartenant au prieuré de Saint-Eloi.

Pannier (Léopold), *Bibliothèque de l'Ecole des Chartes*, t. XXXIII (1872), p. 361-362.

1391, 25 juin.

139. — Inventaire des joyaux, vaisselle d'or et d'argent, rapportés par les Chefs d'office du duc de Bourgogne.

Laborde (Le comte de), *Ducs de Bourgogne*, t. III, p. 55 (extraits).

1391

140. — Inventaire des objets mobiliers de la cathédrale d'Angers.

Godard-Faultrier, *Revue des Sociétés savantes*, 4ᵉ série, t. V (1867), p. 519-526.

1392

141. — Inventaire des ornements, linges, vases sacrés, de l'église de Saint-Pierre de Livron.

Galabert (L'abbé), *Bulletin archéol. et histor. de la Société archéol. du Tarn-et-Garonne*, t. IX (1881), p. 323-326.

1393, 25 mai.

142. — Inventaire des joyaux et ornements pontificaux reçus de son prédécesseur, par Jean de Montaigu, évêque de Chartres.

Lépinois (E. de) et Merlet (L.), *Cartulaire de N.-D. de Chartres*, t. II, p. 277.

1393, 18 septembre.

143. — Inventaire des joyaux, vêtements et ornements, que Catherine de Bourgogne emporta quand elle s'en fut au pays de monsieur d'Autriche.

Dom Plancher, *Histoire de Bourgogne*, t. III, pièce CLXVII.

1393

144. — Tapisseries données aux ducs de Lancastre, de Glocester et d'York, par le duc de Bourgogne.

Dom Plancher, *Histoire de Bourgogne*, t. III, p. 136 (traduction).

1396, 22 septembre.

145. — Inventaire de la vaisselle d'or et d'argent trouvée chez
Jehan Poulain, trésorier général du duc d'Orléans.

Laborde (Le comte de), *Ducs de Bourgogne*, t. III, p. 124-127 (extraits).

1397, 31 décembre.

146. — Poids de quelques pièces de l'argenterie de Notre-Dame
de Paris, énumération de reliques et prisée de quelques pierreries.

Guérard (B.), *Cartulaire de N.-D. de Paris*, t. IV, p. 207-208.

1397

147. — Inventaire du trésor de la collégiale Saint-Pierre de Lille.

Brun-Lavainne, *Bulletin de la commission hist. du département du
Nord*, t. X (1868), p. 83-90 (extraits). — Dehaisnes, *Documents*, p. 751-759.

1399, 10 janvier.

148. — Inventaire des vaisseaux, ornements et reliques de l'é-
glise de Saint-Père de Chartres.

Poisson (L'abbé), *Inventaire de Saint-Père*, dans les *Annales archéol.*,
t. VII (1847), p. 89. — Poisson (L'abbé), *Chroniques de l'abbaye royale
de Saint-Père-en-Vallée*, p. 208-209. — Mély (F. de), *Les Inventaires de
Saint-Père-en-Vallée*, dans la *Revue de l'Art chrétien*, t. XXX (1887),
p. 63. (Tirage à part).

1399, 13 décembre.

149. — Inventaire des joyaux de l'église de Saint-Quentin, en
Vermandois (en dialecte picard).

Prioux (Stanislas), *Revue archéol.*, nouv. sér., t. VII (1863), p. 65-69.

1400, 14 juillet.

150. — Inventaire du trésor de l'abbaye de Fécamp.

Beaurepaire (Ch. de), *Bibliothèque de l'Ecole des Chartes*, t. XX
(1859), p. 403 (extraits).

1400, 28 novembre.

151. — Inventaire des bijoux retenus par Louis Ier, duc d'Orléans, comte de Blois et de Beaumont.

Dupré (A.), *Revue des Soc. savantes*, 5ᵉ série, t. III (1872), p. 452-454.

1400

152. — Inventaire des joyaux d'Isabelle, femme de Richard II
d'Angleterre, réclamés par la France.

Douët d'Arcq, *Choix de pièces inédites relatives au règne de Charles VI* (Paris, Renouard, 1864, in-8°, Société de l'Hist. de France), t. II,
p. 273-279.

XIVᵉ SIÈCLE

153. — Trousseau d'un jeune moine entrant à l'abbaye de Saint-Julien de Tours.

Prou (M.), *Deux dessins du xiiᵉ siècle au trésor de l'église Saint-Etienne d'Auxerre*, dans la *Gazette archéol.*, t. XII (1887), p. 141.

XIVᵉ SIÈCLE

154. — Inventaire des biens de Symon de Tuilfeshide.

Delisle (Léopold), *Etudes sur la condition de la classe agricole en Normandie au moyen âge*, p. 193.

XIVᵉ SIÈCLE

155. — Inventaire des reliques des saints conservées à la cathédrale de Chartres.

Lépinois (E. de) et Merlet (L.), *Cartulaire de Notre-Dame de Chartres*, t. I, p. 59-60.

XIVᵉ SIÈCLE

156. — Inventaire des chevaux que Raoul, comte d'Eu, connétable de France, laissa à Rouen quand il alla en Italie.

Demay, *Le costume d'après les sceaux* (Paris, Dumoulin, 1880, in-4º), p. 166.

XIVᵉ SIÈCLE

157. — Inventaire des ornements de la chapelle de Saint-Jean-Baptiste, en l'église de Saint-Quentin.

Desmazes (Charles), *Mémoires de la Société académique des sciences, arts, belles-lettres, agriculture et industrie de Saint-Quentin*, 4ᵉ série, t. I (1878), p. 347-348.

1401

158. — Inventaire des reliques, joyaux et autres objets de la trésorerie et du chœur de l'église de Cambrai.

[Reliquaires, argenterie, livres, coffres, œufs, bijoux, pontificaux, bourses.]

Houdoy (J.), *Histoire artistique de la cathédrale de Cambray*, p. 317-345. — Dehaisnes, *Documents*, p. 799-823.

1401-1416

159. — Inventaire des joyaux, tableaux d'or, bagues, livres, linge, tapisseries, broderies, argenterie, reliques, curiosités naturelles et manuscrits de Jean, duc de Berry.

Guiffrey (Jules), *Inventaire du duc de Berry*, dans les *Documents inédits* (Paris, E. Leroux, 1892, 2 vol. in-8º).

1402, 4 mai.

160. — Etat des joyaux et draps de soie achetés par Philippe

le Hardi, duc de Bourgogne, pour être distribués aux noces
d'Antoine, son second fils, avec Jeanne de Luxembourg.

Garnier (J.), *Revue des Soc. savantes,* 6ᵉ sér., t. I (1875), p. 599-603.

1402

161. — Inventaire des reliquaires, joyaux et ornements de Notre-Dame de Noyon.

La Fons Mélicoq (Le baron de), *Bulletin archéol.,* t. IV (1847-48),
p. 427-429.

1403, janvier.

162. — Etat des objets d'habillement, de literie, d'ameublement
et de vaisselle, achetés à Paris par ordre de Marguerite de
Flandres, duchesse de Bourgogne, pour les couches de la comtesse de Rethel, sa belle-fille.

Garnier (J.), *Revue des Soc. savantes,* 6ᵉ série, t. I (1875), p. 604-611.

1403, 24 octobre.

163. — Inventaire des joyaux d'or, vaisselle d'or et d'argent,
chambres et chapelles, que le duc de Bourgogne donna à
madame de Savoye, sa fille, lorsqu'elle alla retrouver monseigneur de Savoye, son mari.

Dom Plancher, *Histoire de Bourgogne,* t. III, pièce CCXVI. — Gacon,
Histoire de la Bresse et du Bugey, abrégée et mise en ordre par Latcys-
sonnière (Bottier, Bourg, 1825, in-8°), p. 346-352.

1403

164. — Inventaire de l'orfèvrerie de Louis d'Orléans.

Champollion-Figeac, *Louis et Charles, ducs d'Orléans* (Paris, Comptoir
des Imprimeurs réunis, 1844, in-8°), p. 247-251.

1403 (?)

165. — Inventaire des tapisseries du duc d'Orléans données en
garde à Jehan Macé.

Laborde (Le comte de), *Ducs de Bourgogne,* t. III, p. 206-208.

1404, 10 mai et 7 décembre.

166. — Inventaire des reliquaires et joyaux de la Sainte Chapelle
de Bourges.

Girardot (Le baron de), *Annales archéol.,* t. X (1853), p. 39-40,
142-144, 210-214, t. XI (1854), p. 320-324 (extraits). — Hiver de Beau-
voir, *Description du trésor de la Sainte Chapelle de Bourges,* dans les
Mémoires de la commission historique du Cher, t. I, 1ʳᵉ partie (1857),
p. 13-93.

1404

167. — Inventaire des joyaux, vaisselle d'or et d'argent, ornements de chapelle, livres, draps d'or et de soie, chambres, tapisseries, robes et autres biens meubles, dont hérita le duc de
Bourgogne, comte de Nevers et baron de Donzy, au décès de
Philippe le Hardi, son père.

> Dehaisnes, *Documents,* p. 825-854. — Guiffrey (J.), *Histoire de la Tapis-*
> *serie* (Tours, Mame, 1886, in-4°), p. 52-54 (extraits relatifs aux tapis-
> series).

1405, 21 décembre.

168. — Inventaire de la sacristie de Clairvaux, du temps de
l'abbé Matthieu.

> Arbois de Jubainville (d'), *Revue des Soc. savantes,* 5° sér.,t. V (1875),
> p. 491-496. — Lalore (L'abbé Ch.), *Le Trésor de Clairvaux du* xii° *au*
> xviii° *siècle* (Troyes, Brunard, 1875, in-8°), p. 98-103.

1405

169. — Inventaire des couronnes d'or, cercles de couronnes,
fleurons de couronnes, doroirs, chapeaux d'or et de perles,
frontaux, coiffes de perles, colliers, fermaux, boutons d'or, de
perles et d'argent, ceintures d'or et de perles, étoffes, attaches,
chaînes et écharpes, jarretières, anneaux, pierres, perles, bourses, paternostres, pommes d'or, d'argent, de mus, burlettes,
croix, images, joyaux, heures, vaisselle d'or et d'argent, colliers de chiens, étoffes, tapisseries, vêtements, harnais, laissés
par Marguerite de Flandres, duchesse de Bourgogne.

> Dehaisnes, *Documents,* p. 855-920.

1405 (?)

170. — Inventaire de biens meubles appartenant à Valentine
Visconti de Milan, duchesse d'Orléans, comtesse de Blois, à
Paris.

> Laborde (Le comte de), *Ducs de Bourgogne,* t. III, p. 219 (extraits).

1406, 3 juillet.

171. — Inventaire des reliques, joyaux d'or et d'argent de
l'église de Poitiers.

> Redet, *Bulletin archéol.,* t. III (1844-45), p. 444-451. — Auber
> (L'abbé), *Histoire de la Cathédrale de Poitiers* (Paris, Didron, 1849,
> in-8°), t. II, p. 139-148.

1406, 16 novembre.

172. — Inventaire du prieuré de Pont-en-Royans (Isère).
Fillet (L'abbé), *Bulletin archéol. du Comité*, 1887, p. 40-45.

1408, 4 décembre.

173. — Inventaire, fait au château de Blois, des joyaux, vaisselle
d'or et d'argent du duc et de la duchesse d'Orléans.

[Couronnes et chapeaux d'or, joyaux, reliquaires, tableaux
d'or, linges, chapelles, vaisselle d'or et d'argent, tapisseries.]
Laborde (Le comte de), *Ducs de Bourgogne*, t. III, p. 229-243.

1408

174. — Inventaire du mobilier et des tapisseries du château des
Comtes, à Namur.

Borgnet (Jules), *Promenades dans la ville de Namur*, dans les *Annales
de la Soc. archéol. de Namur*, t. II (1851), p. 269 (extraits).

1409

175. — Inventaire des bijoux et joyaux de Marie de Sully,
femme de Guy de la Trémoille.

La Trémoille (L. de), *Livre de comptes (1391-1406) de Guy de la
Trémoille et de Marie de Sully* (Nantes, Grimaud, 1887, in-4°),
p. 211-215.

1410, 1er octobre.

176. — Inventaire des meubles et joyaux de la cathédrale de
Châlons-sur-Marne.

Pélicier (P.), *Bulletin archéol.*, 1886, p. 147-188. (Tirage à part).

1410

177. — Inventaire des objets précieux mis en dépôt au trésor
de l'église d'Autun et laissés à son décès par l'évêque Nicolas
de Toulon.

Fontenay (J. de), *Bulletin monumental*, t. XVIII (1852), p. 59.

1412, 4 juillet.

178. — Inventaire des meubles et ustensiles de feu Guillaume
du Bosc.

Saint-Germain (Stanislas de), *Bull. monum.*, t. XVIII (1852), p. 445-458.

1412

179. — Inventaire du trésor de l'église de Saint-Spire de Corbeil.
Dufour (A.), *Annales du Gâtinais*, t. VI (1888), p. 249-264. (Tirage à
part).

1412

180. — Menu de deux dîners.

> Douët d'Arcq, *Bibliothèque de l'École des Chartes*, t. XXI (1860), p. 224-225.

1413, 15 novembre.

181. — Inventaire de la vaisselle d'or et d'argent, joyaux, robes, chambres, chevaux rendus avec madame Catherine de Bourgogne.

> Lecoy de la Marche, *Comptes et mémoriaux du roi Réné*, p. 198-203.

1413 (?)

182. — Inventaire des joyaux du duc de Guyenne.

> Pannier (Léopold), *Revue archéol.*, t. XXVI (1873), p. 307-313, 384-389, t. XXVII (1874), p. 37-42. (Tirage à part).

1413-1416

183. — Reliques et reliquaires légués par Jean, duc de Berry, à la Sainte Chapelle de Bourges.

> Hiver de Beauvoir, *Mémoires de la Commission historique du Cher*, t. I (1857), p. 56, t. I, 2ᵉ partie (1860), p. 259-272 (analyse).

1415, 6 mai.

184. — Inventaire des joyaux, vaisselle d'or et d'argent, habillements de chapelle, robes de draps d'or et de soie, de draps de laine fourrés d'hermine, de gris et de menu-vair, chaires, chambres de drap et de haute lisse, linges, chevaux, haquenées, selles et harnais, que Jehan, duc de Bourgogne, comte de Flandres, d'Artois et de Bourgogne, a donnés à Marie de Clèves sa fille, et livrés à son mari, Adolphe, comte de Clèves et de la Marche.

> Garnier (J.), *Revue des Soc. savantes,* 6ᵉ sér., t. I (1875), p. 612-619.

1415

185. — Inventaire des joyaux du duc d'Orléans, trouvés à Bruges.

> Laborde (Le comte de), *Ducs de Bourgogne,* t. III, p.269-270.

1416, 30 avril

186. — Inventaire des biens d'Yves de Viespont, inventoriés à l'hôtel du sénéchal d'Eu, à Paris.

> Bourbon (G.), *Bulletin archéol.*, 1884, p. 322-327.

1416, 23 juillet.

187. — Inventaires du trésor de Notre-Dame de Paris.

Fagniez (Gustave), *Revue archéol.*, t. XXVII (1874), p. 389-400,
t. XXVIII (1874), p. 83-100. — Guiffrey (J.), *Revue de l'Art chrétien*,
t. XL (1890), p. 202 (extraits relatifs aux tapisseries).

1416

188. — Inventaire du mobilier du château de Chailloue.

Beaurepaire (Ch. de), *Inventaire du mobilier du château de Chailloue*
(Rouen, Boissel, 1866, in-4°), p. 1-40.

1417, 5 mai.

189. — Inventaire des livres, joyaux, tapisseries et autres biens
meubles du duc d'Orléans, au château de Blois.

Laborde (Le comte de), *Ducs de Bourgogne*, t. III, p. 270-271 (extraits).

1417

190. — Inventaire des joyaux de l'église de Saint-Donatien, de
Bruges.

Le Beffroi, t. I (1863), p. 328-337.

1418, 16 avril.

191. — Inventaire de l'artillerie du château de Blois.

Dupré (A.), *Revue des Soc. savantes*, 4° sér., t. V (1867), p. 311-313.

1418, 18 avril.

192. — Inventaire de la cathédrale d'Angers.

Godard-Faultrier, *Revue des Soc. savantes*, 4° sér., t. VII (1868),
p. 298-304 (extraits). — Farcy (L. de), *Revue de l'Art chrétien*, nouv. sér.,
t. III (1885), p. 299-303 (extraits relatifs aux chappes).

1418, 4-13 septembre.

193. — Inventaire des joyaux de la couronne : au château de la
Bastide de Saint-Antoine [argenterie, orfèvrerie, tapisseries],
p. 283-301 ; — à l'hôtel Saint-Paul, p. 301-303 ; — au Louvre,
p. 303-310 ; — au Bois de Vincennes [gibecières, bourses,
reliquaires, pierres précieuses], p. 310-361.

Douët d'Arcq, *Choix de pièces inédites relatives au règne de Charles VI* (Paris, Renouard, 1864, in-8°, Société de l'Histoire de France),
t. II, p. 279-361.

1418

194. — Inventaire du mobilier appartenant à l'abbaye de Saint-Étienne de Caen.

Duffus Hardy, *Bulletin monumental*, t. XXXIV (1868), p. 92.

1418

195. — Inventaire des joyaux et reliquaires de la chapelle des comtes de Namur.

Pinchart, *Archives des Arts*, t. II (1863), p. 258-261.

1419, 8 mai.

196. — Inventaire du mobilier de Nicolas de Baye, chanoine de Notre-Dame de Paris.

Tuetey (Alex.), *Journal de Nicolas de Baye* (Paris, Renouard, 1888, in-8°, Société de l'Histoire de France), t. II, p. xlix-cxij. (Tirage à part).

1419

197. — Inventaire de la trésorerie de la cathédrale d'Amiens.

Garnier (J.), *Mémoires de la Soc. des antiquaires de Picardie*, 1re sér., t. X (1850), p. 277-347.

1419

198. — Inventaire du mobilier du château de Noyers.

Petit (Ernest), *Bulletin de la Soc. des sciences historiques et naturelles de l'Yonne*, t. XXVIII (1874), p. 346-349.

1419

199. — Inventaire des ornements et reliques de l'église de Noyon.

La Fons-Mélicocq (Le baron de), *Une cité picarde au moyen âge* (Noyon, Soulas-Amoudry, 1841, in-8°), p. 151-164.

1420, 12-23 juin.

200. — Inventaire des châteaux de Vincennes et de Beauté.
Château de Vincennes, p. 457-461. — Château de Beauté, p. 461-462.

Douët d'Arcq, *Revue archéol.*, t. XI (1854), p. 457-462.

1420, 12 et 18 juillet.

201. — Inventaire, fait à Dijon, des joyaux d'or et d'argent, vêtements, chapelle, livres, vaisselle d'or et d'argent, étoffes, tableaux, tapisseries et armures de Philippe le Bon, duc de Bourgogne.

Laborde (Le comte de), *Ducs de Bourgogne*, t. II, p. 235-278 (extraits).

1420, 14 juillet.

202. — Inventaire des joyaux livrés aux Carmes de Nantes, pour le vœu de Jean V.

Dom Morice, *Mémoires pour servir de preuves à l'Histoire ecclésiastique et civile de Bretagne* (Paris, Osmont, 1744, 3 vol. in-f°), tome II, col. 1026-1031.

1420, 2 septembre.

203. — Inventaire, après décès, des biens meubles de Philippe d'Orléans, comte de Vertus.

Laborde (Le comte de), *Ducs de Bourgogne,* t. III, p. 275-277 (extraits).

1420

204. — Catalogue des reliques de l'église cathédrale d'Auxerre.

Lebeuf (L'abbé) *Histoire civile et ecclésiastique d'Auxerre* (Auxerre, Perriquet, 1855, in-8°), t. IV, p. 240-242.

1420, 13 décembre et 1421.

205. — Inventaire de l'hôtel Saint-Paul, du Louvre, et du Petit Séjour à Paris.

Douët d'Arcq, *Choix de pièces inédites,* t. II, p. 361-393.

1421, 2-7 février.

206. — Inventaire de la Grande Ecurie du roi Charles VI. [Selles, vêtements, harnais, armes et armures.]

Douët d'Arcq, *Choix de pièces inédites,* t. II, p. 393-407.

1421, 2 mars.

207. — Inventaire de l'artillerie du château de Blois.

Dupré (A.), *Revue des Soc. savantes,* 4ᵉ sér., t. V (1867), p. 313-316.

1421 (a. s.), 18 mars.

208. — Inventaire de la cathédrale d'Angers.

Godard-Faultrier, *Revue des Soc. savantes,* 5ᵉ sér., t. I (1870), p. 290-310. — Farcy (L. de), *Revue de l'art chrétien,* t. XXXI (1881), p. 372 (extraits).

1421 (a. s.), 18 mars.

209. — Description de la châsse de saint René, de l'église Saint-Maurice d'Angers, donnée par Guillaume le Baacle, chanoine († 1259) [extrait de l'Inventaire de 1421.]

Farcy (L. de), *L'ancien trésor de la Cathédrale d'Angers,* dans la *Revue de l'art chrétien,* t. XXXI (1881), p. 203-204 (extraits).

1421

210. — Inventaire des meubles et ornements de l'église de Notre-Dame de Douai.

Lepreux (J.), *Souvenirs de la Flandre wallonne*, 2ᵉ sér., t. I (t. XXI, 1881), p. 63-74. (Tirage à part).

1422, 10 mars.

211. — Inventaire du revestiaire de l'évêché de Chartres, au moment de la prise de possession de Jean de Frétigny.

Lépinois (E. de) et Merlet (L.), *Cartulaire de N.-D. de Chartres*, t. II, p. 265-266.

1422, 11 mars.

212. — Inventaire des tapisseries de Charles VI, vendues ou dispersées par les Anglais, de 1422 à 1435.

Guiffrey (J.), *Inventaire des tapisseries, etc.*, dans la *Bibliothèque de l'Ecole des Chartes*, t. XLVIII (1887), p. 73-110. (Tirage à part).

1422, 18 mars.

213. — Mémoire des tapisseries que Jacques Colins, garde de la tapisserie du duc d'Orléans, a délivrées au roi Charles VII et à la reine.

Vallet de Viriville (A.), *Bibliothèque de l'Ecole des Chartes*, t. VIII (1847), p. 136-137.

1422

214. — Inventaire des ornements et joyaux de l'église de Térouanne.

Le Grand (Albert), *Bulletin de la Soc. des Antiquaires de la Morinie*, t. II (1857-1861), p. 533-535.

1423, 26 décembre.

215. — Inventaire, après décès, des chapelles et ornements d'église du roi Charles VI.

Leber (C.), *Collection des meilleures dissertations relatives à l'Histoire de France*, t. XIX, p. 218-234.

1424, 31 juillet.

216. — Inventaire des joyaux du roi Charles VII.

Delayant, *Archives historiques du Poitou*, t. II (1873), p. 298-300.

1424

217. — Suite de l'inventaire de la cathédrale d'Angers de 1421. Etoffes, candélabres.]

Godard-Faultrier, *Revue des Soc. savantes*, 5ᵉ sér., t. I (1870), p. 310-315.

1424

218. — Inventaire des joyaux donnés à l'église de Saint-Donatien de Bruges par Elisabeth Parools, veuve de Robert van Capple [en flamand].

Le Beffroi, t. I (1863), 326-328.

1425, 5 avril.

219. — Inventaire de l'abbaye de Fécamp.

Beaurepaire (Ch. de), *Bibliothèque de l'Ecole des Chartes*, t. XX (1859), p. 403-404 (extraits).

1425, septembre.

220. — Inventaire des vêtements de Jacqueline de Bavière, comtesse de Hainaut, trouvés à Gand.

Pinchart, *Archives des Arts*, t. III (1881), p. 311 (extraits).

1426, 14 octobre.

221. — Inventaire du château des Baux.

Barthélemy (D^r), *Revue des Soc. savantes*, 6e sér., t. VI (1877), p. 129-158. (Tirage à part).

1427, 1er juin.

222. — Inventaire des meubles, livres, reliques, tapis et tapisseries, de Charles, duc d'Orléans.

Laborde (Le comte de), *Ducs de Bourgogne*, t. III, p. 288-303 (extraits).

1427, 27 novembre.

223. — Inventaire des livres, armures, vaisselle d'argent et meubles d'Arnoul de Halle, chanoine de Cambrai, docteur en médecine.

Laborde (Le Comte de), *Ducs de Bourgogne*, t. II, p. 400-413.

1428, 5 octobre.

224. — Inventaire du château de la Bastille Saint-Antoine, à Paris.

Douët d'Arcq, *Revue archéol.*, t. XII (1855), p. 327-349.

1430, 4 octobre.

225. — Menu d'un dîner au prieuré de Saint-Martin-des-Champs de Paris.

Douët d'Arcq, *Bibliothèque de l'Ecole des Chartes*, t. XXI (1860), p. 226-227.

1430

226. — Inventaire des meubles et ornements, reliques et joyaux,
de la chapelle de l'hôpital Saint-Jacques, à Mons.

Pinchart, *Archives des Arts*, t. I (1860), p. 187-189.

1432

227. — Déclaration des peintures et machineries exécutées dans
la galerie du château de Hesdin, par Colart le Voleur.

Laborde (Le comte de), *Ducs de Bourgogne*, t. I, 268-271.

1434, mars.

228. — Inventaire de l'artillerie du château de Blois.

Dupré (A.), *Revue des Soc. savantes*, 4ᵉ sér., t. V (1867), p. 316-317.

1435

229. — Inventaire des meubles de l'hôtel de Guillaume IV, duc
de Bavière, comte de Hainaut, à Paris.

Lacroix (A.) et Mathieu (A.), *Publication nᵒ 12 de la Société des bibliophiles séant à Mons* (Mons, E. Hoyois, 1842, in-8ᵘ).

1436, 31 mai.

230. — Inventaire des reliques, reliquaires, joyaux, vêtements,
ornements, livres et meubles, de la collégiale de Saint-Martin
de Montpezat.

Bourbon (G.), *Revue des Soc. Savantes*, 6ᵉ sér., t. III (1876),
p. 566-581. — Barbier de Montault, *Explication de quelques termes de
l'inventaire de Montpezat*, dans le *Bulletin de la Soc. Archéol. de Tarn-
et-Garonne*. t. V (1877) p. 145-167. (Tirage à part). — Pottier (L'abbé),
ibid., p. 169-188 (traduction).

1436

231. — Inventaire du château de Pau, après le décès de Jean,
comte de Foix et de Bigorre [en provençal].

Revue d'Aquitaine, journal historique de Guienne, Gascogne, Béarn,
Navarre, in-8ᵘ, t. V (1860), p. 84-87, 512-520.

1438, 13 octobre.

232. — Inventaire du mobilier de Pierre Cardonnel, chanoine
de Notre-Dame de Paris.

Douët d'Arcq, *Mémoires de la Soc. de l'Hist. de Paris*, t. VII (1880),
p. 47-60.

1439, 17 octobre.

233. — Inventaire des joyaux, vêtements, argenterie, tapis, linge,
composant le trousseau de mariage d'Agnès de Clèves.

Laborde (Le comte de), *Ducs de Bourgogne*, t. II, p. 417-426.

1439

234. — Notice sommaire et extraits d'inventaires de l'église
de Saint-Germain d'Amiens, de 1439 à 1689.

> Guérard (Fr.), *Mémoires de la Soc. des Antiquaires de Picardie,*
> 2º sér., t. XVII (1860), p. 700-708.

1440, 6 mai.

235. — Inventaire des reliques et biens du chapitre de l'église de
Dol, en Bretagne.

> Quesnet (Ed.), *Bulletin du Comité,* t. II (1853-55), p. 64-71.

1440, 30 juillet.

236. — Inventaire des biens empruntés par Félix V, anti-pape,
duc de Savoie, à l'Hôtel de la Maison de Savoie.

> [Meubles, ornements religieux, vaisselle, tapisseries.]

> Promis (Vincent), *Mémoires et Documents publiés par la Société savoi-
> sienne d'histoire et d'archéol.,* t. XV (1874-1875), p. 301-323. (Tirage
> à part).

1442

237. — Suite de l'inventaire de Jean, comte de Foix, et d'Éléonore de Navarre, au château de la ville d'Orthez.

> *Revue d'Aquitaine,* t. V (1860), p. 84-87 et 512-520.

1443, 8 juin.

238. — Inventaire du mobilier et des livres d'Avignon Nicolaï,
archevêque d'Aix.

> Albanès (L'abbé), *Bulletin du Comité,* 1882, p. 354-382.

1443, 28 juin-4 juillet.

239. — Procès-verbal de la vente, après décès, d'Avignon Nicolaï, archevêque d'Aix.

> [Mobilier, vêtements, armes, vaisselle, livres.]

> Albanès (L'abbé), *Bulletin archéol.,* 1884, p. 27-56.

1444, 14 décembre.

240. — Inventaire des images, pontificaux, châsses, argenteries,
vases sacrés, linges, vêtements et livres de Notre-Dame du
Puy.

> *Le Livre de Podio, ou Chroniques d'Estienne de Médicis, bourgeois
> du Puy,* publié pour la *Société académique du Puy* par Auguste Chas-
> saing (Le Puy-en-Velay, Marchessou, 1869, in-4º), t. I, p. 101-130.

1445

241. — Pièces originales [deux] relatives aux vêtements, armes,

livres et autres objets mobiliers de Prégent de Coëtivy, grand amiral de France.

> Marchegay (P.), *Revue des Soc. savantes,* 3ᵉ sér., t. II (1863), p. 597-600.

1447, 15 avril.

242. — Inventaire de l'artillerie de Granville.

> *Bulletin de la Soc. de l'Hist. de France,* t. V (1867), p. 40-41.

1447, 29 juillet.

243. — Inventaire de la vaisselle et des joyaux des ducs de Savoie.

> Claretta (Le baron G.), *Breve notizia sul vassellame et sulle gioie dei Duchi di Savoia, alla meta del secolo* xv dans les *Atti della Societa d'Archeologia e belle arti per la provincia di Torino,* t. II (1878), p. 227-240. (Tirage à part.)

1448

244. — Inventaire du trésor de l'abbaye de Saint-Victor de Paris [fragments].

> Molinier (Em.), *Mémoires de la Soc. de l'Hist. de Paris,* t. VIII (1881), 286. (Tirage à part.)

1448

245. — Inventaire des églises de Lyon.

> Niepce (Léopold), *Archéologie lyonnaise,* t. III, *Les trésors des églises de Lyon* (Lyon, H. Georg, s. d., in-8°), p. 31-42 (extraits). — V. de V[alous], *Inventaire du trésor de l'église de Lyon* (Lyon, Brun, 1877, in-8°), p. 1-34 (extraits).

1452 (n. s.), 27 janvier.

246. — Inventaire et prisée des joyaux et ornements de l'église de Saint-Brice, à Tournai.

> Du Mortier (B.), *Bulletin de la Soc. hist. et litt. de Tournai,* t. VIII, (1862), p. 300-305.

1454, 15 juillet.

247. — Inventaire des livres, linge, meubles, ornements, joyaux, et argenterie de l'église et fabrique de Saint-Étienne de Bric-Comte-Robert.

> Lemaire, *Bulletin de la Soc. d'archéol., sciences, lettres et arts du département de Seine-et-Marne,* t. II (1865), p. 79-83.

1456, 4 février.

248. — Inventaire des joyaux du duc et de la duchesse d'Orléans.

> Laborde (Le comte de), *Ducs de Bourgogne,* t. III, p. 377-381 (extraits).

1456, 5 juillet.

249. — Inventaire des ornements, linges et vases sacrés de l'église de Saint-Martin d'Espiemont.

Galabert (L'abbé), *Bullet. archéol. et histor. de la Société archéol. du Tarn-et-Garonne*, t. IX (1881), p. 327-328.

1456, 23 décembre.

250. — Inventaire des meubles du château de Chanzé.

Godard-Faultrier (V.), *Mémoires de la Société impériale d'agriculture, sciences et arts d'Angers*, nouv. période, t. IX (1866), p. 41-47.

1457, 12 février.

251. — Équipement de Jean de Rémezan, de Marseille, chevalier de Saint-Jean de Jérusalem.

Barthélemy (Le docteur), *Bulletin archéologique*, 1884, p. 465-469.

1458

252. — Inventaire des joyaux de Philippe le Bon, duc de Bourgogne.

Pinchart, *Archives des Arts*, t. I (1860), p. 19-20.

1459, 15 janvier.

253. — Vente après décès des biens meubles de Jean Doynet, chapelain de Saint-Éloy de Reims.

Desmaisons (L.), *Travaux de l'Académie nationale de Reims*, t. LXXV (1885), p. 313-315.

1461, 21 décembre.

254. — Estimation des armes, mobilier et vêtements de l'hôtel de Faye, appartenant à Olivier de Coëtivy.

Marchegay (Paul), *Archives historiques de la Saintonge et de l'Aunis*, t. I (1874), p. 77-81. — Richemond (de), *Rev. des Soc. savantes*, 5ᵉ série, t. VIII (1875), p. 282-285. — Joly d'Aussy (Denis), *Archives historiques de la Saintonge et de l'Aunis*, t. XIII (1885), p. 17-68.

1462, 21 juillet.

255. — Inventaire du mobilier du monastère de Chirac, près Marvéjols (Lozère).

Amé, *Rev. des Soc. savantes*, 5ᵉ sér., t. IV (1873), p. 176-188.

1462, 29 et 30 juillet, 10 et 11 août.

256. — Inventaire des livres, objets servant au culte, mobilier, ornements, vêtements et joyaux, trouvés à l'hôtel du collège d'Autun, près Saint-André-des-Arts, à Paris.

Lebeuf (L'abbé), *Histoire de la ville et de tout le diocèse de Paris*, t. III, p. 291-308.

1462

257. — Inventaire des livres, joyaux, ornements et reliquaires de l'église de Saint-Paul, à Orléans.

Boucher de Molandon, *Bulletin du Comité,* année 1882, p. 106-128. (Tirage à part.)

1462

258. — Inventaire du château de Corlay.

Barthélemy (A. de), *Revue de Bretagne et de Vendée,* 2e sér., t. VII (1865), p. 93-102.

1462

259. — Inventaire de Saint-Donatien de Bruges.

Le Beffroi t. I (1863), p. 328-337 (extraits).

1463, 6 et 7 mai.

260. — Inventaire des reliques, argenterie, livres et ornements de l'église de Maubuisson.

Dutilleux (A.) et Depoin (J.), *L'abbaye de Maubuisson, Notre-Dame-la-Royale* (Documents édités par la *Société historique du Vexin*, Pontoise, Paris, 1884, in-4°), 3e partie, p. 149-155.

1463, 14 décembre.

261. — Inventaire de l'argenterie et de l'argent monnayé trouvés au château de Nozeroy, à la mort de Louis de Châlon-Arlay III, prince d'Orange.

Gauthier (Jules), *Bulletin archéol.,* 1885, p. 270-275.

1464, 16 avril.

262. — Inventaire des meubles de Michel Percheron, légués aux Quinze-Vingts.

Le Grand (Léon), *Mémoires de la Soc. de l'Hist. de Paris,* t. XIII (1886), p. 254. (Tirage à part).

1464, décembre.

263. — Inventaire des reliques, argenteries, vases précieux, reliquaires, étoffes, livres, émaux et ornements de l'église de Beauvais.

Desjardins (Gustave), *Histoire de la cathédrale de Beauvais* (Beauvais, V. Pineau, 1865, in-4°), p. 159-227.

1465, septembre.

264. — Inventaire des reliques, reliquaires et vases sacrés de l'abbaye de Saint-Bertin, à Saint-Omer.

Gentleman's Magazine, t. II (1842), p. 493-496. — Cabinet de l'amateur et de l'antiquaire (Paris, au bureau du Journal, 1842, in-8°), p. 553-559.

1467, 14 septembre.

265. — Inventaire des reliques, argenterie, vases sacrés, couvertures de livres, vêtements et joyaux appartenant à l'église Saint-Martin, située en la basse-cour du château de Picquigny.

Darsy (F.-I.), *Picquigny et ses seigneurs, vidames d'Amiens* (Abbeville, P. Briez, 1860, in-8°), p. 164-171.

1467

266. — Inventaire de Charles le Téméraire, duc de Bourgogne. [Chapelle, ornements d'église, vaisselle d'or et d'argent, vases précieux, linges, joyaux.]

Laborde (Le comte de), *Ducs de Bourgogne,* t. II, p. 1-202.

1467

267. — Inventaire de la cathédrale d'Angers [calices].

Farcy (L. de), *Revue de l'art chrétien,* t. XXXII (1881), p. 175-176 (extraits).

1467.

268. — Inventaire des houzeaux et souliers de Jean, comte d'Angoulême, au château d'Angoulême.

Touzaud, *Bulletin de la Société archéologique de la Charente,* 5ᵉ sér., t. VIII (1886), p. XLIII-XLIV.

1469, 29 septembre.

269. — Inventaire des meubles et bijoux de Marguerite, duchesse de Bretagne, femme de François II.

La Borderie (A. de), *Bulletin de la Société archéologique de Nantes et de la Loire-Inférieure,* t. IV (1864), p. 46-60.

1469

270. — Enumération des reliques de l'abbaye de Nanteuil-en-Vallée.

Blanchet (L'abbé J.-P.-G.), *Histoire de l'abbaye royale de N.-D. de la Couronne,* dans le *Bulletin de la Société archéol. et historiq. de la Charente,* 5ᵉ sér., t. VIII (1886), p. 132-133 (traduction).

1469

271. — Inventaire des reliques, chapes et autres ornements de l'église de Saint-Hilaire de Poitiers.

Vallet de Viriville (A.), *Bibliothèque de l'École des Chartes,* t. XI

(1850), p. 495-498. — Redet, *Cathédrale de Saint-Hilaire de Poitiers* dans les *Mémoires de la Soc. des Antiquaires de l'Ouest*, t. XV (1844), p. 144-159.

1470, 2 mars.

272. — Inventaire, après décès, des meubles, vaisselle d'or et d'argent, orfèvrerie, bagues, robes de femmes, draps de laine, tapisseries, linge, vins et chevaux de Louis d'Amboise, vicomte de Thouars.

Ledain, *Mémoires de la Soc. de statistique des Deux-Sèvres*, 2ᵉ sér., t. II (1885), p. 347-360. (Tirage à part.)

1471, 10 octobre.

273. — Inventaire des biens meubles et des ustensiles appartenant au roi de Sicile, duc d'Anjou, au château de La Ménistré.

Godard-Faultrier (V.), *Mém. de la Soc. impér. d'agriculture, sciences et arts d'Angers*, nouv. pér., t. IX (1866), p. 90-101. — Lecoy de la Marche, *Comptes et mémoriaux du roi Réné*, p. 283-292.

1471, 13 octobre.

274. — Inventaire des meubles, biens et ustensiles de maison du château de Chanzé.

Lecoy de la Marche, *Comptes et mémoriaux du roi René*, p. 271-277.

1471, 18 décembre.

275. — Inventaire des biens meubles et ustensiles du château d'Angers, appartenant à René d'Anjou, roi de Sicile.

Godard-Faultrier, *Le château d'Angers au temps du roi René* dans les *Mém. de la Société impériale d'agriculture, sciences et arts d'Angers*, n. pér., t. IX p. 49-90. (Tirage à part.) — Lecoy de la Marche, *Comptes et mémoriaux du roi Reně*, p. 239-271.

1471-1472

276. — Inventaire des vêtements, étoffes, tapisseries, mobilier, livres et autels portatifs de l'église de Notre-Dame de Lens.

Richard (J.-M.), *Le trésor de la collégiale de Notre-Dame de Lens au XVᵉ siècle* (Arras, Sède, 1876, in-8º), p. 21-36.

1472

277. — Inventaire des reliques et ornements de l'église de Beauvais.

Desjardins, *Histoire de la cathédrale de Beauvais*, p. 159-227.

1473, 4 décembre.

278. — Inventaire des joyaux, vêtements, livres et ornements de l'église du monastère de Saint-Césaire d'Arles.

Albanès (L'abbé), *Revue des Soc. savantes*, 7ᵉ sér., t. I (1879), p. 168-171.

1474, 25 septembre.

279. — Inventaire des bijoux, vêtements, manuscrits, objets précieux et livres, appartenant à la comtesse de Montpensier.

Boislisle (A. de), *Bulletin de la Soc. de l'Hist. de France*, t. XVI (1880), p. 274-309. (Tirage à part.)

1476, 2 juillet.

280. — Inventaire du trésor de l'abbaye de Sainte-Croix de Poitiers.

Barbier de Montault (X.), *Mémoires de la Société des antiquaires de l'Ouest*, 2ᵉ sér., t. IV (1881), p. 56-64, 95-100. (Tirage à part.)

1476

281 — Prisée des meubles, étoffes, armes, linge, vêtements, ornements d'église et fourrures, appartenant au comte de Saint-Paul, connétable de France, et des linges et tapisseries, ayant appartenus au comte de Marle, qui se trouvaient à Cambray.

Gauthier (Jules), *Bulletin archéol.*, 1885, p. 29-57.

1477

282. — Inventaire des argenteries et bijoux trouvés chez Simon Savary, de Tournai.

La Grange (A. de) et Cloquet (L.), *Études sur l'Art à Tournai* (Tournai, H.-L. Casterman, 1888, in-8°), 2ᵉ partie, p. 320-322.

1478, 11 novembre.

283. — Inventaire du trésor de Notre Dame de la Major.

Rabolly (Antoine), *Congrès archéologiques de France*, t. XLIII (1877), p. 681-684.

1479, 26 mars.

284. — Inventaire des ustensiles trouvés à Reculée, appartenant au roi de Sicile.

Godard-Faultrier (V.), *Mém. de la Soc. impér. d'agriculture, sciences et arts d'Angers*, n. pér., t. IX (1866), p. 101-109. — Lecoy de la Marche, *Comptes et mémoriaux du roi René*, p. 277-283.

1479

285. — Inventaire des argenterie, joyaux et étoffes, appartenant à la chapelle des tanneurs de Bruges [en français et en flamand].

Le Beffroi, t. II, (1865), p. 268-274.

1480, 2 octobre.

286. — Inventaire des pièces d'armures de guerre, garnies de
pierreries, appartenant au duc d'Autriche et de Bourgogne.

Laborde (Le comte de), *Ducs de Bourgogne*, t. II, p. 427-430.

1481, 7 mars.

287. — Inventaire des chaines et joyaux appartenant à la duchesse d'Orléans.

Laborde (Le comte de), *Ducs de Bourgogne*, t. III, p. 422-423 (extraits).

1481, 26 septembre.

288. — Inventaire du mobilier du vieux logis et du château de
Craon, ainsi que de l'artillerie de la grosse tour, après la mort
de Georges de la Trémoille.

Bulletin de la Soc. de l'Hist. de France, t. V (1867), p. 43-45. — Joubert (A.), *Histoire de la baronnie de Craon, 1382-1626, d'après les archives inédites du chartrier de Thouars* (Angers, Germain, 1888, gr. in-8°),
p. 363-370.

1481, 30 septembre, 10 octobre.

289. — Inventaire du château de Livey, près Craon, après la
mort de Georges de la Trémoille, baron de Craon.

La Trémoille (L. de), *Archives d'un serviteur de Louis XI* (1451-1481)
(Nantes, Grimaud, 1888, in-4°), p. 130-134. — Joubert (A.), *Histoire
de la baronnie de Craon*, p. 370-374.

1481, 8 novembre.

290. — Inventaire de la vaisselle d'or et d'argent appartenant à
la duchesse d'Orléans et à son fils.

Laborde (Le comte de), *Ducs de Bourgogne*, t. III, p. 422 (extraits.)

1482, 28 octobre.

291. — Inventaire après décès, des vêtements, toiles, étoffes,
animaux et mobilier de Claude de Bruillart, en son vivant seigneur de Coursan, appartenant à Marie de Boucart, sa veuve,
et à Gaulcher de Bruillart, son fils et son héritier.

Roserot (Alph.), *Revue des Soc. savantes*, 7° sér., t. III (1881), p. 258-268.

1483, 8 janvier et 19 décembre.

292. — Inventaire des robes, étoffes, linges, livres, tapisseries
et orfèvreries de Charlotte de Savoie, reine de France.

Tuetey (A.), *Bibliothèque de l'École des Chartes*, 6° sér., t. I (1865),
p. 344-366 et 423-442. (Tirage à part.)

1483, 6 juin.

293. — Inventaire des draps de soie, d'or et autres, des reliques,

reliquaires, images, argenteries, ornements et pontificaux, tapisseries, étoffes, linges et objets appartenant à la chapelle du duc de Savoie.

> Fabre (A.), *Trésor de la Sainte-Chapelle des ducs de Savoie au xv* et xvi* siècles* (Vienne, Savigné, 1868, in-4°), p. 43-111 ; (Lyon, Scheuring, 1875, in-8°), p. 51-131.

1485, 20 juin.

294. — Inventaire, après décès, des biens de Haquinet-Hierche, joaillier, à Tournai.

> La Grange (A. de) et Cloquet (L.), *Études sur l'Art à Tournai*, 2* partie, p. 322-324.

1486

295. — Inventaire, aprés décés, des meubles, ornements, chapelles et livres laissés par le cardinal Rolin, évêque d'Autun.

> Fontenay (J. de), *Bulletin monument.*, t. XVIII (1852), p. 59-64.

1487, 6 juillet.

296. — Inventaire fait à Chauny, des bijoux, meubles et livres de Marie de Clèves, femme de Charles d'Orléans.

> Laborde (Le comte de), *Ducs de Bourgogne*, t. III, p. 432-435 (extraits). — Lecocq (G.), *Marie de Clèves*, dans les *Travaux de la Société académique des sciences, arts, belles-lettres et agriculture de Saint-Quentin* (Aisne), 3° sér., t. XIII (1876), p. 344-355. (Tirage à part.)

1488, 2 avril.

297. — Déclaration des bagues de la reine, données par Boudet à Jean de Rieux, maréchal de Bretagne.

> La Nicollière (Stéphane de), *Bulletin de la Société archéol. de Nantes*, t. I. (1861), p. 397-404.

1489, 11 août.

298. — Inventaire de l'église de Saint-Saturnin de Toulouse. [Reliquaires, croix, mitres, crosses, calices, pectoraux, tuniques royales, chapes, camées.]

> Belhomme (G.), *Mémoires de la Soc. archéol. du midi de la France*, t. IV (1840-41), p. 158-164 (extraits).

1490, 19 mars.

299. — Déclaration des bagues et joyaux pris par Albret, au château de Nantes, dans le trésor de l'Epargne.

> La Nicollière (Stéphane de), *Bulletin de la Société archéol. de Nantes*, t. I (1861), p. 404-445.

1491, 11 avril.

3oo. — Inventaire des joyaux de l'église de l'abbaye de Psalmody.

> Réné (L'abbé), *Bulletin archéol.*, 1884, p. 60-62.

1492

3o1. — Inventaire du trésor de Saint-Alban de Namur.

> *Analectes pour servir à l'histoire de Belgique*, t. II (1865), p. 334-336. — *Le Beffroi*, t. III (1871), p. 133-134.

1494

3o2. — Vêtements et équipages de Charles VIII, pour l'expédition de Naples.

> Leroux de Lincy, *Vie de la reine Anne de Bretagne* (Paris, Curmer, 1860, in-8°), t. IV, p. 27-35.

1495

3o3. — Inventaire de la cathédrale d'Angers.

> Farcy (L. de), *Revue de l'art chrétien*, t. XXXI (1881), p. 373 (extraits).

1496, 15 et 16 février.

3o4. — Inventaire du trésor de l'abbaye de Grandmont.

> Guibert (Louis), *L'école monastique d'orfévrerie de Grandmont et de l'autel majeur de l'église abbatiale* (Limoges, Ducourtieux, 1888, in-8°), p. 32-44.

1496, 26 mai.

3o5. — Inventaire, après décès, des mobilier, vêtements, chevaux et linge de Symon Bonnet, évêque de Senlis.

> *Mémoires de la Soc. académique de l'Oise*, t. VI (1865), p. 701-715.

1496

3o6. — Inventaire des vaisselle d'argent, mobilier, étoffes, tapisseries, linge et joyaux de Charles d'Orléans, aux châteaux de Cognac et d'Angoulême.

> Sénemaud (Edm.), *Bulletin de la Soc. archéol. de la Charente*, 3ᵉ sér., t. II (1862), p. 201-212. (Tirage à part.)

1497, 20 avril-17 mai.

3o7. — Inventaire des argent monnayé, vaisselle, bijoux, linge et tapisseries de Marguerite de Rohan, comtesse d'Angoulême, au château de Cognac.

> Sénemaud (Edm.), *Bulletin de la Soc. archéol. de la Charente*, 3ᵉ sér., t. II (1862), p. 57-69.

1497-1498

3o8. — Inventaire des biens meubles de Bernard de Béarn, chevalier, bâtard de Comminges.

Desbarreaux (B.) et Baudoin (Ad.), *Mémoires de l'Acad. des sciences de Toulouse*, 7ᵉ série, t. IV (1872), p. 92-131. (Tirage à part.)

1498, 26 janvier.

309. — Inventaire des images, reliquaires, argenteries, parements d'autel, vêtements sacerdotaux, vases et ustensiles sacrés de la Sainte-Chapelle de Chambéry.

Vayra (Pietro), *Le lettere e li arte alle corte di Savoia*, dans les *Miscell. di storia Italiana*, t. XXII (1883), p. 109-129. (Tirage à part.)

1498, 15 septembre.

310. — Inventaire du mobilier du château de Pont-d'Ain, appartenant au duc de Savoie.

Vayra (Pietro), *Ibid.*, p. 185-208.

1498, 25 octobre.

311. — Inventaire des châteaux de Chambéry.
[Livres, tapisseries, étoffes, armes.]

Vayra (Pietro), *Ibid.*, p. 23-108.

1498

312. — Inventaire des biens d'Elzéar d'Ecclesia, orfèvre à Draguignan.

Mireur, *Bulletin archéol.*, 1885, p. 489-496.

1499, 23 septembre.

313. — Inventaire de l'armurerie du château d'Amboise, dressé sur l'ordre de la reine, duchesse de Bretagne, veuve de Charles VIII [épées et haches de Clovis, de Charlemagne, de Saint-Louis, de Lancelot du Lac, de du Guesclin, de Jeanne d'Arc.]

Leroux de Lincy, *Bibliothèque de l'École des Chartes*, 2ᵉ sér., t. IV, (1847), p. 420-422. — Laborde (Le comte de), *Notice des émaux du Louvre*, 2ᵉ partie, p. 481-483. — Labarte (J.), *Annales archéol.*, t. VIII (1848), p. 217-219. — Way (A.), *The archæolog. Journal*, t. XXVI (1869), p. 270-273.

1500

314. — Inventaire de l'église de Jarzé.

Barbier de Montault (X.), *Inventaires de quelques églises rurales de l'Anjou*, dans les *Mém. de la Société d'agriculture, sciences et arts d'Angers*, n. pér., t. XVII (1874), p. 31-41.

XVᵉ SIÈCLE.

315. — Inventaire de corps saints, reliques et dignités appartenant à l'église collégiale de Notre-Dame-Sainte-Marie de Lens, en Artois.

Richard (J.-M.), *Le trésor de la collégiale de Notre-Dame de Lens au xv⁰ siècle*, p. 14-20.

XVᵉ SIÈCLE.

316. — Instrument et attestation des pierres précieuses insérées au bras d'or, où sont les reliques de saint Nicolas, à saint Nicolas-du-Port (Meurthe).

Digot (Aug.), *Bulletin monument.*, t. XIV (1848), p. 591-592.

XVᵉ SIÈCLE.

317. — Inventaire des reliques de l'église de Soulac.

Mézuret (L'abbé), *Notre-Dame de Soulac* (Lesparre, Rivet, 1865, in-8°), p. 236-238.

XVᵉ SIÈCLE [1494-1507.]

318. — Inventaire des meubles d'Anne de Bretagne.

Leroux de Lincy, *Bibliothèque de l'École des Chartes*, t. XI (1850), p. 166 (extraits).

1501

319. — Inventaire des autels, tableaux, courtines, habits, joyaux, reliquaires, mobilier et linge, appartenant à l'hôpital de Beaune.

Boudrot (L'abbé), *Mémoires de la Soc. d'histoire, d'archéol. et de littérature de l'arrondissement de Beaune*, t. I (1874), p. 121-204.

1502

320. — Inventaire des reliquaires de l'abbaye de Fécamp.

Beaurepaire (Ch. de), *Bibliothèque de l'École des Chartes*, 4ᵉ série, t. V (1859), p. 404-409.

1502

321. — Inventaire du trésor de la cathédrale de Laon.

Darras (Le chanoine), *Annales archéol.*, [t. VI (1847), 339-343; t. VIII (1848), 136-142 (extraits.)

1504, 10 juillet.

322. — Inventaire des objets précieux conservés au couvent de Saint Maximin, en Provence.

Albanés (L'abbé), *Revue des Sociétés savantes*, 6ᵉ série, t. V (1877), p. 289-311.

1504, 15 décembre.

323. — Inventaire de l'abbaye de Clairvaux.

Arbois de Jubainville (d'), *Revue des Soc. savantes*, 5ᵉ sér., t. V (1873), p. 496-503. — Lalore (L'abbé), *Le Trésor de Clairvaux*, p. 103-104. — Riant (Le comte), *Exuviæ sacræ* C. P., t. II, p. 193-197 (extraits).

1505, 7 juillet.

324. — Inventaire de Jeanne de Narbonne-Talairan, dame de
la Douze.

Abzac de la Douze (Le marquis d'), *Bulletin de la Société historiq. et
archéol. du Périgord*, t. XI (1884), p. 384-386.

1505, 21 octobre.

325. — Inventaire des bijoux, vaisselle d'argent, d'étain, de cuivre, linge et animaux trouvés au château de Joinville, le jour de
l'inhumation de Henri de Lorraine, évêque de Metz.

Fériel, *Bulletin archéol.*, t. IV (1847-1848), p. 102-111.

1505

326. — Vaisselle d'or et d'argent d'Anne de Bretagne.

Leroux de Lincy, *Vie de la reine Anne de Bretagne*, t. IV, 123-133.

1505

327. — Inventaire des reliques et reliquaires du monastère de
Marmoutier.

Grandmaison, *Documents sur les arts en Touraine*, p. 301-304.

1506, 2 novembre.

328. — Objets dérobés à la cathédrale de Saint-Hilaire de Poitiers.

Redet, *La cathédrale de Saint-Hilaire de Poitiers*, p. 185-186.

1507, 17 juillet.

329. — Inventaire des reliques, joyaux, ornements et vêtements,
livres et étoffes de la sacristie de l'église cathédrale de Vence.

Blanc (Ed.), *Bulletin monument.*, t. XLIII (1877), p. 611-612 (abrégé).
— *Revue des Soc. savantes*, 7ᵉ sér., t. V (1882), p. 266-271. — *Annales de
la Soc. des lettres des Alpes-Maritimes*, t. VIII (1882), p. 62-67.

1507, 18-21 novembre.

330. — Inventaire des meubles et livres du château d'Aigue-
perse appartenant au duc de Bourbon.

Cabinet historique, t. IX (1863), p. 298-317. — Chazaud (A.-M.),
*Enseignements d'Anne de France, duchesse de Bourbonnais et d'Auver-
gne à sa fille, Suzanne de Bourbon* (Moulins, Desroziers, 1878, in-4°),
p. 213-230.

1508, 20 septembre.

331. — Inventaire général des argenterie, vaisselle, mobilier,
chapelle, linge, livres et meubles de Georges d'Amboise.

[Maison archiépiscopale de Rouen, châteaux de Gaillon et
de Vigny.]

Deville (A.), *Comptes de dépenses de la construction du château de
Gaillon*, dans les *Documents inédits* (Paris, Imprimerie nationale, 1850,
in-4°), p. 486-529.

1508

332. — Inventaire des joyaux de la chapelle de Consolat [en pro-
vençal].

Mémoires de la Soc. archéol. de Montpellier, t. II (1844), p 325-326
(extraits).

1509, 11 octobre.

333. — Inventaire de la cathédrale de Toulon.

Albanès (L'abbé), *Revue des Sociétés savantes*, 7ᵉ série, t. I (1879),
p. 171-173.

1511, 2 février.

334. — Inventaire, après décès, des biens laissés à la cathédrale,
par Raoul du Fou, évêque d'Évreux.

[Cet inventaire comprend, entr'autres objets précieux, le fa-
meux missel de Jacques Juvénal des Ursins, brûlé en 1871, à
l'Hôtel de Ville de Paris.]

Provost (G.-A.), *Bulletin Monumental*, t. LIII (1887), p. 477-478.

1511, 18 février.

335. — Deux inventaires d'armes conservés à l'Hôtel de Ville de
Nîmes.

Lamothe (A. de), *Revue des Sociétés savantes*, 5ᵉ série, t. VI (1873),
p. 332-337.

1511, mai.

336. — Inventaire de l'église métropolitaine d'Avignon.

[Tapisseries.]

Duhamel (L.), *Revue des Soc. savantes*, 7ᵉ série, t. I (1879), p. 272-296.
(Tirage à part.)

1512

337. — Inventaire des mobilier, linge, tapisseries, argenterie, bijoux et joyaux du château d'Hallincourt, à la mort de Pierre
Legendre.

Sarazin (Camille), *Mémoires de la Soc. historique et archéologique de
l'arrond. de Pontoise et du Vexin*, t. III (1881), p. 43-75.

1513, 27 mars.

338. — Inventaire des reliques, reliquaires, chefs, bourses, tapis et vases de l'église cathédrale de Langres.

Jolibois, *Bulletin archéologique,* t. IV (1847-48), p. 316-327.

1514, 12 mai.

339. — Inventaire des vaisselle d'argent, argenterie, pierreries, reliquaires, étoffes, chapes, linge et vêtements, de Charlotte d'Albret, duchesse de Valentinois, au château de la Mothe de Feully (près la Châtre).

Bonnaffé (Edm.), *Inventaire des biens de la duchesse de Valentinois* (Paris, Quantin, 1878, in-8°), p. 31-108.

1514, 17 juillet.

340. — Inventaire de l'artillerie et des munitions de la maison de l'échevinage de Poitiers.

Redet, *Bulletin des Comités* (Histoire), 1849-1853, t. I (1849), p. 219-223.

1514, 2 novembre.

341. — Inventaire des joyaux de Jeanne de Hochberg, duchesse de Longueville.

Merlet (L.), *Bulletin archéologique du Comité des travaux historiques et scientifiques,* 1884, p. 371-376. (Tirage à part.)

1515, 29 mars.

342. — Inventaire du trésor de l'abbaye de Grandmont.

Guibert (L.), *L'école monastique d'orfèvrerie de Grandmont,* p. 45-52.

1516, 17 et 18 juillet.

343. — Inventaire des objets d'art et de lingerie de luxe qui composaient le mobilier de Marguerite d'Autriche, fille de Maximilien Ier, gouvernante des Pays-Bas.

Leglay, *Correspondance de l'empereur Maximilien I, et de Marguerite d'Autriche* (Paris, Renouard, 1839, in-8°), p. 85-110. — *Cabinet de l'antiquaire et de l'amateur,* t. I (1842), p. 215-223, 271-275.

1516, 10 décembre.

344. — Inventaire des reliquaires et joyaux de la cathédrale de Montauban [en langue du pays].

Dumas de Rauly (Charles), *Bulletin archéologique de la Société archéologique de Tarn et Garonne,* t. XV (1887), p. 268-273.

1517, 22 juin.

345. — Inventaire des livres, reliques, reliquaires, calices, vête-

ments sacerdotaux et linges de la chapelle dite de Tournay, fondée au xve siècle, dans l'église de Poligny (Jura), par Jean Chevrot, de Poligny, évêque de Tournay.

> Prost (Bernard), *Revue des Soc. savantes*, 6e série, t. IV (1877), p. 229-237.

1517, 23 juillet.

346. — Description des reliquaires, librairie, chapelles et métiers de l'abbaye de Clairvaux.

> Michelant (L.), *Voyage de la reine de Sicile à Clairvaux*, dans les *Annales archéologiques*, t. III (1845), p. 223-239.

1518

347. — Inventaire de l'église Saint-Donatien de Bruges.

> *Le Beffroi*, t. I (1863), p. 328-337 (extraits).

1521, 17 août.

348. — Inventaire du château de Nice.

[Munitions, artillerie, mobilier de guerre.]

> Cais de Pierlas (de), *Annales de la Société des lettres, sciences et arts des Alpes-Maritimes*, t. X (1885), p. 412-418.

1521, 20 décembre.

349. — Inventaire, après décès, des biens meubles de François de Melun, évêque de Térouanne.

> Le Grand (Albert), *Bulletin de la Soc. des antiquaires de la Morinie*, t. VI (1877), p. 47-63.

1523

350. — Inventaire des vaisselles, joyaux, tapisseries, peintures, livres et manuscrits de Marguerite d'Autriche, régente et gouvernante des Pays-Bas.

> Michelant (H.), *Compte rendu de la commission royale d'histoire* (Bruxelles), 3e sér., t. XII (1870), p. 5-78, 83-156. (Tirage à part.)

1523

351. — Inventaire du trésor de la cathédrale de Laon.

> Fleury (Ed.), *Inventaire du trésor de la cathédrale de Laon* (Paris, Didron, 1855, in-4°), 47 p.

1524, 17 avril.

352. — Inventaire des tableaux, livres, joyaux et meubles de Marguerite d'Autriche, fait en la ville d'Anvers.

> Laborde (Le comte de), *Revue archéol.*, t. VII (1850), p. 46-57, 80-91. (Tirage à part.)

1524

353. — Trousseau donné à Jehann. de Lastours, épouse d'Adam du Bauquet.

> La Ferrière-Percy (Le comte H. de), *Marguerite d'Angoulême*, son livre de dépenses (1540-1549) (Paris, Aubry, 1862, in-12), p. 55-57.

1524

354. — Le trésor de Saint-Spire de Corbeil.

> Dufour (A.), *Annales de la Soc. histor. et archéol. du Gâtinais* t. VI, (1888), p. 249-264. (Tirage à part.)

1525, 2 mai.

355. — Inventaire de la Maison-Dieu, de Montmorillon.

> Delayant, *Archives historiques du Poitou*, t. II (1873), p. 313-316.

1526, 21 février.

356. — Inventaires des reliques et joyaux de l'église de Saint-Denis de Troyes.

> Arbois de Jubainville (d'), *Revue des Soc. savantes*, 5ᵉ sér., t. III (1872), p. 478.

1526, 1ᵉʳ octobre.

357. — Inventaire des vêtements sacerdotaux, ornements, livres, chandeliers, reliques et joyaux d'argent de l'église de Notre-Dame en Vaux, de Châlons-sur-Marne.

> Barthélemy (Ed. de), *Revue des Soc. savantes*, 7ᵉ série, t. II (1880), p. 270-281.

1527, 16 septembre.

358. — Inventaire de l'église de Saint-Nizier de Troyes.

> Arbois de Jubainville (d'), *Revue des Sociétés savantes*, 5ᵉ sér., t. III (1872), p. 479.

1527, 21 septembre.

359. — Inventaire de l'église de Saint-Aventin de Troyes.

> Arbois de Jubainville (d'), *Ibid.*, p. 479.

1527, 4-6 novembre.

360. — Inventaire de la chapelle des reliques de l'église cathédrale de Langres.

> [Huit feuillets ajoutés à l'inventaire de 1513.]
> Jolibois, *Bulletin archéol.*, t. IV (1847-48), p. 316-327.

1527

361. — Inventaire du mobilier de Jean Gombault, marchand crassier, cirier et fabricant d'huile, bourgeois de Tournai.

Soil (Eug.), *Annales de l'Académie d'archéol. de Belgique,* t. LXV
(4ᵉ série, t. II, 1886), p. 153-227. (Tirage à part.)

1527

362. — Inventaire des biens meubles de l'église de Piré, au diocèse de Rennes.

Quesnet (Ed.), *Revue des Sociétés savantes,* 6ᵉ série, t. VIII (1879),
p. 141-142.

1530, 15 juin.

363. — Inventaire des bagues de la Couronne de France, fait à
Bordeaux.

Bapst (G.), *Histoire des joyaux de la Couronne de France* (Paris,
Hachette, 1889, in-4°), p. 29-32.

1530

364. — Inventaire du trésor de l'abbaye de Moutier-Grandval.
Quiquerez (A.), *Bulletin pour la conservation des monuments historiques de l'Alsace* (Mémoires), 2ᵉ sér., t. IV (1866), p. 2 (fragment).

1531, 17 février.

365. — Inventaire du château de Pont d'Ain, à la mort de Marguerite d'Autriche.

[Statues, livres.]

Quinsonas (Le comte de), *Matériaux pour servir à l'histoire de la
Maison d'Autriche* (Paris, Delaroque, 1860, 3 vol. in-8°), 3ᵉ partie,
p. 347-386.

1532, 18 février.

366. — Inventaire des bijoux de la Couronne de France, fait à
Paris.

Bapst (G.), *Histoire des joyaux de la Couronne de France,* p. 33-37.

1532, 1ᵉʳ juillet.

367. — Inventaire des robes, cottes et draps de soie de la garde-
robe de la reine Eléonore d'Autriche, fait au Plessis de Tours.

Barthélemy (Ed. de), *Revue des Soc. savantes,* 6ᵉ série, t. VI (1877),
p. 254-258.

1532, 4 août.

368. — Inventaire, après décès, des bijoux, tapisseries, tableaux,
bronzes, ivoires, albâtres, sculptures, porcelaines, terres
sigillées, cristaux, fayences et ornements d'église composant
la succession de Florimond Robertet, ministre de François
Iᵉʳ, au château de Bury.

Grésy (Eug.), *Mémoires de la Soc. des Antiquaires de France,* t. XXX
(1868), p. 22-66.

4

1532

369. — Déclaration des croix, reliques, joyaux et vaisseaux d'or et d'argent, du trésor de la Sainte-Chapelle de Paris.

Douët d'Arcq, *Revue archéol.*, t. V (1848), p. 175-205.

1532

370. — Inventaire du mobilier des châteaux Francs-Comtois appartenant à la Maison de Châlon.

Gauthier (J.), *Bulletin du Comité d'archéologie*, 1882, p. 256-270.

1533, 13 décembre.

371. — Inventaire du trésor de l'église métropolitaine d'Aix.

Albanès (L'abbé), *Bulletin du Comité d'archéol.*, 1883, p. 149-176.

1533

372. — Inventaire des tapisseries emportées du château de Blois.

Bournon (F.), *Nouvelles archives de l'Art français*, 2ᵉ sér., t. I (1879), p. 334-339.

1535, 22 novembre.

373. — Inventaire des reliquaires, joyaux, sanctuaires, calices, ornements, livres, linge, candélabres et autres ustensiles ecclésiastiques, appartenant à l'église de Notre-Dame d'Amiens.

Garnier (J.), *Mémoires de la Soc. des Antiquaires de Picardie*, 1ʳᵉ série, t. X (1850), p. 348-377 (extraits).

1535

374. — Déclaration des reliques, châsses, reliquaires, orfèvrerie, argenterie et ornements du trésor de Saint-Ouen de Rouen.

Farin, *La Normandie Chrestienne* (Rouen, Du Mesnil, 1659, in-4°), p. 604-614. — Le P. Du Monstier, *Neustria pia* (Rouen, Berthelin, 1663, in-f°), p. 59-61.

1536 (a. s.), 9 janvier.

375. — Inventaire des harnois communs de la ville, trouvés en la maison du Consulat et en la maison du Poids du Roi, au Puy.

Chassaing (Aug.), *Le livre de Podio ou Chroniques d'Estienne de Medicis, bourgeois du Puy*, t. II, p. 290-291.

1536 (a. s.), 29 janvier.

376. — Inventaire de la chapelle de Philippe de Levis, évêque de Mirepoix.

[Tableaux, images, argenterie.]

Gabaldo (L'abbé), *Congrès archéologiques de France*, t. LI (1885), p. 348-352.

1536, mai.

377. — Inventaire des joyaux, ornements d'église, vaisselles, tapisseries, livres et tableaux de Charles Quint, dressé à Bruxelles.

Michelant, *Compte-rendu des séances de la commission royale d'histoire* (Bruxelles), 3ᵉ sér., t. XIII (1872), p. 199-368.

1536

378. — Inventaire de la vaisselle d'or et d'argent du chancelier Duprat et du trésorier de France, Babou de la Bourdaisière, confisquée par le roi François Iᵉʳ.

Guiffrey (J.), *Nouvelles archives de l'Art français*, 1872, p. 156-167.

1536

379. — Inventaire des ornements de l'église de Marcé.

Barbier de Montault (X.), *Mémoires de la Soc. d'agriculture, sciences et arts d'Angers*, n. p., t. XVII (1874), p. 41-47 (extraits).

1537, 26 juin.

380. — Inventaire du château neuf de Craon.

Joubert (A.), *Histoire de la baronnie de Craon*, p. 454-455 (extraits).

1537, 28 juin.

381. — Inventaire du trésor de Notre-Dame de Fontenay.

Archives historiques du Poitou, t. I (1872), p. 128-131. (Tirage à part.)

1537

382. — Inventaire des reliques, joyaux d'or, reliquaires précieux, vases sacrés, pontificaux, chapes, broderies, ornements et tapisseries du trésor de la cathédrale de Bourges.

Girardot (Le baron de), *Mémoires de la Soc. des Antiquaires de France*, t. XXIV (1859), p. 202-227 (extraits).

1538, 27 décembre.

383. — Inventaire des reliques et joyaux du monastère et de l'église de l'abbaye de Saint-Florent de Saumur.

Parrot (Armand), *Congrès archéologiques de France*, t. XXIX (1863), p. 224-231. — *Revue des Soc. savantes*, 7ᵉ sér., t. II (1880), p. 233-239.

1538

384. — Inventaire de Notre-Dame de Paris.

Guiffrey (J.), *Revue de l'art chrétien*, t. XL (1890), p. 204 (extraits relatifs aux tapisseries).

1539, 9 novembre.

385. — Inventaire des reliques et de l'argenterie de la fabrique de Saint-Martin de Clamecy.

Charrier (L'abbé J.), *Notice historique sur la collégiale de Saint-Martin de Clamecy*, dans le *Bulletin de la Soc. nivernaise des Lettres, sciences et arts*, t. XIII (1889), p. 61-71.

1539

386. — Procès-verbal de visite de Saint-Hilaire de la Celle.

Redet, *Bulletin de la Soc. des Antiquaires de l'Ouest*, t. II (1838), p. 91 (extraits).

1539

387. Inventaire de l'église de Saint-Donatien de Bruges.

Le Beffroi, t. I (1863), p. 328-337 (extraits).

1540

388. — Inventaire des tapisseries des ducs de Lorraine.

Molinier (Em.), *Bulletin archéol. du Comité des travaux historiques*, 1885, p. 471.

1540

389. — Inventaire des joyaux qui garnissaient la Sainte-Châsse de la Cathédrale de Chartres.

Mély (F. de), *Trésor de N.-D. de Chartres*, p. 110-111 (extraits).

1541

390. — Inventaire des reliques, joyaux, chapes, draps précieux, livres et autres biens de la trésorerie de l'église de Cambrai.

Houdoy, *Histoire artistiq. de la cathédrale de Cambrai*, p. 361-369 (extraits).

1542, 23 janvier.

391. — Inventaire de François de la Trémoille, au château de Thouars.

La Trémoille (Louis de), *Inventaire de François de la Trémoille et comptes d'Anne de Laval* (Nantes, Grimaud, 1887, in-4°), p. 1-87.

1542, février.

392. — Inventaire de l'église de Saint-Jacques de Montauban.

Potier (L'abbé), *Bulletin du Comité d'archéologie*, 1883, p. 219-223.

1542

393. — Inventaire du mobilier du galetas du château de Craon.

Joubert (A.), *Histoire de la baronnie de Craon*, p. 459-460.

1543 (n. s.), 22 mars.

394. — Inventaire du trésor de la Sainte-Chapelle de Savoie, à Chambéry.

Fabre (A.), *Trésor de la Sainte-Chapelle des ducs de Savoie,* 1ʳᵉ édit., p. 123-138, 2ᵉ édit., p. 144-158.

1545, 26 juin.

395. — Inventaire des reliques et joyaux du trésor de la cathédrale de Chartres.

Mély (F. de), *Trésor de Chartres,* p. 111-116.

1545, 7 juillet.

396. — Inventaire général des pièces d'artillerie mises en batterie sur les remparts de Chartres [70 pièces].

Lépinois (H. de), *Histoire de Chartres* (Chartres, Garnier, 1858, in-8ᵉ), t. II, p. 181-182.

1546, 1ᵉʳ décembre.

397. — Inventaire du couvent des Célestins d'Esclimont.

Moutié (A.), *Annales archéologiques,* t. VII (1847), p. 83-84.

1547, 5 avril.

398. — État des bagues et joyaux, rendus par la reine Éléonore d'Autriche, seconde femme de François Iᵉʳ.

Bonnaffé (Ed.), *Archives de l'Art Français,* 1878, p. 248-252.

1548, 5 mai.

399. — État des joyaux de la Couronne de France rendus par la reine Éléonore.

Bapst (Germain), *Histoire des joyaux de la Couronne de France* (Paris, Hachette, 1889, gr. in-8ᵉ), p. 41.

1548, 20 novembre.

400. — Inventaire des pièces d'artillerie et bâtons d'armes, déposés au château de Royan.

Marchegay (Paul), *Archives historiques de la Saintonge et de l'Aunis,* t. I (1874), p. 150-152.

1549, 8 février.

401. — Inventaire des reliques de l'église de Saint-Hilaire de Poitiers.

Redet, *Cathédrale de Saint-Hilaire de Poitiers,* p. 217-221.

1550, 8 août.

402. — Inventaire des reliquaires et joyaux de l'église de l'abbaye de la Sainte-Trinité de Fécamp.

Beaurepaire (Ch. de), *Bibliothèque de l'École des Chartes,* 4° sér., t. V (1859), p. 410-411.

1550, 31 août.

403. — Inventaire des meubles, tapisseries, tableaux et livres du château de Gaillon.

Deville, *Comptes de Gaillon,* p. 529-559.

1550 (?)

404. — Inventaire des tapisseries, de l'argenterie et des reliquaires du Chapitre de Saint-Pierre de Vienne.

Prudhomme (A.), *Le Trésor de Saint-Pierre de Vienne,* dans le *Bulletin de l'Académie delphinale,* 1884, p. 129-135. (Tirage à part.)

1551, 24 avril.

405. — Inventaire de la cathédrale d'Amiens.

Garnier (J.), *Mémoires de la Société des Antiquaires de Picardie,* 1re sér., t. X (1850), p. 379-380.

1551, avril.

406. — Inventaire des bagues du roi Henri II.

Bapst (G.), *Histoire des joyaux de la Couronne de France,* p. 67-69.

1551

407. — Remise par les anciens bayles aux nouveaux, des argenteries et des meubles appartenant à la confrérie du Saint-Sacrement de Saint-Pierre-du-Queyroix de Limoges.

Ardant (Maurice), *Bulletin des Comités* (Beaux-Arts), 1849-1853, t. II (1850), p. 46-47. — Barbier de Montault (X.), *Bulletin de la Société historique d'archéologie du Limousin,* t. XXXV (1888), p. 140-143 (avec la date de 1550).

1552, 30 juillet.

408. — Inventaire du trésor de l'église de Saint-Georges du Puy-en-Velay.

Chassaing (Aug.), *Revue des Sociétés savantes,* 5° sér., t. VI (1873), p. 113-119.

1553, 3 juillet.

409. — Acte de vente des bijoux et vaisselle de Louise de Clermont, comtesse de Tonnerre.

Quantin, *Bulletin du Comité d'archéol.,* 1886, p. 381-382.

1553, 3 octobre.

410. — Inventaire, après décès, du mobilier d'Anne de Laval, à Craon.

Joubert (A.), *Histoire de la baronnie de Craon,* p. 468-485.

1553, 19-21 novembre.

411. — Inventaire, après décès, du mobilier d'Anne de Laval, à Thouars.

> Joubert (A.), *Histoire de la baronnie de Craon*, p. 485-491.

1554, 18 mai.

412. — Inventaire du château de Craon.

> Joubert (A.), *Histoire de la baronnie de Craon*, p. 566-570.

1555, 14 mai-4 août.

413. -— Inventaire de l'abbaye de Notre-Dame-de-la-Couronne.

> Rencogne (Babinet de), *Bulletin de la Société archéol. de la Charente*, t. XII (3ᵉ sér., t. IV, 1864), p. 130-137.

1555

414. — Inventaire des pierres précieuses qui décoraient la châsse de Saint-Romain, à Rouen.

> Texier (L'abbé), *Dictionnaire d'orfèvrerie*, col. 754-756.

1555

415. — Inventaire des joyaux de l'église de Vic-Fezensac.

> La Plagne-Barris (Paul), *Revue de Gascogne*, t. XXIV (1883), p. 34-39.

1556, 18 août.

416. — Inventaire, fait à Bruxelles, des tableaux et sculptures appartenant à Charles Quint [français et espagnol].

> Pinchart, *Revue universelle des Arts*, t. III (1856), p. 227-229.

1557

417. — Inventaire des reliquaires, reliques, argenteries, étoffes, joyaux, vêtements et ornements d'église de la collégiale de Saint-Omer.

> Deschamps de Pas, *Bulletin archéologique du Comité*, 1886, p. 80-98. (Tirage à part.)

1557

418. — Inventaire des manuscrits, livres, imprimés, tableaux, sculptures, reliquaires, ivoires et orfèvreries appartenant à l'église de Saint-Quentin.

> Pinchart, *Archives des Arts*, t. II (1863), p. 100-105.

1557

419. — Liste des tableaux du château de Myon, en Bourgogne, appartenant à Antoine Mouchet.

> Pinchart, *Archives des Arts*, t. III (1881), p. 91.

1558 (v. s.), 5 février.

420. — Inventaire du trousseau de Claude de France, fille de Henri II.

Nous n'avons pas le texte de cet inventaire, mais une note du trousseau de Marguerite de Valois, duchesse de Savoie, mariée le 9 juillet 1859, porte cette mention : « Pour Madame, tout pareil à celuy de Madame de Lorraine. »

1558

421. — Tableaux et sculptures de Marie d'Autriche, reine-douairière de Hongrie, au château de Turnhart [en espagnol].

Pinchart, *Revue universelle des Arts*, t. III (1856), p. 130-132, 139-141. (Tirage à part.)

1559, 2 juillet.

422. — Inventaire de François II et donation de joyaux à la Couronne.

Bapst (G.), *Histoire des joyaux de la Couronne de France*, p. 70-71.

1559, 9 juillet.

423. — Trousseau de Marguerite de Valois.

Barthélemy (E. de), *Bulletin monumental*, t. LII (1886), p. 394-399.

1559, 17-20 août.

424. — Inventaire des tableaux et orfèvreries du château de Bel-Œil.

Pinchart, *Archives des Arts*, t. II (1863), p. 27-29.

1559, 9 décembre.

425. — Inventaire des reliques, calices et argenteries de la sacristie de l'abbaye de Saint-Père-en-Vallée de Chartres.

Mély (F. de), *Les inventaires de l'abbaye de Saint-Père-en-Vallée de Chartres*, dans la *Revue de l'Art chrétien*, t. XXXVII (1887), p. 67. (Tirage à part.)

1559

426. — Inventaire du trésor du Chapitre de Saint-Arnoul de Gap.

Roman (J.), *Inventaire du trésor du Chapitre de Saint-Arnoul de Gap* (Paris, Picard, 1874, in-8°), 47 p.

1560, 25 janvier et jours suivants.

427. — Inventaire des joyaux de la Couronne de France et du Cabinet du roi à Fontainebleau.

Lacroix (P.), *Revue universelle des Arts,* t. III (1856), p. 336-350, t. IV (1856), p. 445-456, 518-534.

1560

428. — Inventaire des objets dérobés à l'abbaye de Saint-Jouin-de-Marnes, par le commandataire devenu Calviniste.

Ledain (Bélisaire), *Mém. de la Société des Antiquaires de l'Ouest,* 2ᵉ sér., t. VI (1883), p. 117-118.

1561, 20-26 février.

429. — Inventaire des pierres précieuses, broderies, carcans, colliers, chatons et joyaux de la Couronne de France, remis, après le décès de François II, par Marie Stuart au roi de France.

Robertson(J.), *Inventaires de la Royne d'Escosse, douairière de France* (Edinburgh, printed for the Bannatyne Club, 1863, in-4°), p. 191-198, 199-201. — Bapst (G.), *Histoire des joyaux de la Couronne de France,* p. 72-77, 78-81.

1562, 11-29 mai, 10 septembre.

430. — Inventaire des meubles, reliques et reliquaires remis par Étienne Mazinod, maître de chœur de l'église de Saint-Maurice de Vienne, aux consuls de la ville.

Colombet (F.-Z.), *Histoire de la sainte Église de Vienne* (Lyon, Mothon, 1847, in-8°), t. III, p. 460-473.

1562, 15 mai-8 juin.

431. — Procès-verbal du pillage, par les Huguenots, des reliques et joyaux de Tours.

Grandmaison (Ch. de), *Procès-verbal du pillage,* etc. (Tours, Mame, 1863, in-8°), p. 1-89.

1562, 22 mai.

432. — Inventaire des reliquaires, croix, joyaux et pierres précieuses volés à l'abbaye de la Couronne par les Huguenots.

Rencogne (Babinet de), *Bulletin de la Société archéol. de la Charente,* t. XII, (3ᵉ sér., t. IV, 1864), p. 137-144.

1562, 30 juillet.

433. — Inventaire, après décès, de Gérard Van Meckeren, vice-amiral des Flandres, sous Charles Quint.

Baecker (de), *Bulletin du Comité de la langue et des arts,* t. II (1856), p. 163 (extraits traduits du flamand).

1562, 7 août-20 octobre.

434. — Procès-verbal des titres et ornements de la cathédrale d'Angoulême, brûlés par les Huguenots.

Chaumet (L'abbé), *Bulletin de la Société archéol. et historique de la Charente,* 4ᵉ sér., t. VI (1870), p. 503-541.

1562, 13 août.

435. — Inventaire des objets volés par Guillaume de Hautemer, seigneur de Fervacques, et par Louis d'Orbec, bailli d'Évreux, au Chapitre de la cathédrale de Lisieux.

Caumont (de), *Bulletin monumental*, t. VII (1840), p. 35-36.

1562, 20 août.

436. — Vente au poids, à des orfèvres de Dijon, des trésors de l'église cathédrale de Saint-Vincent et de l'église collégiale de Saint-Georges de Châlon, par ordre de Tavanne, pour subvenir aux frais de la guerre.

Benet (Armand), *Bulletin du Comité d'histoire*, 1883, p. 24-28.

1562, 28 novembre.

437. — Procès-verbal des argenteries, reliquaires, croix d'or et d'argent, de l'église de Notre-Dame de Chartres, et des autres églises de la ville et banlieue, prises pour subvenir aux nécessités du royaume [comprenant les églises de Saint-Martin-le-Viandier, Saint-Barthélemy, Saint-Michel, abbaye de Josaphat, prieuré de Saint-Martin-au-Val, Saint-Aignan, abbaye de Saint-Jean-en-Vallée, abbaye de Saint-Père-en-Vallée, Cordeliers, Saint-Hilaire, Saint-André, Saint-Saturnin, Jacobins, abbaye de Saint-Chéron, cathédrale de Chartres].

Mély (F. de), *Trésor de Chartres*, p. 116-117 (extraits relatifs à la cathédrale de Chartres). — Merlet (L.), *Archives d'Eure-et-Loir*, série G (Chartres, Garnier, 1890, in-4°), p. 73-74 (extraits).

1562, décembre.

438. — Inventaire des meubles et sculptures appartenant à Pierre Bontemps, sculpteur.

Tuetey, *Bulletin de la Soc. des Antiquaires de France*, 1887, p. 72 (extraits).

1562

439. — Inventaire des argenteries prises, au nom du roi, aux gaigiers de l'abbaye de Saint-Père-en-Vallée de Chartres.

Mély (F. de), *Inventaires de l'abbaye de Saint-Père-en-Vallée de Chartres*, dans la *Revue de l'art chrétien*, n. sér., t. V (1887), p. 68.

1562

440. — Inventaire de ce qui a été pris par les Huguenots au trésor de Saint-Florent de Saumur.

Parrot, *Congrès archéologiques de France*, t. XXIX (1863), p. 233.

1562

441. — Inventaire des vases d'or et d'argent, perles, pierreries,
ornements "autel, habits sacerdotaux et bijoux du trésor de
l'église de Saint-Martin de Tours, au moment du pillage par
les Huguenots (extrait de deux inventaires faits l'un en 1493,
l'autre en 1562).

> Dom Gervaise, *La vie de saint Martin, évêque de Tours* (Tours, Jean
> Barthe, 1699, in-4°), p. 424-432; réimpression (Tours, Mame, 1828,
> in-12°), p. 321-327. — Grandmaison (Ch. de), *Documents inédits sur les
> arts en Touraine* (Tours, Guillard-Verger, 1870, in-8°), p. 290-296.

1562

442. — Procès-verbal des reliques et joyaux enlevés par les
Huguenots dans l'église de Saint-Gatien de Tours.

> Grandmaison (Ch. de), *Documents inédits sur les arts en Touraine*,
> p. 327-334 (extraits).

1562

443. — Procès-verbal du pillage de Saint-Hilaire de Poitiers par
les Huguenots (dépositions des témoins).

> Redet, *Cathédrale de Saint-Hilaire de Poitiers*, p. 230-234.

1562

444. — Récépissé des bijoux de l'église de Saint-Georges de Vendôme, donné par Jeanne d'Albret, reine de Navarre, dame de
Béarn, duchesse de Vendômois.

> Métais (L'abbé), *Jeanne d'Albret et la spoliation de l'église Saint-
> Georges de Vendôme* dans le *Bulletin de la Société archéol., scientifique
> et littéraire du Vendômois*, t. XX (1881), p. 315-320. (Tirage à part.)

1562

445. — Inventaire du trésor de la cathédrale de Rouen, pillée
par les hérétiques.

> Farin, *La Normandie chrestienne,* p. 191-195.

1563

446. — Etat des reliquaires, calices et joyaux d'argent vendus
par l'abbaye de Saint-Germain-des-Prés de Paris.

> Leroux de Lincy, *Bibliothèque de l'École des Chartes,* t. XXIX (1868),
> p. 505-507.

1563 et 1565

447. — Inventaire du trésor et de la bibliothèque de la Sainte-
Chapelle de Dijon.

> Arbaumont (J. d') et Marchant, *Le Trésor de la Sainte-Chapelle de*

Dijon, d'après ~~s~~ anciens inventaires (Dijon, Lamarche, 1887, in-4°), p. 1-65.

1564, 24 mai.

448. — Inventaire du mobilier de l'église de Saint-Pierre de Bueil.

Bourassé (J.-J.), *Mémoires de la Société archéologique de Touraine*, t. VII (1855), p. 200-202.

1565, 21 juillet.

449. — Inventaire, après décès, des titres, meubles et effets dépendant de la succession de François de Gaing, seigneur d'Oradour-sur-Glanes.

Beauchet-Filleau (H.), *Revue des Sociétés savantes*, 4° sér., t. X (1869), p. 517-522. (Analyse.)

1565

450. — Inventaire de la collégiale d'Ecouis (Eure).

Benet (A.), *Bulletin de la Société des Antiquaires de Normandie*, t. XIV (1888), p. 390-408. (Tirage à part.)

1565

451. — Inventaire du mobilier des châteaux de Saint-André d'Apchon et d'Ouches.

Coste (A.), *Diana* (Montbrison) t. VII (1881), p. 273-303.

1566, 9 avril.

452. — Inventaire, après le décès de François de Clèves, du château de Nevers.

Leblanc-Bellevaux (Félix), *Bulletin de la Société Nivernaise des sciences, lettres et arts*, 2° sér., t. I (1863), p. 17-35.

1566

453. — Inventaire d'un marchand Landais.

Tartière, *Revue des Soc. savantes*, 7° sér., t. VI (1882), p. 227-234.

1566

454. — Inventaires du trésor du Chapitre de Saint-Arnoul de Gap.

Roman (J.), *Inventaire du Trésor*, etc. (Paris, Picard, 1874, in-8°), 47 p.

1566

455. — Description des reliquaires, tableaux et ornements de l'église cathédrale de Tournai.

Du Mortier (B.), *Bulletin de la Société historique et littéraire de Tournai*, t. VIII (1862), p. 233-236.

1567, 3 octobre.

456. — Le mobilier d'un chanoine de Saint-Gilles [fourchettes].

Puech (Le d*r*), *Revue du Midi*, 2*e* année, t. I (1888), p. 206-216.

1567, 7 octobre.

457. — Inventaire du trésor de Grandmont.

Texier (L'abbé), *Essai historique sur les émailleurs et argentiers de Limoges,* dans les *Mémoires de la Société des Antiquaires de l'Ouest,* t. IX (1842), p. 339-341.

1567, octobre.

458. — Inventaire des tableaux et médailles, trouvés dans la chambre d'Alonso de la Loo, secrétaire du comte de Hornes, dans la maison Transilvane, à Bruxelles.

Pinchard, *Archives des Arts,* t. I (1860), p. 185 (extraits).

1567

459. — Inventaire des joyaux, reliquaires et ornements du trésor de la cathédrale d'Auxerre.

Courajod (L.), *Revue archéologique,* 2*e* sér., t. XIX (1869), p. 329-336.

1567

460. — Inventaire des meubles donnés en gage, par la veuve d'Étienne de la Boëtie, à Thomas de Montaigne.

Archives histor. de la Gironde, t. XIII (1871-72), p. 185-188.

1568, 16-18 janvier.

461. — Inventaire des meubles et joyaux du comte d'Egmont, saisis au château de Gand.

Compte-rendu des séances de la Commission royale d'histoire (Bruxelles), 3*e* sér., t. IV (1863), p. 455-470.

1568, 20 janvier.

462. — Inventaire des tableaux de l'hôtel de Guillaume le Taciturne, prince d'Orange.

Pinchard, *Archives des Arts,* t. I (1860), p. 185.

1568, 29 juin.

463. — Inventaire des tapisseries de haute-lisse, confisquées sur Lamoral, comte d'Egmond, et sur Jean, marquis de Berghes.

Pinchart, *Archives des Arts,* t. I (1860), p. 21-22 (extraits).

464. — Inventaire des tableaux et sculptures appartenant à Lamoral, dressé au château de Gaesbeck.

Ibid., p. 184.

1568, 28 octobre.

465. — Inventaire des reliques et joyaux de l'abbaye de Saint-Pierre de Moissac.

> *Revue d'Aquitaine et des Pyrénées,* t. X (1866), p. 400-402. (Tirage à part.)

1568

466. — Inventaire des linges, vêtements et ornements de l'église de Notre-Dame de Fontenay (Vendée).

> Lacurie (J.-L.), *Bulletin monumental,* t. XIX (1853), p. 133-137.

1569

467. — Inventaire des tapisseries des rois de Navarre.

> Rahlenberg (Ch.), *Messager des sciences historiques de Belgique,* 1868, p. 356-394 (extraits).
>
> Dans ce travail, les pages 371-373, sont occupées par les extraits d'un inventaire antérieur de 1444.

1570

468. — Inventaire des tableaux, images, vitraux, vêtements, étoffes, calices, monstrances et livres du couvent des sœurs de Notre-Dame-de-Sion.

> *Le Beffroi,* t. III (1871), p. 51-58, 76-93, 218-230, 301-328.

1570-1571

469. — Inventaire des bagues de la Couronne de France.

> Bapst (G.), *Histoire des joyaux de la Couronne de France,* p. 159-176.

1571, 5 et 6 mai.

470. — Inventaire, après décès, du château de Folleville, appartenant à Louis de Lannoy, seigneur de Morvillers, gouverneur de Boulogne.

> Beauvillé (V. de), *Recueil de documents inédits concernant la Picardie* (Paris, Imprim. nationale, 1881, in-4°), t. IV, p. 324-337.

1571, 28 juillet.

471. — Mémoire des armes, morions et arquebuses de Saint-Hilaire-le-Grand de Poitiers.

> Redet, *La cathédrale de Saint-Hilaire* Poitiers, p. 246-247.

1571, 27 novembre.

472. — Le trésor de l'abbaye de Sainte-Croix de Poitiers.

> Barbier de Montault (X.), *Mémoires de la Société des Antiquaires de l'Ouest,* 2ᵉ sér., t. IV (1881), p. 113-116.

1571.

473. — Inventaire de Notre-Dame de Paris.

Guiffrey (J.), *Revue de l'Art chrétien*, t. XL (1890), p. 204-205 (extraits relatifs aux tapisseries).

1572, 2 septembre.

474. — Inventaire du trésor de Saint-Aubain de Namur.

Analectes pour servir à l'histoire ecclésiastique de la Belgique, t. II (1865), p. 336-338. — *Le Beffroi*, t. III (1871), p. 134-139.

1572, 18 septembre.

475. — Procès-verbal de vente des meubles de Claude Gouffier, duc de Roannès, grand écuyer de France.

Port (Célestin), *Revue des Soc. savantes*, 5ᵉ sér., t. VII (1874), p. 555-579.

1572

476. — Inventaire des meubles du château royal de Verdun.

Saint-Martin (Ch. de), *Inventaire des meubles du château de Verdun* (Montauban, Forestié, 1887, in-8º), 21 p.

1573, 9 février.

477. — Le trésor de l'abbaye de Sainte-Croix de Poitiers.

Barbier de Montault (X.), *Mémoires de la Soc. des Antiquaires de l'Ouest*, 2ᵉ sér., t. IV (1881), p. 128-131.

1573, 7 décembre.

478. — Inventaire des meubles du château de Craon.

Joubert (A.), *Histoire de la baronnie de Craon*, p. 525-534.

1573

479. — Inventaire de la confrérie de Saint-Luc de Tournai.

La Grange (A. de) et Cloquet (L.), *Études sur l'art à Tournai* (Tournai, Casterman, 1888, in-8º), 2ᵉ part., p. 85-87.

1575, 1ᵉʳ février.

480. — Inventaire des ornements de la Sainte-Chapelle du Palais royal à Paris.

Douët d'Arcq, *Revue archéologique*, t. V (1848), p. 206-268.

1575, 9 juin.

481. — Inventaire du château de La Folie.

Barthélemy (E. de), *Revue de Champagne et de Brie*, t. XXIV (1888), p. 104-116.

1575, 6 juillet.

482. — Inventaire des ornements du revestiaire de la cathédrale de Toul.

Lepage (Henri), *Journal de la Société archéol. de Lorraine*, t. I (1852-53), p. 219-220 (extraits).

1575

483. — Inventaire des tapisseries des ducs de Lorraine.

Molinier (Em.), *Bulletin archéol. du Comité d'histoire*, 1885, p. 475-476.

1575

484. — Inventaire du mobilier de la bibliothèque de Claude Chapuis, libraire du roi.

Bulletin de la Soc. de l'Hist. de Paris, 1888, p. 23-26.

1577

485. — Procès-verbal des objets dérobés à Saint-Hilaire de Poitiers.

Redet, *Cathédrale de Saint-Hilaire de Poitiers*, p. 247-257.

1577-78, 21 octobre.

486. — Inventaire du trésor du Chapitre de l'église collégiale de Saint-Maurice de Salins.

Prost (Bernard), *Revue des Sociétés savantes*, 6ᵉ sér., t. III (1876), p. 143-152.

1580

487. — Inventaire des habillements et parures d'une dame de Provence.

[Testament de Magallone du Port, veuve de Pierre Raphaël, de Draguignan : orfèvrerie et bijoux.]

Mireur, *Revue des Sociétés savantes*, 5ᵉ sér., t. VIII (1874), p. 116-121.

1584

488. — Inventaire du trésor de l'église de Saint-Nicolas-du-Port.

Digot (A.), *Bulletin monumental*, t. XIV (1848), p. 589-600.

1585, 1ᵉʳ février.

489. — Inventaire du château de Kermelin, dressé après le décès de Jacques de Tournemine, seigneur de Coatmeur-Kermelin.

Join Lambert (A.), *Le château de Quermelin*, ses habitants et son mobilier (Évreux, Hérissey, 1886, in-8ᵒ), p. 95-140.

1586, 22 décembre.

490. — Inventaire des ornements de la sacristie de l'église cathédrale de Saint-Brieuc.

Guimart, *Bulletin monumental*, t. XV (1849), p. 584-585.

1588, 30 mars.

491. — Inventaire, après décès, des meubles du prince de Condé, dans les châteaux de Saint-Jean d'Angély et de Taillebourg.

Barthélemy (Ed. de), *Revue des Soc. savantes*, 6ᵉ série, t. I (1875), p. 137-152.

1589, 25 janvier.

492. — Inventaire des reliques de la Sainte-Chapelle de Notre-Dame du Vivier-en-Brie.

Douët d'Arcq, *Revue archéologique*, t. IV (1847), p. 610-611.

1589, 17 juillet.

493. — Inventaire, après décès, des meubles de la reine Catherine de Médicis.

Baschet (Armand), *Inventaire des meubles, etc.* (Paris, M***, 1869, in-8º), p. 1-6 (fragments).

1589

494. — Inventaire des meubles de Catherine de Médicis.

Bonnaffé (Edm.), *Inventaire des meubles de Catherine de Médicis* (Paris, Aubry, 1874, pet. in-8º), 223 pages.

1589

495. — Inventaire de l'église de Saint-Pierre-du-Lac.

Barbier de Montault (X.), *Revue de l'Art chrétien*, 2ᵉ sér., t. XI (1879), p. 406-411.

1589

496. — Déclaration sommaire des meubles appartenant au sieur de Bourgtheroulde, pillés par les ligueurs et les rebelles. [Mobilier de château et mobilier agricole.]

Bulletin de la Société de l'Histoire de Normandie, t. II (1875-1880), p. 242-262.

1589

497. — Inventaire de François de Rousiers.

Arbellot (L'abbé), *Bulletin de la Soc. archéologique du Limousin*, t. IX (1859), p. 27-28 (extraits).

1591, 30 mars.

498. — Vente aux enchères, à Josaphat près Chartres, du mobilier du sieur de Beaujeu.

Girardot (M. de), *Bulletin des Comités* (Beaux-Arts), *1849-1853*, t. II, 2ᵉ partie, p. 219-221.

1591, 18 mai.

499. — Inventaire des pièces du Cabinet et des bijoux personnels du roi, remis à Sully, à Mantes.

Bapst (G.), *Histoire des joyaux de la Couronne de France*, p. 237-240.

1591, 29 août.

500. — Inventaire des meubles de Pierre de Capdeville.

Roborel de Climens, *Archives historiques de la Gironde*, t. XXIV (1884-1885), p. 458-468.

1591

501. — Inventaire de l'église de Saint-Pierre-du-Lac.

Barbier de Montault (X.), *Revue de l'Art Chrétien*, 2ᵉ sér., t. XI (1879), p. 411-412.

1592

502. — Inventaire du trésor de l'église d'Allègre.

Lascombe (A.), *Inventaire du trésor de l'église d'Allègre* (Le Puy, Freydier, 1875, in-8°), p. 5-9.

1593, 9 février.

503. — Inventaire, aprés décès, du mobilier de François de Rousiers.

Arbellot (L'abbé), *Bulletin de la Société archéol. du Limousin*, t. IX (1859), p. 82-83.

1595

504. — Inventaire du trésor de Sainte-Madeleine de Troyes.

Assier (Alexandre), *Congrès archéologiques de France*, t. XX (1854), p. 427-430.

1595

505. — Inventaire du trésor de l'abbaye de Saint-Germain-des-Prés de Paris.

Leroux de Lincy, *Bibliothèque de l'École des Chartes*, t. XXIX (1868), p. 507-511.

1595

506. — Garde-robe et collection de médailles d'Antoine de Saint-Aulaire.

Montégut (A. de), *Bulletin de la Société historique et archéol. du Périgord*, t. VIII (1881), p. 336-354.

1595

507. — Inventaire des bijoux et de l'orfèvrerie de la comtesse de Sault, confiés à l'amiral de Villars.

Le Breton (G.), *Revue des Soc. savantes*, 7° sér., t. VII (1882), p. 73-86. (Tirage à part.)

1595-1597

508. — Inventaire des bijoux de Jeanne de Bourdeille, dame de Saint-Aulaire et de Lanmary.

> Montégut (A. de). *Bulletin de la Société historique et archéol. du Périgord,* t. VIII (1881), p. 232-256. (Tirage à part.)

1596, 1er avril, 12 juillet.

509. — Inventaire, après décès, des meubles et livres des maisons de Fernand Gauthiot d'Ancier, à Besançon et à Gray.

> Castan (Aug.), *Mémoires de la Société d'émulation du Doubs,* 5e sér., t. IV (1879), p. 75-97.

1596

510. — Inventaire de la cathédrale d'Angers.

[Calices.]

> Farcy (L. de), *Revue de l'Art chrétien,* t. XXXII (1881), p. 177-178 (extraits).

1597, 2 mai.

511. — Inventaire du mobilier transporté du château de Folleville à Paris, sur l'ordre du sieur d'Authieulle.

> Beauvillé (V. de), *Recueil de documents inédits concernant la Picardie,* t. IV, p. 382-384.

1597, 4 septembre.

512. — Donation de joyaux et vaisselle d'or et d'argent faite par Marie de Foix, vicomtesse de Ribérac, aux trois enfants du duc d'Épernon.

> Communay (A.), *Réunion des Sociétés des Beaux-Arts des départements à la Sorbonne,* t. X (1886), p. 459-462.

1597

513. — Inventaire des meubles du château de Folleville.

> Beauvillé (V. de), *Recueil de documents inédits concernant la Picardie,* t. IV, p. 359-377.

1598, 19 août.

514. — Inventaire des meubles du château de Nérac.

> Tamizey de Larroque (Philippe), *Recueil des travaux de la Société d'agriculture, sciences et arts d'Agen,* 2e sér., t. II (1872). p. 101-114. (Tirage à part.)

1598

515. — Inventaire de l'église de Saint-Pierre-du-Lac.

> Barbier de Montault (X.), *Revue de l'Art chrétien,* 2e sér., t. XI, (1879), p. 412-413.

1598

516. — Inventaire des *spolia* de quelques évêques de Carpentras.

André (L'abbé), *Revue des Soc. savantes,* 5ᵘ sér., t. VI (1873), p. 107-112.

1599, 3 février.

517. — Inventaire du mobilier de la Maison commune de la ville de Rennes.

Pijon (V.), *Bulletin et Mémoires de la Société archéol. du département d'Ille-et-Vilaine,* t. III (1865), p. 239-245.

1599, 10 septembre,

518. — Inventaire de l'artillerie d'Orléans.

Girardot (de), *Bulletin de la Société archéol. et histor. de l'Orléanais,* t. III (1862), p. 276-278.

1599

519. — Inventaire des orfèvreries du cabinet de Gabrielle d'Estrées, duchesse de Beaufort, à Monceaux.

Fréville (F. de), *Bibliothèque de l'École des Chartes,* 1ʳᵉ sér., t. III (1842), p. 169.

1599

520. — Inventaire de l'église d'Aigues-Mortes.

René (L'abbé), *Bulletin archéol. du Comité d'histoire,* 1884, p. 62-65.

1600

521. — Inventaire des reliques, argenteries, tapisseries, ornements, linge et livres de la cathédrale la Major de Marseille.

Barthélemy (Le docteur), *Inventaire du trésor de la Cathédrale la Major de Marseille* (Marseille, Marius Olive, 1880, in-8ᵘ), 36 p.

1600.

522. — Inventaire de l'église de Saint-Pierre-du-Lac.

Barbier de Montault (X.), *Revue de l'Art chrétien,* 2ᵉ sér. ,t. XI (1879), p. 413.

1600.

523. — Cabinet de Monsieur Rascas de Bagarris.

Curiositez pour la confirmation et l'ornement de l'histoire (Estienne David, Aix, s. d. [1600]), 36 p.

Cet inventaire imprimé se trouve à la Bibliothèque nationale dans le manuscrit F. Fr. 9534, fᵒ 58.

XVIᵉ SIÈCLE

524. — Inventaires de Sainte-Radegonde de Pommiers, dressés en 1506, 1508, 1511, 1513, 1521, 1571.

Barbier de Montault (X.), *Bulletin de la Société de statistique des Deux-Sèvres,* 1885, p. 13-16. (Tirage à part.)

XVIe SIÈCLE

525. — Inventaire des tapisseries des ducs de Lorraine.

Molinier (Ém.), *Bulletin archéol. du Comité des trav. historiques*, 1885, p. 474.

XVIe SIÈCLE

526. — Inventaire du mobilier des châteaux d'Oiron et de Maulevrier.

[Mobilier, camées, tapisseries.]

Fillon (Benjamin), *L'Art de terre chez les Poitevins* (Niort, Clouzot, 1864, in-4°), p. 76-78.

XVIe SIÈCLE

527. — Inventaire des reliques de Saint-Alban de Namur.

Barbier (L'abbé J.), *Analectes pour servir à l'histoire de Belgique*, t. IV (1867), p. 390-393.— Riant (Le comte), *Exuviæ Sacræ*, t. II, p. 199-200.

XVIe SIÈCLE

528. — Inventaire des chaînes de fer qui servaient à la défense de la ville de Troyes.

Boutiot (Théoph.), *Annuaire administratif et statistique du département de l'Aube* pour 1863, p. 34-43.

XVIe SIÈCLE.

529. — Inventaire du mobilier de deux châteaux bretons, Kermarquer et Kerberzou.

Audren de Kerdrel (Vincent), *Bulletin et Mémoires de la Société archéol. du département d'Ille-et-Vilaine*, t. III (1865), p. 249-255.

XVIe SIÈCLE

530. — Inventaire du mobilier de Jean de Charmoluc, gentilhomme noyonnais.

Marsy (Le comte de), *Le mobilier d'un gentilhomme noyonnais à la fin du xvie siècle* (Saint-Quentin, Poetté, 1876, in-8°).

XVIe SIÈCLE

531. — Inventaires de la sacristie de la cathédrale de Rouen.

Beaurepaire (Ch. de), *Bibliothèque de l'École des Chartes*, t. XXXIV (1873), p. 384-386 (extraits).

XVIe SIÈCLE

532.— Robes, étoffes, chevaux et blé fournis comme complément de dot à Renée de Blom, fille de François de Gaing.

Beaucher-Filleau (H.), *Revue des Sociétés savantes,* 4° sér., t. X (1869), p. 523-524.

1603, 8 janvier.

533. — Inventaire des meubles, bijoux et livres du château de Chenonceaux.

Galitzin (Le prince Aug.), *Inventaire des meubles de Chenonceaux* (Paris, Techener, 1856, in-8°), p. 1-34.

1603, 28 septembre.

534. — Inventaire des tableaux et autres curiosités qui se trouvent au Louvre.

Lalanne (Lud.), *Archives de l'Art français,* t. III (1853-1855), p. 49-60.

1604, 28 avril.

535. — Note de la fourniture d'une chapelle donnée par Henri IV au Dauphin.

Mély (F. de), *Revue de l'Art français,* t. III (1886), p. 188-191.

1605, mai.

536. — Inventaire des meubles, titres et papiers du château de Folleville.

Beauvillé (V. de), *Recueil de documents inédits concernant la Picardie,* t. IV, p. 193-400.

1605

537. — Inventaire d'un Frère aveugle des Quinze-Vingts.

Le Grand (L.), *Mémoires de la Société de l'Histoire de Paris,* t. XIII (1886), p. 254.

1606, 8 mai.

538. — Inventaire judiciaire des châteaux de Massanès et de Campaignac.

Bouyssy (J.-J.-O.), *Revue de l'Agenais et des anciennes provinces du Sud-Ouest, histor., littér., scientif. et artistique,* t. VI (1879), p. 555-565.

1606

539. — Inventaire des tapisseries des ducs de Lorraine.

Molinier (Em.), *Bullet. archéol. du Comité des trav. histor.,* 1885, p. 476.

1607, 20 novembre.

540. — Inventaire des marchandises laissées par Grégoire Beaunom, bourgeois et marchand de Bordeaux.

Roborel de Climens, *Archives historiques de la Gironde,* t. XXIV (1884-1885), p. 178-197.

1609, 21 juillet.

541. — Inventaire du trésor de Saint-Amans de Rodez.

Affre (H.), *Lettres sur l'histoire de Rodez* (Rodez, Broca, 1877, in-8°), p. 206-218.

1609

542. — Inventaire de la Meignanne (Anjou).

Barbier de Montault (X.), *Revue de l'Art chrétien,* 2ⁿ sér., t. XI (1879), p. 418.

1610, 20 mai.

543. — Inventaire, après décès, de Jacques Le Roy de la G ange,
engagiste du comté de Melun et gouverneur de cette ville au
temps d'Henry IV.

Lhuillier (Th.), *Bulletin archéol. du Comité*, 1885, p. 105-110.

1611, 11 mai.

544. — Inventaire des mobilier, linge, tapis, voitures et animaux du château de Pailly, dressé à la mort de la maréchale
de Saulx-Tavannes.

Barthélemy (Ed. de), *Revue des Sociétés savantes*, 7ᵉ série, t. V (1882),
p. 299-323.

1611, 20 juillet.

545. — Reproduction d'un inventaire des châsses de la cathédrale de Troyes, fait en juin 1429.

Le Brun d'Albane, *Mémoires de la Société académique d'agriculture
du département de l'Aube*, 3ᵉ sér., t. I (1864), p. 35-37 (extraits).

1611

546. — Description du cabinet d'Antoine Agard, orfèvre et
antiquaire, demeurant à Arles.

*Discours et roole des médailles et autres antiquitez..... rangées dans le
cabinet du sieur Antoine Agard, maistre orfèvre et antiquaire de la ville
d'Arles en Provence* (Paris, 1611, in-8°), d'après : Duplessis (G.), *Les
ventes de tableaux, dessins, estampes et objets d'art aux* XVIIᵉ *et* XVIIIᵉ *siècles* (1611-1800) (Paris, Rapilly, 1874, in-8°).

1612, 14 mars.

547. — Inventaire des vêtements liturgiques de Saint-Hilaire-le-
Grand de Poitiers.

Redet, *Mémoires de la Société des Antiquaires de l'Ouest*, t. XV (1857),
p. 285-292.

1613, 23 avril.

548. — Inventaire des meubles transportés de Beaumont à Bruxelles, pour être remis aux exécuteurs testamentaires du feu
duc d'Arschot.

Pinchart *Archives des Arts*, t. I (1860), p. 160-170. — Bernier
(Théodore), *Histoire de la ville de Beaumont* (Mons, Dequesne-Masquil-
lier, 1880, in-8°), p. 239-248.

1613, 31 décembre.

549. — Inventaire des meubles de l'Hôtel de ville d'Agen.

Tholin (G.), *Revue de l'Agenais*, t. V (1878), p. 190-194.

1613

550. — Inventaire du mobilier de la Maison de ville de Rennes.

Pijon (V.), *Bullet. et Mém. de la Société archéologique du département d'Ille-et-Villaine,* t. III (1865), p. 245-246.

1614

551. — Inventaire de l'église de Saint-Pierre-du-Lac.

Barbier de Montault (X.), *Revue de l'Art chrétien,* 2° sér., t. XI (1879), p. 413-414.

1616, 12 septembre.

552. — Visite de Saint-Trophime d'Arles, par Gaspard du Laurens, archevêque d'Arles.

Jacquemin, *Revue des Soc . savantes,* 4° sér., t. VI (1868), p. 483-505.

1617, 20 février.

553. — Inventaire des tapisseries du château de Saumur.

Fillon (Benj.), *Gazette des Beaux-Arts,* 2° sér., t. XX (1879), p. 224-226 (résumé).

1617, 9 juin.

554. — Visite de la Commanderie d'Ollois en Auvergne.

Guélon (L'abbé P.-F.), *Histoire de la Sauvetat-Rossille* (Clermont-Ferrand, Thibaud, 1882, in-8°), p. 48-50.

1617

555. — Inventaire du château d'Enghien (Belgique).

Bosmans (J.), *Annales du cercle archéol. d'Enghien* (Louvain, Lefèvre), t. I (1883), p. 407-463.

1617

556. — Inventaire du mobilier du château de Vayres (Gironde).

Drouyn (Léo), *Revue des Sociétés savantes,* 5° sér., t. IV (1873), p. 318-322 (extraits).

1617

557. — Inventaire de l'église de la Genétay.

Barbier de Montault (X.), *Revue de l'Art chrétien,* 2° sér., t. XI (1879), p. 421-422.

1617

558. — Inventaire, après décès, du château de Menetou, appartenant à Guillaume Pot.

Hiver, *Papiers des Pot de Rhodes,* dans les *Mémoires de la Commission du Cher,* t. II (1884), p. 256-258.

1618

559. — Inventaire, après décès, des bagues, joyaux, médailles et

médaillons d'Antoine Belou, archidiacre de la cathédrale de
Nimes.

René (L'abbé), *Revue des Soc. savantes,* 7ᵉ sér., t. VII (1882), p. 297-301.

1618

560. — Inventaire, après décès, du mobilier de l'hôtel de Nassau,
à Bruxelles, appartenant au prince d'Orange.

Pinchart, *Archives des Arts,* t. III (1881), p. 92-94.

1619, 2 septembre.

561. — Inventaire des tableaux du château de Saumur, dressé par
ordre de Duplessis-Mornay.

Fillon (Benj.), *Gazette des Beaux-Arts,* 2ᵉ sér., t. XX (1879), p. 163-168.

1619 (?)

562. — Inventaire des meubles de Duplessis-Mornay à la Forêt-
sur-Sèvre.

Fillon (Benj.), *Inventaire des meubles de Duplessis-Mornay à la Forêt-
sur-Sèvre* (Fontenay, Robuchon, 1847, in-8°), 47 p.

1620

563. — Inventaire des tableaux transportés du château de Pau
au Louvre.

Michel (Franc.), *Arch. de l'Art français,* t. III (1853-1855), p. 60-64.

1620

564. — Inventaire de l'église de Saint-Pierre-du-Lac.

Barbier de Montault (X.), *Revue de l'Art chrétien,* 2ᵉ sér., t. XI (1879),
p. 414-415.

1620

565. — Inventaire du trésor de la cathédrale de Tréguier.

Barthélemy (A. de), *Revue de l'Art chrétien,* t. III (1859), p. 451-464.

1621, janvier.

566. — Inventaire des meubles de l'hôtel de M. Claude Thiret,
à Reims.

Jadart, *Louis XIII et Richelieu à Reims, du 13 au 26 juillet 1641*
(Reims, Michaud, 1885, in-8°), p. 52-77.

1622

567. — Inventaire des tapisseries de Notre-Dame de Paris.

Guiffrey (J.), *Revue de l'Art chrétien,* t. XL (1890), p. 206 (extraits d'un
inventaire général).

1622

568. — Inventaire du mobilier de la cathédrale de Reims.

Barthélemy (Ed. de), *Revue des Sociétés savantes*, 7° sér., t. VI (1882), p. 234-296.

1624, 1er août.

569. — Inventaire général des pièces d'artillerie de l'arsenal de Nancy.

Robert (des), *Journal de la Société d'archéologie Lorraine*, XXXVI° année (1887), p. 77. (Tirage à part.)

1624, 10 octobre.

570. — Inventaire des meubles donnés en dot par la comtesse de Soissons à Marie de Bourbon, princesse de Carignan, sa fille, à l'occasion de son mariage avec le prince Thomas de Savoie.

Promis (Vincent), *Miscellannea di Storia Italiana*, t. XIX (1880), p. 222-231. (Tirage à part.)

1624, 9 décembre.

571. — Vente, après décès, de Mathieu Fourché.

Saulnier (F.), *Rennes au XVII° siècle*, dans les *Bullet. et Mem. de la Société archéol. du département d'Ille-et-Vilaine*, t. XVII (1885), p. 117-126.

1625, 26 avril.

572. — Description du cabinet de travail de Samuel d'Avaugour, sieur de Saffré-Kergroays.

[Armes et livres.]

L'Estourbeillon (Le comte Régis de), *Bullet. de la Société archéol. de Nantes*, t. XX (1881), p. 5-8, 10-44.

1625

573. — Description du trésor de l'abbaye de Saint-Denis.

Dom Doublet, *Histoire de l'abbaye de Saint-Denis* (Paris, Heuqueville, 1625, in-4°), p. 330-348.

1626

574. — Bibliothèque et mobilier de René Quantin, lieutenant au siège de Chàteau-Gontier.

[Mobilier civil et agricole.]

Joubert (A.), *La bibliothèque et le mobilier d'un Lieutenant-particulier*, (Mamers, Fleury et Dangin, 1888, gr. in-8°), 40 p. (extraits).

1626

575. — Inventaire des meubles du château de Limours.

Esnault (L'abbé), *Bulletin du Comité d'archéologie*, 1883, p. 202-219.

1626

576.— Inventaire de l'infirmerie de l'abbaye de Notre-Dame-de-la-Couronne.

Blanchet (L'abbé J.-P.-G.), *Histoire de l'abbaye royale de Notre-Dame-de-la-Couronne en Angoumois,* dans le *Bulletin de la Société archéolog. et historique de la Charente,* 5° sér., t. IX (1887), p. 331-333.

1627, 4 janvier.

577. — Inventaire des ornements de l'église de Saint-Maximin (Var).

> Rostan (L.), *Revue des Soc. savantes,* 4° sér., t. VIII (1868), p. 185-194.

1627

578. Inventaire de l'église de Sainte-Marine de Paris.

> Guiffrey (J.), *Revue de l'Art chrétien,* n. sér., t. VII (1889), p. 449 (extraits relatifs aux tapisseries).

1627

579. — Inventaire de la chapelle de Saint-Georges, au prieuré d'Aquitaine, à Poitiers.

> Barbier de Montault (X.), *Revue de l'Art chrétien,* n. sér., t. III (1885), p. 494.

1629

580. — Inventaire, après décès, à Besançon, du mobilier et des tableaux d'Antoine François Gauthiot d'Ancier.

> Castan (Aug.), *Mémoires de la Société d'émulation du Doubs,* 5° sér., t. IV (1879), p. 97-104.

1630

581. — Inventaire du trésor de Saint-Anatoile de Salins.

> Prost (Bernard), *Revue des Sociétés savantes,* 6° sér., t. III (1877), p. 541-557.

1631, 21 décembre.

582. — Inventaire de Jacques de Sahuguet.

> Bruel (Paul), *Bulletin scientifique, historique et archéologique de la Corrèze,* t. IX (1887), p. 331-332, 349-350.

1631

583. — Inventaire des reliques de l'abbaye des SS. Serge et Bacche, près d'Angers.

> Godard-Faultrier, *Revue des Sociétés savantes,* 5° sér., t. II (1870), p. 375 (extraits).

1632, 23 mars.

584. — Inventaire, après décès, du mobilier des châteaux d'African de Bassompierre, marquis de Removille.

> Gaspard, *Mémoires de la Société d'archéol. Lorraine,* 2° sér., t. IX (1867), p. 303-343, 346-364.

1633, 26 juillet.

585. — Visite de l'église collégiale de Saint-Aphrodise, par Clément de Bonzy, évêque de Béziers.

Bulletin de la Société archéol. de Béziers, t. VI (1852), p. 137-171. — Portalon (de), *Bulletin du Comité de la langue et des arts,* t. III (1857), p. 649-657.

1633, 23 août.

586. — Visite par Clément de Bonzy, évêque de Béziers, du monastère du Saint-Esprit.

Portalon (de), *Bulletin du Comité de la langue et des arts,* t. I (1854), p. 503-509.

1633, 10 décembre.

587. — Inventaire des argenteries, tapisseries et ornements légués par le cardinal de Sourdis a l'église de Saint-André de Bordeaux.

Archives historiques de la Gironde, t. XII (1870), p. 377-384.

1633

588. — Procès-verbal de visite de la cathédrale de Béziers par Clément de Bonzy, évêque de Béziers.

Portalon (de), *Bulletin des Comités* (Beaux-Arts), 1849-1853, t. I, p. 241-256, 265-286.

1633

589. — Inventaire, après décès, de Marie Cressé, mère de Molière.

Soulié (Eud.), *Recherches sur Molière et sur sa famille* (Paris, Hachette, 1863, in-8°), p. 130-147.

1633

590. — Inventaire de Saint-Eutrope de Saintes.

Dangibeaud (Ch.), *Recueil de la commission des arts et monuments de la Charente-Inférieure,* 2ᵉ sér., t. III (1884), p. 103-108.

1634, 6 novembre.

591. — Inventaire des reliques et autres ustensiles liturgiques, destinés au maître-autel de l'église de Toul.

Lepage (H.), *Journal de la Société archéol. de Lorraine,* t. I (1852-53), p. 221-224.

1634

592. — Inventaire, après décès, de Henriette de la Châtre, première femme de Claude Pot, au château de Ménetou.

Hiver, *Papiers des Pot de Rhodes,* dans les *Mémoires de la Commission historique du Cher,* t. II (1864), p. 259-261.

1635

593. — Cabinet de Samuel Veyrel, apothicaire à Saintes.

Indice du cabinet de Samuel Veyrel, apoticaire à Xaintes (Bordeaux, 1635, in-4°), d'après : Duplessis (G.). *Les ventes de tableaux au XVIIe et XVIIIe siècles.*

1636, 4 avril.

594. — Inventaire des tableaux d'Étienne Massias, d'Angoulême.

Fleury (P. de), *Bulletin de la Société archéol. et historique de la Charente*, 5° sér., t. IV (1882), p. xxi-xxii.

1636

595. — Inventaire du château de Pompadour.

Bombal, *Société scientif., histor. et archéol. de la Corrèze*, t. V (1883), p. 625-632.

1636

596. — Inventaire des pièces d'artillerie de Montmédy.

Pinchard, *Archives des arts*, t. III (1881), p. 16.

1637, 28 janvier.

597. — Inventaire, après décès, de Jean de Puyrigaud.

Joly d'Aussy (Denis), *Bulletin de la Société des archives historiques de la Saintonge et de l'Aunis*, t. I (1879), p. 407-410.

1637

598. — Inventaire de l'église de Saint-Étienne-du-Mont de Paris.

Guiffrey (J.), *Revue de l'Art chrétien*, n. sér. t. VII (1889), p. 448 (extraits relatifs aux tapisseries).

1638, 27 avril.

599. — Visite épiscopale de Notre-Dame de Nantes.

La Nicollière (Stéph. de), *Bullet. de la Soc. archéol. de Nantes*, t. IV (1864), p. 98-103.

1638, 28 décembre.

600. — Le mobilier d'une église paroissiale de la banlieue de Nevers.

Boutillier (L'abbé), *Semaine religieuse de Nevers*, 21° année (1884), p. 72-76.

1638

601. — Inventaire du trésor de l'abbaye de Saint-Denis.

Dom Millet, *Le Trésor sacré de l'abbaye royale de Saint-Denis en France* (Paris, J. Billaine, 1640, in-18), p. 84-136.

1639

602. — Inventaire des reliquaires, joyaux et ornements de Notre-Dame de Noyon.

Lafons-Mélicoq (Le baron de), *Bulletin archéologique*, t. IV (1847-48), p. 429-430.

1642

603. — Inventaire, après décès, du mobilier de Louis de Hardenne, huissier du Conseil à Namur.

Van de Casteele (D.), *Annales de la Soc. archéol. de Namur*, t. XVI (1884), p. 173-176.

1643, 7 au 20 mars.

604. — Inventaire et estimation des statues de la collection du cardinal de Richelieu.

Boislisle (A. de), *Mémoires de la Société des Antiquaires de France*, t. XLII (1881), p. 85-102.

1643, 28 décembre.

605. — Inventaire du trésor de la Sainte-Chapelle de Saint-Chamond-en-Forez, lors de sa remise au Chapitre par Melchior Mitte de Chevrières, marquis de Saint-Chamond.

Boissieu (Maurice de), *L'église collégiale de Saint-Jean-Baptiste à Saint-Chamond* (Lyon, Brun, 1880, in-8°), p. 60-72, 203-260.

1645

606. — Inventaire, après décès, des meubles de Marie de Médicis, trouvés dans les oratoires du roi et de la reine.

Port (Célestin), *Rev. des Soc. savantes,* 4° sér., t. X (1869), p. 542-547.

1646

607. — Inventaire des reliques de l'abbaye de Saint-Denis.

Dom Germain Millet, *Le Trésor sacré de Saint-Denis* (Paris, Billaine, 1646, in-12°), p. 84-137.

1646

608. — Présents offerts à Notre-Dame du Puy par les princes qui l'ont visité.

Otto de Gissey, *Discours historiques de la très ancienne dévotion de Notre-Dame du Puy* (Le Puy, F. Varoles, 1646, in-8°), p. 91.

1649

609. — Inventaire et procès-verbal de vente du mobilier du cardinal Mazarin, dressés en vertu d'un arrêt du Parlement.

Coquebert de Montbret (Le baron), *Mémoires de la Société des Antiquaires de France,* t. VII (1826), p. 343-350.

1650, 31 décembre.

610. — Inventaire des reliques et ornements du prieuré de Saint-Laurent de Monfort-l'Amaury.

Dion (A. de), *Mémoires et documents publiés par la Société archéol. de Rambouillet*, t. VIII (1887-1888), p. 201-205. (Tirage à part.)

1650

611. — Inventaire des chapes et ornements de la cathédrale de Chartres.

Merlet (L.), *Catalogue des reliques et joyaux de Notre-Dame de Chartres*, p. 202-208.

1650

612. — Inventaire du mobilier du château de Saint-André-d'Apchon.

Coste (A.), *Diana* (Montbrison), t. VI (1881), p. 304-313.

1652, 16 décembre.

613. — Inventaire de l'église de Saint-Pierre-le-Vieux et Saint-Romain de Lyon.

Rolle (F.) et Montaiglon (A. de), *Archives de l'Art français*, 2ᵉ sér., t. II (1862), p. 105-108 (extraits).

1653, 8 janvier.

614. — Inventaire du trésor de l'église métropolitaine de Sens.

Julliot (G.), *Inventaire des reliques et reliquaires, joyaux et ornements, qui se trouvaient dans l'église métropolitaine de Sens en 1653-1654*, dans les *Mémoires de la Société archéologique de Sens*, t. XI (1877), p. 339-386.

1653, 28 novembre.

615. — Inventaire du mobilier du Refuge de Notre-Dame d'Etrun, à Arras [comprenant le mobilier de feue Isabeau d'Antin, abbesse].

Cavrois (Louis), *Revue de l'Art chrétien*, t. XXIII (1877), p. 334-347.

1653

616. — Inventaire des meubles du cardinal Mazarin.

Aumale (M. le duc d'), *Inventaire des meubles du cardinal Mazarin publié d'après l'original conservé dans les Archives de Condé* (Londres, imp. de Whittingham et Wilkins, 1861, pet. in-8°).

1654

617. — Inventaire des reliquaires de l'abbaye de Beaune.

Prost (Bernard), *Mémoires de la Société d'émulation du Jura*, 2ᵉ sér., t. I (1876), p. 419-423.

1654

618. — Inventaire du mobilier de la veuve d'un bailli d'Enghien.

Mathieu (E.), *Annales du cercle archéologique d'Enghien*, t. III (1887), p. 38-44.

1655

619 — Inventaire du trésor de la cathédrale de Rouen.

Farin, *La Normandie chrestienne,* p. 170-189, 519-523.

1655

620. — Inventaire des meubles de l'église d'Auzéville (Meuse).

Gillant (L'abbé), *Revue de l'Art chrétien,* n..sér., t. III (1885), p. 361.

1656

621. — Inventaire, après décès, d'Horace Pamphile, peintre, demeurant à Évreux.

Benet (Armand), *Réunion des Soc. des Beaux-Arts des départements en 1888* (Paris, Plon, 1888, in-8°), p. 296-297.

1656

622. — Inventaire de l'église de Luigné.

Barbier de Montault (X.), *Inventaires de quelques églises rurales de l'Anjou,* dans la *Revue de l'Art chrétien,* 2ᵉ sér., t. XI (1879), p. 423-426.

1656

623. — Inventaire de la sacristie du Moutier d'Ahun (Creuse).

Callier (G.), *Bulletin du Comité d'archéol.,* 1883, p. 224-225.

1660, 25 mai.

624. — Inventaire du trésor de l'abbaye de Saint-Pierre-le-Vif de Sens.

Julliot (G.), *Inventaire des reliques et reliquaires de l'église métropolitaine de Sens,* dans les *Mémoires de la Société archéologique de Sens,* t. XI (1877), p. 80-100.

1660, 23 juin.

625. — Inventaire de Jean Aumont, magistrat breton.

Audran, *La maison et le mobilier d'un magistrat breton au xvııᵉ siècle* dans le *Bulletin de la Société archéologique du Finistère,* t. VII (1879-1880), p. 107-112.

1661

626. — Inventaire de l'église de Saint-Pierre-du-Lac.

Barbier de Montault (X.), *Inventaire de quelques églises rurales de l'Anjou,* dans la *Rev. de l'Art chrétien,* 2ᵉ sér., t. XI (1879), p. 415-417.

1661

627. — Inventaire du château de Vaux.

Bonnaffé (Edm.), *Les amateurs de l'ancienne France : Le surintendant Foucquet* (Paris et Londres, Rouam, 1882, in-4°), p. 77-79.

1661

628. — Inventaire, après décès, du cardinal Mazarin.

[1367 tableaux, faïences, statues, tapisseries.]

Boyer de Sainte-Suzanne (Le baron de), *Table analytique de l'inventaire complet du cardinal Mazarin*, dans *Notes d'un curieux* (Monaco, Journal de Monaco, 1878, in-8°), p. 91-93 (résumé). — Cosnac (Le comte J. de), *Les Richesses du Palais Mazarin* (Paris, Renouard, 1884, in-4°), p. 277-411.

1663

629. — Inventaire du cabinet de Toussaint Lauthier.

[Médailles, pierres gravées, antiquités.]

(Aix, David, 1663, in-4°), 32 p., gravures.

Cet inventaire imprimé se trouve à la Bibliothèque Nationale dans le manuscrit F. Fr. 9534.

1663

630. — Inventaire de l'église de Luigné.

Barbier de Montault (X.), *Inventaires de quelques églises rurales de l'Anjou*, dans la *Revue de l'Art chrétien*, 2e sér., t. XI (1879) p. 426-428.

1663

631. — Inventaire des châsses et des reliques trouvées à l'abbaye de Beaulieu-lès-Loches.

Nobilleau (P.), *Bulletin de la Société archéol. de Touraine*, t. I (1868-1870), p. 136-137.

1663

632. — Inventaire du château de Fénelon, à la mort de Pons de Salignac.

Maleville (de), *Annales de la Société d'agriculture, sciences et arts de la Dordogne*, t. XXX (1869), p. 469-477 (extraits).

1663 (?)

633. — Inventaire des tapisseries du mobilier de Louis XIV, attribuées au sieur de la Planche.

Guiffrey (J.), *Bulletin archéologique du Comité des travaux histor.*, 1885, p. 65-68. (Tirage à part.)

1663-1715

634. — Inventaire général du mobilier de la Couronne, sous Louis XIV.

Guiffrey (J.) (Paris, Rouam, 1885-1887, 2 vol. gr. in-8°), pl.

1664, 27 mai.

635. — Inventaire de l'argenterie et des tapisseries du trésor de l'église de Saint-Pierre de Vienne.

Prudhomme (A), *Le Trésor de Saint-Pierre de Vienne* dans le *Bulletin de l'Académie Delphinale*, 3ᵉ sér., t. XIX (1884) p. 129-135. (Tirage à part.)

1664, 4 octobre.

636. — Inventaire des étalons et mesures appartenant à la Maison commune de Bourges.

Boyer, *Mémoires de la Commission historique du Cher*, t. I, 2ᵉ partie (1860), p. 235-236.

1665, 17 juillet.

637. — Estimation des bustes et statues du château de Vaux.

Bonnaffé (Edm.), *Les amateurs de l'ancienne France : Le surintendant Foucquet*, p. 68-76. — Bruel (A.), *Estimation des statues et bustes du château de Vaux-le-Vicomte* (1665-1687), dans le *Bulletin de la Société de l'Histoire de Paris*, t. VII (1880), p. 42-48.

1665

638. — Inventaire du mobilier de l'église de Saint-Germain de Saint-Laud (Maine-et-Loire).

Farcy (L. de), *Revue de l'Art chrétien*, t. XXXVII (1887), p. 394.

1665

639. — Inventaire des reliques vénérées dans l'église de l'abbaye de Saint-Père-en-Vallée de Chartres.

Mély (F. de), *Les Inventaires de Saint-Père-en-Vallée de Chartres* dans la *Revue de l'Art chrétien*, n. sér., t. V (1887), p. 71. (Tirage à part.)

1665

640. — Inventaire du mobilier de l'église paroissiale d'Auzéville (Meuse).

Gillant (L'abbé), *Revue de l'Art chrétien*, n. sér., t. III (1885) p. 361.

1666, 26 février et 6 mai.

641. — Estimation des bustes et médailles du château de Saint-Mandé.

Bonnaffé (Edm.), *Les amateurs de l'ancienne France : Le surintendant Foucquet,* p. 61-64, 65-67.

1666, février.

642. — Testament et inventaire des reliquaires et autres pièces d'orfèvrerie de la reine Anne d'Autriche.

Guiffrey (J.), *Nouvelles archives de l'Art français,* 1872, p. 260-275.

1666, 27 avril.

643. — État des reliques des églises de la ville de Limoges [comprenant les églises de Saint-Martial, Saint-Michel-des-

Lions, Saint-Aurélien, Saint-Pierre-du-Queyroy, Saint-
Etienne, Saint-Maurice, Notre-Dame-de-la-Règle, Saint-
Dampnolet, Saint-André, Saint-Augustin, Saint-Christophe,
les abbayes de Saint-Martin, des Cordeliers, de Saint-Gérald,
des Jacobins, des Carmes des Arènes, des Augustins.

> *Annales manuscrites de Limoges de 1638,* publiées par Ruben,
> Achard, Ducourtieux (Limoges, Ducourtieux, 1872, in-8°), p. 253-265.

1666

644. — Inventaire du trésor de l'abbaye de Grandmont.

> Du Boys (Aug.), *Bulletin de la Société archéol. et historiq. du Limou-*
> *sin,* t. VI (1855), p. 5-72 (analyse). — Texier (L'abbé), *Dictionnaire*
> *d'orfèvrerie* (Migne), col. 825-881.

1666

645. — Inventaire des joyaux de la Couronne.

> Bapst (G.), *Histoire des joyaux de la Couronne de France,* p. 369-371.

1669

646. — Inventaire du trésor de l'église de Notre-Dame de Reims.

> Tarbé (Prosper), *Trésors des églises de Reims* (Reims, Assy, 1843, in-4°),
> p. 43-119.

1669

647. — Inventaire du trésor de l'abbaye de Moissac.

> Bourbon, *Revue des Soc. savantes,* 6° sér., t. II (1876), p. 234-236.

1670, 14-19 avril.

648. — Inventaire, après décès, de Jean Poquelin, père de
Molière.

> Soulié (Eud.), *Recherches sur Molière et sur sa famille,* p. 220-224.

1670

649. — Inventaire des monuments de l'église du Saint-Sauveur
de Redon.

> La Borderie (de), *Bulletin archéologique de l'Association Bretonne*
> t. VI (1857), p. 107-108.

1671, 16 février-20 avril.

650. — Inventaire des tableaux et objets d'art d'Henriette d'Angleterre.

> Montaiglon (A. de), *Nouvelles archives de l'Art français,* t. VII (1879),
> p. 102-115.

1671, 1er avril.

651. — Catalogue des reliques de l'abbaye de Montiérender.

> Lavocat (L'abbé L.-F.), *Le Trésor des reliques de l'église de Notre-*
> *Dame de Montiérender* (Langres, F. Dangien, 1883, in-8°), p. 16-18.

1671

652. — Inventaire des dessins de Raphaël, qui faisaient partie de la collection Jabach acquise par Louis XIV, maintenant au Louvre.

> Lacroix (P.-L.), *Revue universelle des arts*, t. I (1855), p. 114-125.

1671

653. — Inventaire des reliques de l'abbaye de Notre-Dame de Soissons.

> Poquet (L'abbé), *Bulletin de la Société archéol., historique et scientifique de Soissons*, t. VIII (1854), p. 268-274 (d'après Dom Germain).

1672, 12-17 mars.

654. — Inventaire, après décès, de Madeleine Béjard.

> Soulié (Eud.), *Recherches sur Molière et sur sa famille*, p. 248-253.

1672, 27 juin-9 novembre.

655. — Inventaire et partage de mobilier, faits au Châtelard, après le décès d'Eléonor de la Rochefoucauld, seigneur de Roissac et du Châtelard.

> Pellisson (Jules), *Bulletin de la Soc. archéol. et histor. de la Charente*, 5ᵉ sér., t. III (1880), p. 135-145.

1672, octobre.

656. — Procès-verbal de visite de la Commanderie de Bourganeuf.

> Texier (L'abbé), *Mémoires de la Société des Antiquaires de l'Ouest*, t. IX (1843), p. 342-343. — *Dictionnaire d'orfèvrerie* (Migne), col. 272-273.

1673, 13-20 mars.

657. — Inventaire, après décès, de Molière.

> Soulié (Eud.), *Recherches sur Molière et sur sa famille*, p. 263-285.

1673

658. — Reliques du trésor de l'abbaye de Saint-Denis.

> Du Verdier, *Le Voyage en France* (Paris, Bobinet et Legras, 1673, in-12), p. 326-327.

1674, 23 août.

659. — Inventaire, après décès, des meubles de Pierre de Bertier, évêque de Montauban.

> Pottier (L'abbé), *Bulletin archéol. de la Soc. archéol. de Tarn-et-Garonne*, t. IV (1874), p. 222-237.

1674

660. — Le trésor de l'abbaye de Sainte-Croix de Poitiers.

Barbier de Montault(X.), *Le Trésor de l'abbaye de Sainte-Croix de Poitiers,* dans les *Mémoires de la Société des Antiquaires de l'Ouest,* 2ᵉ sér., t. IV (1881), p. 140-142.

1675, 15 septembre.

661. — Inventaire de l'église de Saint-Sauveur de Borne (Bas-Vivarais).

Francus (Le dʳ), *Bulletin d'histoire ecclésiastique et d'archéologie religieuse des diocèses de Valence, Gap, Grenoble, Viviers,* 4ᵉ année (1883-1884), p. 220-223.

1675, 9 novembre.

662. — Inventaire du contrat de mariage de Judith de Jaudouin et de Jean de Goisy, seigneur de Dissais.

Thiverçay (René de) [R. Valette], *Chroniques du Bas-Poitou,* t. I (1885), p. 189-192.

1675

663. — Inventaire, après le décès de la duchesse d'Aiguillon, des sculptures du Petit-Luxembourg.

Boislisle (A. de), *Mémoires de la Société des Antiquaires de France,* t. XLII (1881), p. 105-110.

1676, 10 avril.

664. — Inventaire des meubles de Louise de Sorel, veuve de Baptiste de Hervilly, seigneur de Beaumont, décédée à Chauny.

Tétart, *Bulletin de la Société historique et archéol. de Soissons,* t. III (1849), p. 160-161.

1676, 1ᵉʳ mai.

665. — Inventaire du mobilier du château de Sedières.

Vayssière (A.), *Bulletin de la Soc. histor. et archéol. de la Corrèze,* t. V (1883), p. 100-104.

1676

666. — Description des statues, bustes et tableaux du château de Richelieu.

Vignier, *Le chasteau de Richelieu ou l'Histoire des dieux et des héros de l'antiquité* (Saumur, Desbordes, 1676, in-12), 166 p.

1676

667. — Inventaire de Saint-Pierre-du-Lac.

Barbier de Montault (X.), *Inventaires de quelques églises rurales de l'Anjou,* dans la *Revue de l'Art chrétien,* 2ᵉ sér., t. XI (1879), p. 417.

1677, 23 décembre.

668. Inventaire, après décès, de Françoise d'Albret, douairière de Montastruc.

Galard (de), *Revue de l'Agenais*, t. IX (1882), p. 419-427.

1677

669. — Inventaire des reliques honorées dans l'église royale et collégiale de Notre-Dame de Montbrison.

Renon (L'abbé), *Chroniques de Notre-Dame de Montbrison* (Roanne, Farine, 1847, in-8°), p. 248-262.

1679, 28 mai.

670. — Inventaire des reliques et de l'argenterie de Saint-Martin de Clamecy [addition à l'inventaire de 1539].

Charrier (L'abbé), *Bulletin de la Soc. Nivernaise des lettres, sciences et arts*, t. XIII (1889), p. 71-73.

1679, 19 octobre.

671. — Inventaire des joyaux de la Couronne de Savoie.

Promis (Vincent), *Miscell. di storia Italiana*, t. XIX (1880), p. 213-222.

1680, 17 mai-17 juillet.

672. — Inventaire des biens d'Henry de Béthune, archevêque de Bordeaux.

Delpit (Jules), *Archives histor. de la Gironde*, t. XIX (1879), p. 297-304.

1680, 1er août.

673. — Inventaire des tableaux de la collection de François de Boyer, seigneur de Bandol, président de la Cour des comptes de Provence, à Ollioules et à Aix.

Montaiglon (A. de), *Archives de l'Art français*, 2e sér., t. I (1861), p. 326-335.

1681, 9 avril.

674. — Inventaire des ornements de la Sainte-Chapelle du Vivier-en-Brie.

Paty (Emmanuel), *Bulletin monumental*, t. XII (1846), p. 424-427. — *Bulletin des Comités* (Beaux-Arts), t. III (1852), p. 153-156.

1681, 6 octobre.

675. — Inventaire et description des ornements de l'église de Poitiers.

Redet, *Bulletin archéol.*, t. III (1844-1845), p. 451-457. — Auber (L'abbé), *Histoire de la cathédrale de Poitiers*, p. 369-373.

1682

676. — État des reliques et du trésor de l'abbaye de Fécamp.

> Leroux de Lincy, *Essai historique et littéraire sur l'abbaye de Fécamp* (Rouen, Frère, 1840, in-8°), p. 186-212.

1682

677. — Inventaire des tapisseries, reliquaires, vêtements, orfè-vreries, vases précieux, statues d'or et d'argent, pierreries, du trésor de la cathédrale de Chartres.

> Sablon (Vincent), *Histoire et description de la cathédrale de Chartres* (Chartres, Labalte, 1835, in-12), p. 112-129 (extraits). — Doublet de Bois-thibault, *Bulletin des Comités* (Beaux-Arts), t. III (1852), p. 20-28 (extraits). — Mély (F. de), *Trésor de Chartres*, p. 1-98. — Merlet (Lucien), *Catalogue des reliques et joyaux de Notre-Dame de Chartres*, p. 4-178.

1682

678. — Inventaire du trésor de la cathédrale de Metz.

[Reliquaires, crosses, argenterie, cristaux, joyaux.]

> Bégin (E.-A.), *Histoire et description pittoresque de la cathédrale de Metz* (Metz, Verronnais, 1843, in-8°), p. 308-313.

1683, 28 février.

679. — Inventaire des meubles apportés par Marthe-Renée Cher-tier, veuve de Robert Le Comte, Conseiller secrétaire du roi et greffier criminel de l'ancien Châtelet de Paris, à Nicolas Melic-que, écuyer, sieur de Saint-Georges, Conseiller du roi, tréso-rier-général des Menus-plaisirs et affaires de la Chambre de Sa Majesté.

[Meubles de laque, vases de Chine, tableaux, tentures et tapisseries, linge et cuisine.]

> Lhuillier (Th.), *Revue des Sociétés savantes*, 4° sér., t. VIII (1868), p. 520-524.

1683, 31 octobre.

680. — Inventaire des ornements et des meubles du prieuré de la Papillaye, en Anjou.

> L'Estourbeillon (Le comte Régis de), *Bulletin de la Société archéologi-que de Nantes*, t. XIX (1880), p. 83-84.

1683, 7 décembre.

681. — Inventaire des vaisselles, meubles, tapisseries, tableaux, livres, papiers, linge, argenterie, provisions, ustensiles, instru-ments et outils trouvés dans la chapelle et le château de la

Lorie, paroisse de la Chapelle-sur-Oudon, au décès de Gabriel Constantin de la Lorie, seigneur de Varennes.

Joubert (A.), Les Constantin, seigneurs de Varennes et de la Lorie (Angers, Germain et Grassin, 1890, in-8°), p. 188-210.

1683, 11 décembre.

682. — Inventaire et estimation des bestiaux, des métairies et closeries de la terre de la Lorie, au décès de Gabriel Constantin de la Lorie.

Joubert (A.), Ibid., p. 211-216.

1683, 19 décembre.

683. — Inventaire des livres, tableaux, orfèvrerie et mobilier civil de l'abbaye de Saint-Jouin-de-Marnes.

Ledain (Bélisaire), Mémoires de la Société des Antiquaires de l'Ouest, 2ᵉ sér., t. VI (1883), p. 124-127.

1683, 29 et 30 décembre.

684. — Inventaire des ustensiles divers, des vaisselles, meubles, tapisseries, tableaux, livres, papiers, armes, linge, argenterie, coffres, objets précieux, miroirs, pendules, porcelaines, vêtements, chevaux et carrosses, trouvés à la maison de ville de Saint-Pierre d'Angers, au décès de Constantin de la Lorie.

Joubert (A.), Les Constantin, p. 216-239.

1684, 30 mars.

685. — Inventaire de quelques statuettes de bronze, provenant du cardinal de Richelieu, signalées dans un inventaire du garde-meuble royal.

[Œuvres attribuées à Jean de Bologne.]

Courajod (L.), Bulletin de la Société des Antiquaires de France, t. XLIII (1882), p. 219-220 (extraits).

1684, 18 juillet.

686. — Inventaire du trésor de l'église de Mattaincourt.

Deblage (L'abbé), Mémoires de la Société d'archéologie Lorraine, 2ᵉ sér., VIᵉ volume (1864), p. 172-187.

1685

687. — Description de la cathédrale de Beauvais, par Ét. de Nully.

Desjardins (Gustave), Hist. de la cathédrale de Beauvais, p. 229-233.

1686

688. — Inventaire des pièces d'artillerie de Termonde.
   Pinchart, *Archives des Arts*, t. III (1881), p. 17-18.

1687, 18 novembre.

689. — Inventaire des ornements des églises de Salazuit et de
Notre-Dame-Pauton de Paulhaguet (Haute-Loire).
   Branche (Dominique), *Bulletin monumental*, t. XV (1849), p. 384-388.

1690, 12 février.

690. — Inventaire, après décès, des tableaux, statues, dessins, etc.,
trouvés chez Charles Le Brun, au Louvre et aux Gobelins.
   Guiffrey (J.), *Scellés et inventaires,* dans les *Nouvelles archives de l'Art
   français,* 2ᵉ sér., t. IV (1883), p. 90-150.

1690, 18 mars.

691. — État dressé, en exécution des ordres du roi, de l'argenterie qui se trouvait dans l'église de Saint-Hilaire de Poitiers et
dans les trois églises paroissiales qui en dépendaient.
   Redet, *Cathédrale de Saint-Hilaire de Poitiers*, p. 349-350.

1690, 25 mars.

692. — Inventaire des argenteries de l'abbaye de Saint-Remi de
Reims.
   Guiffrey (J.), *Revue de l'Art chrétien,* 4ᵉ sér., t. I (1890), p. 374-376.
   (Tirage à part.)

1690, 23 mai.

693. — Procès-verbal des argenteries de l'abbaye de Saint-Remy,
envoyées à la Monnaie par ordre du roi.
   Tarbé (Prosper), *Trésors des églises de Reims*, p. 171. — Guiffrey (J.),
   Revue de l'Art chrétien, 4ᵉ sér., t. I (1890), p. 376-377. (Tirage à part.)

1690, 7 juin.

694. — Inventaire du trésor de Notre-Dame de Liesse.
   Fleury (Ed.), *Le Trésor de Notre-Dame de Liesse* (Paris, Didron, 1854,
   in-8°), p. 10-19.

1690

695. — Inventaire des argenteries de l'abbaye de Saint-Pierre-
aux-Nonnes de Reims.
   Guiffrey (J.), *Revue de l'Art chrétien,* 4ᵉ sér., t. I (1890), p. 377. (Tirage à part.)

1691, 6 mars.

696. — Inventaire des tableaux et dessins trouvés sous le scellé du sieur Van der Meulen, aux Gobelins.

Guiffrey (J.), *Nouvelles archives de l'Art franç.*, t. VII (1879), p. 131-145.

1691, 10 septembre.

697. — Inventaire des joyaux de la Couronne.

Bapst (G.), *Histoire des joyaux de la Couronne de France*, p. 374-402.

1691

698. — Explication des tableaux de la galerie de Versailles et de ses deux salons.

Félibien (André) (Versailles, Muguet, 1687, in-12).

1692, 19 janvier.

699. — Inventaire des peintures de Fontainebleau.

Herbet (Félix), *Revue de l'Art français*, 3ᵉ sér., t. V (1889), p. 174-178.

1694, 15 juillet.

700. — Inventaire des vases sacrés, argenterie, tableaux, reliquaires et ornements de la Sainte-Chapelle du Vivier-en-Brie.

Paty (Emm.), *Bulletin monumental*, t. XII (1846), p. 427-431.

1695

701. — Inventaire des tapisseries de Notre-Dame de Paris.

Guiffrey (J.), *Revue de l'Art chrétien*, t. XL (1890), p. 208 (extraits d'un inventaire général). (Tirage à part.)

1695

702. — Inventaire des tableaux et dessins appartenant au Roi, trouvés sous le scellé de Pierre Mignard, suivi d'une analyse de l'inventaire des biens de Mignard.

Guiffrey (J.), *Nouvelles archives de l'Art franç.*, 1ʳᵉ sér., t. II (1873-74), p. 41-49, 51-54.

1696, 24 juillet.

703. — Inventaire du trésor de Notre-Dame du Puy.

Le Marchand (Albert), *Joseph Grandet, Notre-Dame Angevine* (Angers, Germain et G. Grassin, 1884, in-8°), p. 616-617.

1697

704. — Inventaire d'une boutique de marchand à Tulle.

Fage (René), *Une boutique de marchand à Tulle au XVIIᵉ siècle* (Tulle, Crauffon, 1886, in-8°).

1697

705. — Inventaire de deux maisons situées, l'une à Limoges, l'autre aux environs.

> Mellet (Le comte de), *Revue des Soc. savantes*, 5e sér., t. VIII (1875), p. 471-475.

1697

706. — Inventaire du *spolium* de Mgr Fortia de Montréal, évêque de Carpentras.

> André (L'abbé), *Revue des Sociétés savantes*, 5e sér., t. VI (1873), p. 109.

1697

707. — Description et inventaire fait par Claudine Bouzonnet-Stella, de ses tableaux, dessins et estampes, livres, planches gravées et meubles.

> Guiffrey (J.), *Nouvelles archives de l'Art français*, 1877, p. 25-109.

1698, 6 mars.

708. — Procès-verbal de visite de la cathédrale d'Alby.

> Rivières (Le baron de), *Bulletin monumental*, t. XXXIX (1873), p. 381-400 ; t. XL (1874), p. 123-145 ; t. XLI (1875), p. 135-160. (Tirage à part.)

1699, 1er juin.

709. — Inventaire des argenterie, tapisseries, ornements et meubles de l'église de Saint-André de Bordeaux.

> *Archives historiques de la Gironde*, t. XII (1870), p. 386-403.

1699, 1er juin.

710. — Inventaire du cabinet de M. Bégon.

> [Livres, médailles, tableaux, cartes, globes de Coronelli, etc.]
>
> Duplessis (G.), *Un Curieux du XVIIe siècle, Michel Bégon* (Paris, Aubry, 1874, pet. in-8°), p. 7-11.

1700, 14 février.

711. — Inventaire des vaisselles, meubles, tapisseries, tableaux, livres, papiers, armes, linge et argenterie de la maison de ville de Saint-Pierre d'Angers, au décès d'Anne Le Pelletier, veuve de Gabriel Constantin de la Lorie.

> Joubert (A.), *Les Constantin*, p. 267-271 (extraits).

1700, 28 février, 17 mars.

712. — Inventaire du château de la Lorie, au décès d'Anne Le Pelletier, veuve de Gabriel Constantin de la Lorie.

> Joubert (A.), *Ibid.*, p. 272-286 (extraits).

XVIIe SIÈCLE

713. — Détail des dons faits à la Sainte-Chapelle-des-Ardilliers de Saumur, par les rois, reines et princesses.

Le Marchand (A.), *Joseph Grandet, Notre-Dame Angevine,* p. 389-392.

XVIIe SIÈCLE

714. — Inventaire de l'église de Saint-Étienne de Bourges.

Girardot (Le baron de), *Mémoires de la Société des Antiquaires de France,* t. XXIV (1859), p. 227-234. (Tirage à part.)

XVIIe SIÈCLE

715. — Inventaire du trésor de Corbie.

Dusevel (H.), *Histoire abrégée du trésor de l'abbaye royale de Saint-Pierre de Corbie* (Amiens, Lemer, 1861, in-12), p. 45-86.

XVIIe SIÈCLE

716. — Liste des objets d'art et d'antiquité, ayant fait partie de la collection de la famille Zanobis, à Avignon.

Batiffol (L'abbé), *Bulletin de la Société des Antiquaires de France,* 5e sér., t. IX (1888), p. 140-144.

XVIIe SIÈCLE

717. — Inventaire des vêtements et des reliques de la cathédrale de Chartres.

Doublet de Boisthibault, *Bulletin du Comité des arts et monuments* (Beaux-Arts), t. III (1852), p. 13-20. — *Dictionnaire d'épigraphie* (Migne), t. I, col. 236-248.

XVIIe SIÈCLE

718. — Mémoire des ornements qui appartiennent à l'église de Saint-Jean-de-la-Palud de la Couronne.

Blanchet (L'abbé J.-P.-G.), *Bulletin de la Société archéol. et historiq. de la Charente,* 5e sér., t. X (1888), p. 238-239.

XVIIe SIÈCLE

719. — Inventaire des reliques de l'abbaye de Nouaillé.

Barbier de Montault (X.), *Bullet. archéol. du Comité,* 1884, p. 96-98.

XVIIe SIÈCLE

720. — Inventaire des reliques de l'église de Notre-Dame du Puy.

Chassaing (Aug.). *Le livre du Podio,* t. I, p. 34-37.

XVIIe SIÈCLE

721. — Inventaires de la cathédrale d'Amiens.

[Recollement des Inventaires de 1667-1709.]

Garnier (J.), *Mémoires de la Société des Antiquaires de Picardie,* 1re sér., t. X (1850), p. 381-390.

XVIIe SIÈCLE.

722. — Inventaire des linges pour le service de Louis XIV et de Marie-Thérèse d'Autriche.

Guiffrey (J.), *Bull. de la Soc. de l'Hist. de Paris*, 17e année (1890), p. 21-25.

XVIIe SIÈCLE.

Inventaires, après décès, des artistes dont les noms suivent :

723. — 1643. Buret (Nicolas), fondeur.

724. — 1660. Montigny (Daniel), brodeur.

725. — 1661. Barré (Nicolas), émailleur.

726. — 1665. Blanchard (Jean), peintre.

727. — 1665. Desroziers (Nicolas), peintre.

728. — 1670. Briot (Isaac), graveur.

729. — 1672. Martin (Charles), peintre.

730. — 1676. Lebreton (Odet), sculpteur.

731. — 1676. Mazière (André), architecte.

732. — 1678. Barroy (Antoine), peintre.

733. — 1678. Delaporte (François et Denis), peintres.

734. — 1678. Nanteuil (Robert), peintre.

735. — 1681. Baugrand (Pierre), brodeur.

736. — 1681. Marsy (Gaspard de), sculpteur.

737. — 1682. Faubert (Pierre), peintre.

738. — 1684. Masse (Nicolas), sculpteur.

739. — 1684. Pacque (François), peintre.

740. — 1686. Hallier (Nicolas), peintre.

741. — 1686. Monnier (Michel), sculpteur.

742. — 1687. Clément (Pierre), peintre.

743. — 1687. Dupré (Daniel), peintre.

744. — 1690. Goy (Claude), peintre.

745. — 1691. Hallier (Vve Nicolas).

746. — 1692. Laniel (Étienne), peintre.

747. — 1693. Namur (Louis de), peintre.

748. — 1694. Parent (Rodolphe), peintre.

749. — 1695. Leconte (Sauveur), peintre.

750. — 1697. Bruand (Libéral), architecte.

751. — 1697. Hinart (Louis), tapissier.

752. — 1698. Misson (Hubert), sculpteur.

753. — 1699. Broutel (An- | 754. — 1699. Dumas (Jacques),
toine), Sieur Du Val, archit. | architecte.

Guiffrey (J.), *Scellés et inventaires,* dans les *Nouvelles archives de l'Art français,* 2º sér., t. IV (1883).

XVIIᵉ-XVIIIᵉ SIÈCLES

755. — Inventaires des *spolia,* de quelques évêques de Carpentras.

André (L'abbé), *Revue des Sociétés savantes,* 5º sér., t. VI (1873), p. 107-112.

1701, 11 novembre.

756. — Inventaire des meubles du château de Brisis, appartenant à René d'Héral, vicomte de Brisis.

Bondurand (Édouard), *Mobiliers du vieux temps,* dans les *Mémoires et comptes-rendus de la Société scientifique et littéraire d'Alais,* t. XIV (1883), p. 83-87.

1703

757. — Inventaire de l'église de Saint-Martin-de-la-Place.

Barbier de Montault (X.), *Inventaires de quelques églises rurales de l'Anjou,* dans la *Revue de l'Art chrétien,* 2º sér., t. XI (1879), p. 429-431.

1703, 31 décembre-1ᵉʳ mars 1704.

758. — Inventaire du mobilier de Monseigneur Jules Mascaron, évêque d'Agen, à l'évêché d'Agen et au château de Monbran.

Tholin, *Bulletin archéol. du Comité,* 1890, p. 116-130.

1704

759. — Mémoire du trésor de l'église collégiale de Saint-Étienne de Troyes.

Coffinet (L'abbé), *Trésor de Saint-Étienne de Troyes,* dans les *Annales archéologiques,* t. XX (1860), p. 8-20. (Tirage à part.)

1704

760. — Inventaire des tapisseries de l'église de Saint-Paul de Paris.

Guiffrey (J.), *Revue de l'Art chrétien,* n. s., t. VII (1889), p. 446 (extraits d'un inventaire général). (Tirage à part.)

1705, 29 juillet.

761. — État des biens meubles de Marie-Madeleine-Esprit Poquelin de Molière, épouse de Claude de Rachel de Montalant.

Soulié (Eud.), *Recherches sur Molière et sur sa famille,* p. 332-335.

1705

762. — Inventaire de l'église de Montplacé.

Barbier de Montault (X.), *Inventaires de quelques églises rurales de l'Anjou*, dans la *Revue de l'Art chrétien*, 2ᵉ sér., t. XI (1879), p. 432-433.

1706

763. — Inventaire du château de Rambouillet et mémoire des gros meubles du château, à rembourser par le comte de Toulouse.

Moutié et A. de Dion, *Mém. et docum. publiés par la Soc. archéol. de Rambouillet*, t. VII (1886), p. 198-203.

1706

764. — Description du trésor de l'abbaye de Saint-Denis.

Félibien (Dom Michel), *Histoire de l'abbaye royale de Saint-Denis* (Paris, Fréd. Léonard, 1706, in-f°), p. 536-545.

1709

765. — Inventaire des tableaux du roi, dressé par Bailly.

Archives de l'Art français, t. II (1852-53), p. 40-42 (extraits relatifs aux tableaux de Lesueur).

1710, 4 janvier.

766. — Inventaire, après décès, de Thomas Corneille.

Sauvage (E.), *Recueil des trav. de la Soc. libre d'agriculture, sciences, arts, et belles-lettres de l'Eure*, 3ᵉ sér., t. II (1852-53), p. 396-400.

1710

767. — Cabinet de feu M. Bégon, intendant de la Rochelle et de la marine à Rochefort.

[Médailles, armes antiques, estampes, cartes, tableaux.]

Duplessis (G.), *Archives de l'Art français*, 2ᵉ sér., t. II (1862), p. 47-51.

1710

768. — Inventaire du *spolium* de Mᵍʳ Laurent Buzzi, évêque de Carpentras.

André (L'abbé), *Revue des Soc. savantes*, 5ᵉ sér., t. VI (1873), p. 110.

1711, 20-31 mars.

769. — Inventaire, après décès, de Boileau Despréaux.

[Meubles, cuisine, vaisselle d'argent, écurie, livres, tableaux.]

Grouchy (Le vicomte de), *Bulletin de la Société de l'Histoire de Paris*, 1889, p. 106-115, 130-146. (Tirage à part.)

1713

770. Inventaire de l'église de Saint-Lambert de Liège.

Demarteau, *Bulletin de la Société d'art du diocèse de Liège*, t. II (1882), p. 307-337. (Tirage à part.)

1715, 22 novembre.

771. — Inventaire de Jeanne Charpentier.

Moutié et A. de Dion, *Mémoires et documents publiés par la Société archéologique de Rambouillet*, t. VII (1886), p. 285.

1715

772. — Inventaire général du trésor de Montlhéry.
[Inventaire fictif et burlesque.]
(Paris, Jollet, 1715, in-4°), 4 p.

1715 .

773. — Inventaire du trésor du Chapitre de Saint-Arnoul de Gap.
Roman (J.), *Inventaires du Trésor du Chapitre de Saint-Arnoul de Gap* (Paris, Picard, 1874, in-8°), 47 p.

1716, 15 février.

774. — Inventaire du trésor de l'église d'Angers.
Parrot (A.), *Revue des Sociétés savantes,* 5° sér., t. V (1873), p. 103-109.

1716

775. — Inventaire des pièces d'artillerie d'Ath.
Pinchart, *Archives des arts,* t. II (1863), p. 106-108.

1716

776. — Inventaire d'un vigneron.
Guibert, *Bulletin de la Société scientifique, historique et archéologique de la Corrèze,* t. IX (1887), p. 326.

1717, 9 septembre.

777. — Inventaire des marques d'honneur de la magistrature municipale de Langres, que l'on a coutume de porter chez le maire.
Vallet de Viriville, *Bibliothèque de l'École des Chartes,* t. I (1839), p. 313-314.

1718, 1ᵉʳ juin.

778. — Inventaire des meubles du château de Rambouillet appartenant au comte de Toulouse.
Dion (A. de), *Mémoires et documents publiés par la Société archéologique de Rambouillet,* t. VII (1886), p. 205-228.

1720

779. — Inventaire des objets d'art détruits chez André Boulle, ébéniste, par l'incendie du 30 août 1720.
Montaiglon (A. de), *Arch. de l'Art français,* t. IV (1855-56), p. 334-349.

1721, octobre.

780. — Etat de la vaisselle du garde meuble de la Couronne, ayant servi à l'évêque de Nantes pendant la tenue des États de Bretagne.

La Nicollière (Stéphane de), *Bulletin de la Société archéologique de Nantes*, t. IV (1864), p. 143-147.

1721

781. — Visite de l'abbaye de Masdion : inventaire de la chapelle de l'abbaye.

Audiat (Louis), *Archives historiques de la Saintonge et de l'Aunis*, t. II (1875), p. 216-218.

1722, 29 décembre.

782. — Inventaire, après décès, du mobilier de la duchesse d'Orléans, mère du Régent.

Barthélemy (Ed. de), *Bulletin du Comité*, 1882, p. 386-407.

1722

783. — Inventaire des meubles de Mlle de Marcillac.

Blanchet (L'abbé J.-P.-G.), *Histoire de l'abbaye royale de Notre-Dame de la Couronne en Angoumois*, dans le *Bulletin de la Société archéologique et historique de la Charente*, 5° sér., t. IX (1887), p. 433-434.

1724, 4 février.

784. — Inventaire du trésor de l'église de Lyon.

V. de V[alous], *Inventaire du trésor de l'église de Lyon*, p. 35-66.

1726

785. — Inventaire des pierres gravées attachées à la sainte Châsse de la cathédrale de Chartres.

Mély (F. de), *Trésor de Chartres*, p. 118-119.

1727, 22 juillet.

786. — Inventaire du trésor de la cathédrale de Rodez.

Vialettes (L'abbé), *Reliques et ancien trésor de la cathédrale de Rodez* (Rodez, Carrère, 1887, in-8°), p. 42-54.

1727, 21 septembre.

787. — Testament, procès-verbal d'apposition de scellés et inventaire de Germain Brice.

Guiffrey (J.), *Bulletin de la Soc. de l'Hist. de Paris*, 1883, p. 98-118.

1729, 9 novembre.

788. — Inventaire, après décès, des meubles des châteaux de la Rochefoucauld, de Verteuil et de la Terne, appartenant à François VIII de la Rochefoucauld.

Fleury (P. de), *Bulletin de la Société archéologique et historique de la Charente*, 5° sér., t. VIII (1884-1885), p. 71-209. (Tirage à part.)

1729, 22 novembre.

789. — Inventaire, après décès, de François de Chardonnay, chevalier, seigneur de Bardelle.

> Moutié et A. de Dion, *Mémoires et documents publiés par la Société archéologique de Rambouillet*, t. VII (1886), p. 286.

1730

790. — État des reliques de la collégiale de Saint-Seurin de Bordeaux, après l'incendie de 1730.

> Ducaunnès-Duval, *Archives historiq. de la Gironde*, t. XIII (1871-1872), p. 545-546.

1732, 24 novembre.

791. — Inventaire des meubles du trésor et de la sacristie de la Sainte-Chapelle de Dijon.

[Tapisseries, tableaux, missels.]

> Arbaumont (J. d') et Marchant, *Le Trésor de la Sainte-Chapelle de Dijon*, p. 67-96.

1734

792. — Inventaire du *spolium* de Mgr Abbati, évêque de Carpentras.

> André (L'abbé), *Revue des Sociétés savantes*, 5ᵉ sér., t. VI (1873), p. 110.

1736, 27 janvier.

793. — Inventaire, après décès, de Benjamin Mouffle, receveur des tailles de l'élection de la Marche, et entrepositaire de tableaux à Guéret.

> Cessac (P. de), *Le mobilier d'un bourgeois de Gueret en 1736*, dans la *Revue du Centre*, t. VIII (1886), p. 116-118. (Tirage à part.)

1737, 30 novembre.

794. — Inventaire des œuvres d'art et des objets de curiosité composant le cabinet de Claude de Mahé.

> Aillery (L'abbé E.) *Mémoire sur Fontenay-le-Comte, rédigé en 1737 par Claude de Mahé* (Fontenay-le-Comte, Robuchon, 1869, in-8°), p. 13-17.

1737

795. — Inventaire des biens meubles et papiers de François Lemoyne, premier peintre du roi, dressé après son suicide.

> Guiffrey (J.), *Nouvelles archives de l'Art français*, 1877, p. 198-218.

1738, 15-16 septembre.

796. — Inventaire, après décès, des meubles de M. de Montalant, à Argenteuil.

> Soulié (Eud.), *Recherches sur Molière et sur sa famille*, p. 349-353.

1738, 7 octobre.

797. — Inventaire, après décès, du mobilier du château de Dave, appartenant à Marie del Patrocinio de Ligne, duchesse d'Arembergh, princesse de Barbanson, comtesse de Laroche, vicomtesse de Dave.

Van de Casteele, *Les meubles meublants d'un château princier aux* xviie *et* xviiie *siècles*, dans les *Annales de la Société archéologique de Namur*, t. XVI (1883-1886), p. 311-342.

1738

798. — Inventaire de l'église de Saint-Pierre-du-Lac.

Barbier de Montault (X.), *Inventaires de quelques églises rurales de l'Anjou*, dans la *Revue de l'Art chrétien*, 2º sér., t. XI (1879), p. 417-418.

1739

799. — Procès-verbal de visite de l'abbaye de Corneville, ordre de sainte Geneviève, au diocèse de Rouen, et de ses dépendances, Champost et Vallets.

Barbier de Montault (X.), *Revue de l'Art chrétien*, 4ª sér., t. I (1890), p. 52-55.

1740, 21-23 janvier.

800. — Inventaire, après décès, du mobilier de Monseigneur de Strickland, évêque de Namur.

[Faïences, tapisseries, tableaux, voitures, meubles, argenterie.]

Van de Casteele, *Le mobilier de Monseigneur de Strickland*, dans le *Messager des sciences historiques de Belgique*, t. LX (1886), p. 86-95.

1740, 19 octobre.

801. — Vente des tableaux dépendant de la succession de Monseigneur de Strickland.

[Prix d'estimation et de vente.]

Van de Casteele, *Ibid.*, p. 95-103.

1740

802. — Inventaire des peintures de l'évêché de Namur.

Van de Casteele, *Ibid.*, p. 104-106.

1741

803. — Inventaire du trésor de l'abbaye de Clairvaux.

Arbois de Jubainville (d'), *Fragments relatifs à une chasuble et au sceau de saint Bernard, et à des reliques de saint Edmond*, dans le *Bul-*

letin de la Société des Antiquaires de France, t. XXXIV (1873), p. 125-126 (extraits). — Lalore (L'abbé Ch.), *Le Trésor de Clairvaux, du xiie au xviiie siècle*, p. 3-95.

1742

804. — Inventaire du trésor de l'abbaye de Saint-Denis.

Piganiol de La Force, *Description de Paris* (Paris, Th. Legras, 1742, in-12, 8 vol.), t. VIII, p. 18-37.

1743, 5 août.

805. — Inventaire du mobilier du château d'Happlegenne.

Ledieu, *Le mobilier de quelques paysans picards aux deux derniers siècles*, dans *La Picardie, Revue historique*, 2e sér., t. VII (1884), p. 513-517

1743

806. — Estimation des pierreries des reliquaires du trésor de Clairvaux.

Arbois de Jubainville (d'), *Revue des Soc. savantes des départements*, 5e sér., t. V (1873), p. 503-506. — Lalore (L'abbé), *Le Trésor de Clairvaux du xiie au xviiie siècle*, p. 110-113.

1744

807. — Description, par un évêque grec d'Arcadie, de deux châsses byzantines du trésor de Clairvaux.

Arbois de Jubainville (d'), *Revue des Sociétés savantes*, 5e sér., t. V (1873), p. 506-508.

1746, 28 juin.

808. — Inventaire du trésor de Notre-Dame de Liesse.

Fleury (Ed.), *Le Trésor de Notre-Dame de Liesse*, p. 21-22 (résumé).

1746

809. — Inventaire de Louis-François-Ignace d'Armagnac, trésorier de l'église de Saint-Hilaire-le-Grand de Poitiers.

Barbier (Alfred), *Mémoires de la Société des Antiquaires de l'Ouest*, 2e sér., t. VIII (1886), p. 359-366.

1747, 22 décembre.

810. — État des pierreries et des pièces d'or et d'argent doré, de la châsse de saint Maurille, évêque d'Angers, à Saint-Maurice d'Angers.

Farcy (L. de), *L'ancien Trésor de la cathédrale d'Angers*, dans la *Revue de l'Art chrétien*, t. XXX (1880), p. 203-205.

1747

811. — Corbeille de la Dauphine Marie-Josèphe de Saxe.

[Tabatières, montres, étuis, flacons, paniers, boîtes à mouches, tablettes, éventails, crayons, tire-bouchons.]

Bapst (G.), *Inventaire de Marie-Josèphe de Saxe, Dauphine de France* (Paris, Lahure, 1883, in-4°), p. 201-236.

1747

812. — Inventaire des habits et ustensiles de théâtre pour les fêtes des Petits Appartements.

Campardon (Ém.), *Madame de Pompadour et la cour de Louis XV* (Paris, Plon, 1867, in-8°), p. 447-499.

1748

813. — Inventaire de l'argenterie, ornements et meubles de la sacristie de la cathédrale de Saint-Brieuc.

Gamart, *Bulletin monumental,* t. XV (1849), p. 584-594.

1748

814. — Inventaire du mobilier de l'église de Saint-Saturnin de Nantes.

La Nicollière (Stéph. de), *Bulletin de la Société archéol. de Nantes,* t. II (1862), p. 34-39.

1749, novembre.

815. — Procès-verbal de vente des meubles et costumes provenant de la succession de Mme Marie-Anne Barbry, veuve de Paul Bourguignon de Saint-Paul, directeur des domaines de Bretagne.

Teissier, *La maison d'un bourgeois au xviii° siècle* (Paris, Hachette, 1886, in-8°), p. 54-92.

1751, 27 juin.

816. — Procès-verbal de visite de l'église de Réalmont par Monseigneur de la Rochefoucauld.

Semaine religieuse du diocèse d'Alby, 14° année (1887), p. 558-562, 576-579.

1752

817. — Inventaire des ornements de l'église de Notre-Dame de Lorette de Paris.

Guiffrey (J.), *Revue de l'Art chrétien,* n. sér., t. VII (1889), p. 450 (extraits relatifs aux tapisseries).

1752

818. — Catalogue des tableaux de la collection du Roi.

Lépicié, *Catalogue raisonné des tableaux du roi, avec un abrégé de la vie des peintres* (Paris, Imprimerie royale, 1752-1754, 2 vol. in-4°).

1753, 15 janvier.

819. — Inventaire, après décès, de Charles-Benoît Chandéon de la Valette, écuyer.

> Moutié et A. de Dion, *Mémoires et documents publiés par la Société archéologique de Rambouillet*, t. VII (1886), p. 289-291.

1753

820. — Inventaire des meubles et ornements de la chapelle de Rohard.

> Bougouin (Ch.), *Bulletin de la Société archéolog. de Nantes*, t. X (1870-71), p. 189-190.

1754

821. — Inventaire des tapisseries de Notre-Dame de Paris.

> Guiffrey (J.), *Revue de l'Art chrétien*, t. XL (1890), p. 208 (extraits d'un inventaire général).

1757, 18 août.

822. — Inventaire de la Sainte-Chapelle de Bourges, au moment du don que le roi en fit à la cathédrale de Bourges.

> Girardot (Le baron de), *Histoire du Trésor de la cathédrale de Bourges*, dans les *Mémoires de la Société des Antiquaires de France*, t. XXIV (1859), p. 238-240.

1758, 7 avril.

823. — Inventaire du mobilier des Rohan au château du Verger.

> Denais (J.), *Répertoire archéol. de l'Anjou*, 1869, p. 149-154 (extraits).

1758, 21 avril.

824. — Inventaire du mobilier du couvent des Augustins, à Bordeaux.

> Lamothe (de), *Le couvent des Augustins à Bordeaux*, dans le *Compte-rendu des travaux de la Commission des monuments historiques de la Gironde*, t. XV (1854), p. 9-13.

1758, 22 mai.

825. — Inventaire du château de Taillebourg.

> Barbier de Montault (X.), *Archives historiques de la Saintonge et de l'Aunis*, t. XVIII (1890), p. 362-367. (Tirage à part.)

1758, 24 juin.

826. — Inventaire du mobilier de Louis-Henri Dorieu.

> Moutié et A. de Dion, *Mémoires et documents publiés par la Société archéologique de Rambouillet*, t. VII (1886), p. 294-301.

1758

827. — Inventaire du *spolium* de Malachie d'Inguimbert, évêque de Carpentras.

André (L'abbé), *Rev. des Soc. savantes*, 5ᵉ sér., t. VI (1873), p. 111.

1759, 11 mai.

828. — Inventaire du château de Villers-Cotterets.

Michaux (A.), *Bulletin de la Société archéol. historique et scientifique de Soissons*, 2ᵉ sér., t. X (1879), p. 191-199.

1759, 27 décembre.

829. — Mémoire de l'argenterie de l'église de l'abbaye royale de de Maubuisson près Pontoise, envoyée à la Monnaie.

Dutilleux (A.) et Depoin (J.), *L'abbaye de Maubuisson, Notre-Dame-la-Royale* : 3ᵉ partie, p. 165-168.

1759, 31 décembre.

830. — Inventaire des robes de Notre-Dame de Liesse.

Fleury (Ed.). *Le Trésor de Notre-Dame de Liesse*, p. 23-25.

1759

831. — Etat de l'argenterie de la fabrique de l'église de Saint-Benoît de Paris.

832. — Etat de l'argenterie de l'église de Saint-Eustache de Paris.

833. — Etat de l'argenterie de la paroisse de Saint-Germain-l'Auxerrois de Paris.

834. — Etat de l'argenterie de l'église de Saint-Jacques-l'Hôpital de Paris.

835. — Etat de l'argenterie de l'église de Saint-Severin de Paris.

Molinier (E.), *Cabinet historique*, t. XXVI (1880), p. 183-215.

Toutes ces argenteries furent envoyées à la Monnaie.

1760

836. — Trésor de l'église de Saint-Nicaise de Reims.

Tarbé (Prosper), *Trésors des églises de Reims*, p. 254-256.

1763

837. Visite de l'église de la Chapelle-Auzac (Lot).

Barbier de Montault (X.), *Revue des inventaires* dans la *Revue de l'Art chrétien*, t. XL (1890), p. 244-245.

1763

838. — Description historique des curiosités de l'église de Paris

contenant le détail de l'édifice, le trésor, les chapelles, tombeaux, épitaphes et l'explication des tableaux avec les noms des peintres.

Montjoye (L'abbé de) (Paris, C.-P. Gueffier, 1763, in-12), pl.

1765, 16 mars.

839. — Inventaire des meubles et effets délaissés par Jean-Esprit Le Forestier, seigneur de la Papinière.

Vallette (René). *Revue de la Société littéraire, artistique et archéologique de la Vendée*, 1884, p. 113-125. (Tirage à part.)

1765, 16 juin.

840. — Ancien inventaire de la cathédrale de Laon, visé par le juge et bailli du Chapitre.

Darras (L'abbé), *Annales archéologiques*, t. VI (1847), p. 342-343 (extraits).

1765, 21 août.

841. — Inventaire du mobilier de la chambre de Guillaume Audebert.

Moutié et A. de Dion, *Mémoires et documents publiés par la Société archéologique de Rambouillet*, t. VII (1886), p. 301-302 (extraits.)

1766, 28 avril.

842. — Catalogue des tableaux originaux de différents maîtres, de la collection de la marquise de Pompadour.

(Paris, 1776, in-8°). — Campardon (Em.), *Madame de Pompadour et la cour de Louis XV* (Paris, Plon, 1867, in-8°), p. 319-329.

1766

843. — Inventaire, après décès, de B.-René du Guesclin, évêque de Cahors, au palais épiscopal de Cahors et au château de Mercuès.

Combarieu (L.), *Bulletin de la Société des études littér., scientifiques et artistiques du Lot*, t. IV (1878), p. 73-82.

1767, 14 mars.

844. — Inventaire des pierreries, bijoux et reliquaires appartenant à la Dauphine Marie-Josèphe de Saxe.

Bapst (G.), *Inventaire de Marie-Josèphe de Saxe*, p. 133-159, 175-193.

1767, 18 juillet.

845. — Inventaire des meubles, linge, argenterie et bibliothèque de M. Tamisier, de Marseille.

Teissier, *La maison d'un bourgeois au XVIII° siècle*, p. 4-21.

1768

846. — Trésor de l'abbaye de Saint-Denis.

Le Trésor de l'abbaye royale de Saint-Denis en France, qui comprend les corps saints et autres reliques précieuses qui se voient tant dans l'église que dans la salle du Trésor (Paris, Chardon, 1768, in-12), 16 p.

1770, 24 juillet.

847. — Inventaire du château de Saint-Chamans.

Bombal (Eusèbe), *Notes et documents pour servir à l'histoire de la maison de Saint-Chamans,* dans le *Bulletin de la Société des lettres, sciences et arts de la Corrèze,* t. VII (1885), p. 203-208, 589-622 (extraits).

1770, 18 septembre.

848. — État fourni par le prieur et les religieux de Grandmont, à l'archevêque de Toulouse, du trésor et de la sacristie.

Ardant (Maurice), *Des Ostensions* (Limoges, Barbou, 1848, in-12), p. 67-68.

1771, 20 avril.

849. — Inventaire du trésor de l'abbaye de Grandmont.

Leymarie (A.), *Le Limousin historique* (Limoges, [Ardillier,] 1837, in-8°). t. I, p. 164-174. — Guibert (Louis), *Destruction de l'ordre et de l'abbaye de Grandmont* (Paris, Champion, 1877, in-8°), p. 933-954.

1771, 11 juillet.

850. — Inventaire de Pierre-Gédéon Petau, chevalier, seigneur de Maulette.

Moutié et A. de Dion, *Mémoires et documents publiés par la Société archéologique de Rambouillet,* t. VII (1886) p. 279-284.

1771, 14 septembre.

851. — Inventaire du trésor des reliques de l'abbaye de Clairvaux.

[Paris (L.)], *Le Cabinet historique,* 4ᵉ année (1858), p. 15-28.

1773

852. — État des grâces et dons accordés par Louis XV au marquis de Marigny.

Plantet (Eug.) *La collection de statues du marquis de Marigny* (Paris, Quantin, 1885, in-8°), p. 96-98.

1774

853. — Inventaire des bijoux de la Couronne.

Bapst (G.), *Histoire des joyaux de la Couronne de France,* p. 443-445.

1775, 10 août.

854. — Inventaire des reliques, joyaux, livres et argenterie de l'église cathédrale de Metz qui se trouvent au trésor, au chœur et à la sacristie.

Kraus (F.-X.), *Kunst und Alterthum in Elsass-Lothringen. Beschreibende Statistik* (Strassburg, G.-F. Schmidt, 1888, in-8°), p. 584-592.

1775

855. — Inventaire du mobilier de la bibliothèque d'Étienne Bourot, ancien notaire.

Touzaud, *Bulletin de la Société archéol. de la Charente*, t. VIII (1886), p. 302-310.

1776, 31 mai-17 juin.

856. — Inventaire, après décès, des meubles, linge, bijoux, argenterie et papiers de Mademoiselle de Lespinasse.

Asse (Eug.), *Mademoiselle de Lespinasse et la marquise du Deffand, suivi de documents inédits sur Mademoiselle de Lespinasse* (Paris, Charpentier, 1877, in-12), p. 65-83.

1776, 30 juillet.

857. — Trousseau d'une jeune mariée, Thérèse-Suzanne Remouit, épouse d'Antoine Turc, conseiller du roi à Toulon.

Teissier, *La maison d'un bourgeois au xviii° siècle*, p. 96-98.

1777, 25 octobre.

858. — Inventaire municipal de l'hôtel de ville de Montauban. [Tableaux, mobilier civil et religieux.]

Forestier (E.), *Bulletin archéol. de la Société archéol. du Tarn-et-Garonne*, t. IV (1876), p. 36-40 (extraits).

1778, 9 juin.

859. — Inventaire des effets de dom Poitevin, religieux de Saint-Eutrope et prieur de Saint-Sauveur.

Audiat (Louis), *Saint-Eutrope et son prieuré* dans les *Archives histoques de la Saintonge et de l'Aunis*, t. III (1876), p. 224-227.

1779

860. — Inventaire, après décès, de Joseph-Charles Roëttiers, graveur général des monnaies de France.

Abraham (Tancrède), *Réunion des Sociétés des Beaux-Arts des départements*, 14° session (1890), p. 564-565 (résumé).

1781, 11 août.

861. — Inventaire des objets d'art de l'église de Saint-Barthélemy de Paris.

Stein (H.), *Revue de l'Art français*, 7° année (1890), p. 51-52.

1781

862. — Inventaire de l'église de Montplacé.

Barbier de Montault (X.), *Inventaires de quelques églises rurales de l'Anjou*, dans la *Revue de l'Art chrétien*, 2º sér., t. XI (1879, p. 433-434.

1782

863. — Collection de tableaux de Louis de Courdomer, chanoine de Meaux.

Lhuillier, *Revue des Sociétés savantes*, 7º sér., t. I (1880), p. 179-181.

1783

864. — Inventaire des ornements de la cathédrale de Chartres.

Doublet de Boisthibault, *Revue archéol.*, t. XVI (1859), p. 37-45.

1783

865. — Inventaire de l'église de Saint-Pierre-du-Lac.

Barbier de Montault (X.), *Inventaires de quelques églises rurales de l'Anjou*, dans la *Revue de l'Art chrétien*, 2º sér., t. XI (1879), p. 418.

1783

866. — Inventaire du trésor de Notre-Dame d'Embrun.

Albert, *Histoire ecclésiastique du diocèse d'Embrun pour servir de continuation à l'histoire générale du diocèse*, par M. ...... (s. l. n. d. [Embrun, Moyse, 1783] in-8º, signé à la préface A. C. D. S. (Albert, curé de Seyne). (Pièce justificative.)

1785, 27 juin.

867. — Inventaire du collège de Tulle.

Fage (René), *Bulletin de la Société des lettres, sciences et arts de la Corrèze*, t. IX (1887), p. 69-78.

1786 ·

868. — Catalogue des pierres gravées du Cabinet de feu S. A. S. Monseigneur le duc d'Orléans.

Mariette (Paris, Barrois, 1786, in-8).

1787

869. — Inventaire des tapisseries de l'église de Saint-Paul de Paris.

Guiffrey (J.), *Revue de l'Art chrétien*, n. sér., t. VII (1889), p. 446-447.

1787

870. — Recollement de l'inventaire de l'abbaye de Grandmont, fait en 1771.

Guibert (Louis), *Destruction de l'ordre et de l'abbaye de Grandmont* (Paris, Champion, 1877, in-8º), p. 933-954.

1788, 28 décembre.

871. — Inventaire du trésor et des vêtements liturgiques de la Sainte-Chapelle de Dijon.

> Arbaumont (J. d') et Marchant, *Le trésor de la Sainte-Chapelle de Dijon*, p. 97-101.

1789, 26 février.

872. — Inventaire de l'abbaye de Cambron, au moment de sa suppression par Joseph II.

> *Annales du Cercle archéol. de Mons*, t. XIV (1877), p. 264-269, 276-278.

1789, 10 octobre.

873. — Inventaire et description des effets curieux déposés dans la maison des citoyens Daguerre et Lignereux, marchands bijoutiers, par les ordres de la Reine.

> Ephrussi (Ch.), *Gazette des Beaux-Arts,* 2ᵉ sér., t. XX (1879), p. 392-408.

1789, 22 décembre.

874. — Examen des poinçons et pesée des pièces d'or et d'argent du trésor de l'abbaye de Saint-Remi de Reims.

> Tarbé (Prosper), *Trésors des églises de Reims,* p. 173-174.

1789

875. — Le trésor de la cathédrale de Soissons.

> Cabaret, *Bulletin de la Société archéol., histor. et scientifique de Soissons,* t. VII (1853), p. 117-119.

1789

876. — Inventaire des meubles de Madame Victoire.

> Curzon (H. de), *Bulletin de la Société de l'Histoire de Paris,* 17ᵉ année (1890), p. 26-29.

1790, 2, 4, 7 et 8 janvier.

877. — Inventaire du mobilier de l'église métropolitaine de Reims.

> Tarbé (Prosper), *Trésors des églises de Reims,* p. 121-137 (extraits).

1790, 21 février.

878. — Inventaire du mobilier du collège royal de Tulle.

[Chapelle et mobilier des pensionnaires, cabinet de physique.]

> Fage (René), *Bulletin de la Société des lettres, sciences et arts de la Corrèze,* t. IX (1887), p. 69-78.

1790, 23 avril, 14 et 15 mai.

879. — Inventaire de l'abbaye de Saint-Père-en-Vallée de Chartres.

> Mély (F. de), *Les inventaires de l'abbaye de Saint-Père-en-Vallée de Chartres*, dans la *Revue de l'Art chrétien*, n. s., t. V (1887), p. 71-72. (Tirage à part.)

1790, 4 mai.

880. — Inventaire des reliques de l'abbaye de Grandmont.

> Texier (L'abbé), *Essai historique et descriptif sur les émailleurs et les argentiers de Limoges,* dans les *Mémoires de la Société des Antiquaires de l'Ouest*, t. IX (1842), p. 322-329.

1790, 6 août.

881. — Distribution des reliques de l'abbaye de Grandmont.

> Ardant (Maurice), *Des Ostensions*, p. 69-88.

1790, 6 septembre.

882. — Inventaire des argenteries de Saint-Albain de Douai.

> Dechristé (Louis), *Mémoires de la Société d'agriculture de Douai,* 2ᵉ sér., t. XIII (1874-1876), p. 227-228.

1790, 7 septembre.

883. — Inventaire des argenteries de Saint-Jacques de Douai.

> *Ibid.*, p. 222-223.

1790, 9 septembre.

884. — Inventaire des argenteries de Saint-Nicolas de Douai.

> *Ibid,.* p. 225-227.

1790, 24 septembre.

885. — Inventaire des objets d'art de l'église de Saint-Louis-de-la-Couture de Paris.

> Stein (H.), *Revue de l'Art français,* 7ᵉ année (1890), p. 120-131.
>
> Cet inventaire, ainsi que les suivants édités par M. H. Stein, a été rédigé par le peintre Doyen, le sculpteur Mouchy et l'expert Lebrun, au moment de la suppression des maisons religieuses de Paris.

1790, 30 septembre.

886. — Inventaire des objets d'art de la maison des Augustins de la Reine Marguerite, à Paris.

> *Ibid.*, p. 76-79.

1790, 11 octobre.

887. — Inventaire des objets d'art du couvent des Jacobins de la rue Saint-Honoré, à Paris.

> *Ibid.*, p. 65-69.

1790, 13 octobre.

888. — Inventaire des objets d'art de la maison des Carmes de
la place Maubert, à Paris.

Ibid., p. 104-110.

1790, 15 octobre.

889. — Inventaire des objets d'art de la maison des Capucins
de la rue Saint-Honoré, à Paris.

Ibid., p. 69-70.

1790, 18 novembre.

890. — Procès-verbal et inventaire des objets d'art de l'église
de Notre-Dame de Paris.

Ibid., p. 4-33.

1790, 23 novembre.

891. — Inventaire des objets d'art de la Sainte-Chapelle (Haute)
de Paris.

Ibid., p. 112-115.

1790, 3, 4, 5 décembre.

892. — Inventaire de l'abbaye du Val-Richer.

Bréard (Charles), *Bulletin de la Société des Antiquaires de Normandie,* t. XI (1883), p. 452-461.

1790, 15 décembre.

893. — Inventaire des peintures et sculptures du couvent des
Cordeliers, à Paris.

Guiffrey (J.), *Nouvelles archives de l'Art français,* 2ᵉ sér., t. I (1880),
p. 265-293. — Stein (H.), *Revue de l'Art français,* 7ᵉ année (1890), p. 52-58
(peintures seulement).

1790, 20 décembre.

894. — Inventaire des objets d'art de la maison des Minimes, à
Paris.

Stein (H.), *Ibid.*, p. 92-104.

1790, 24 décembre.

895. — Inventaire des objets d'art de l'église de Saint-Marcel
de Paris.

Ibid., p. 87-89.

1790, 28 décembre.

896. — Inventaire des objets d'art de l'église de Saint-Étienne
des Grés de Paris.

Ibid., p. 85-87.

1790, 30 décembre.

897. — Inventaire des objets d'art de la maison canoniale de Saint-Benoît de Paris.

> *Ibid.*, p. 59-64.

1790, décembre.

898. — Inventaire des tableaux et des sculptures de l'église du Saint-Sépulcre de Paris.

> Molinier (Em.), *Mémoires de la Société de l'Histoire de Paris,* t, IX (1882), p. 245-248 (extraits).

1790.

899. — Inventaire de la collégiale de Saint-Georges de Vendôme.

> Métais (L'abbé Ch.), *Les derniers jours de la collégiale de Saint-Georges* dans le *Bulletin de la Société archéol., scientifique et littér. du Vendômois,* t. XXIV (1885), p. 203-210 (résumé).

1790.

900. — Procès-verbal de l'envoi à Paris des argenteries des églises de Vendôme [Trinité de Vendôme].

> Métais (L'abbé Ch.), *L'église et l'abbaye de la Trinité de Vendôme pendant la Révolution* dans le *Bulletin de la Société archéol., scientifique et littéraire du Vendômois,* t. XXV (1886), p. 100-118 (résumé).

1790

901. — Déclaration par Madame de Savaron, abbesse de Chazeaux, du mobilier de l'abbaye, aux officiers municipaux de la ville de Lyon.

> Javelle (L'abbé), *Le Royal Monastère de Chazeaux* (Saint-Étienne, Chevalier, 1870, in-8°), p. 305-310.

1790

902. — Inventaire du trésor de Notre-Dame de Montbrison.

> Renon (L'abbé), *Chroniques de Notre-Dame de Montbrison,* p. 336-337 — Vincent Durand, *Bulletin de la Société des Antiquaires de France* t. XLII (1881), p. 157-158 (extraits).

1790

903. — Inventaire des objets d'art du couvent des Chartreux, à Paris.

> Montaiglon (A. de), *Archives de l'Art français,* t. IV (1855-56), p. 215-224.

1790

904. — Inventaire du trésor de Saint-Remi de Reims.

> Tarbé (Prosper), *Trésors des églises de Reims,* p. 175-187.

1790-1792

905. — Inventaire des argenteries des couvents de Douai, et de diverses chapelles.

Dechristé (Louis), *Mémoires de la Société d'agriculture de Douai*, 2ᵉ sér., t. XIII (1874-1876), p. 229-248.

1790-92.

906. — Inventaire des églises paroissiales, abbatiales, chapelles et couvents de l'arrondissement de Douai, comprenant entre autres les abbayes de Flines et Marchiennes.

Ibid., p. 248-271.

1791, 7 janvier.

907. — Inventaire des objets d'art du couvent des Minimes de Vincennes.

Stein (H.), *Revue de l'Art français*, 7ᵉ année (1890), p. 47-51.

1791, 19 janvier.

908. — Inventaire des objets d'art de l'église de Saint-Germain-le-Vieux de Paris.

Ibid., p. 115-117.

1791, 19 janvier.

909. — Inventaire des objets d'art de l'église de Saint-Pierre-des-Arcis de Paris.

Ibid., p. 83-85.

1791, 21 janvier.

910. — Inventaire des objets d'art de l'église de la Madeleine-en-la-Cité de Paris.

Ibid., p. 118-120.

1791, 22 janvier.

911. — Inventaire des objets d'art de l'église de Saint-Landry de Paris.

Ibid., p. 79-83.

1791, 24 février.

912. — Inventaire des objets d'art de la Sainte-Chapelle (Basse) de Paris.

Ibid., p. 110-112.

1791, 17 avril.

913. — Procès-verbal de vente du mobilier de l'abbaye de la Couronne.

Blanchet (L'abbé J.-P.-G.), *Histoire de l'abbaye royale de N.-D. de la Couronne* (Angoulême, Coquemard, 1889, in-8°), t. II, p. 242-244.
Cet inventaire ne se trouve pas dans le *Bulletin de la Société archéologique et historique de la Charente*; il a été ajouté au tirage à part.

1791, 20 avril.

914. — Inventaire des objets d'art de l'église des Théatins de Paris.

Stein (H.), *Revue de l'Art français*, 7ᵉ année (1890), p. 70-73.

1791, 9 juin.

915. — Inventaire des objets d'art du couvent des Pères de Nazareth, à Paris.

Ibid., p. 35-37.

916. — Inventaire des objets d'art du couvent des Religieux de Picpus.

Ibid., p. 37-40.

1791, 18 juin.

917. — Inventaire des objets d'art de la maison et de l'église des Blancs-Manteaux de Paris.

918. — Inventaire de l'église de Sainte-Marine.

919. — Inventaire de l'église de Saint-Pierre-aux-Bœufs.

920. — Inventaire de l'église des Petits-Augustins.

Ibid., p. 41-46.

921. — Inventaire des objets d'art de l'église de Saint-Louis du Louvre de Paris.

Ibid., p. 73-76.

922. — Inventaire des objets d'art de l'église de Saint-Honoré de Paris.

Ibid., p. 90-92.

1791, octobre-décembre.

923. — Vente du mobilier des églises du Mans, au moment de la Révolution.

26 octobre.	Capucins.
—	Cordeliers.
29-31 oct., 29 nov.	Jacobins.
8 novembre.	Psallette du Chapitre de Saint-Julien.
—	Séminaire de Saint-Charles.

9 novembre.	Saint-Michel-du-Cloître.
—	Saint-Pierre-de-la-Cour.
10 novembre.	Saint-Pierre-le-Réitéré.
10-15 novembre.	Minimes.
15 novembre.	Saint-Pavin-la-Cité.
15 novembre.	Saint-Hilaire.
17 novembre.	Gourdaine.
18 novembre.	Saint-Nicolas.
19 novembre.	La Madeleine.
19 novembre.	Saint-Jean-de-la-Chevrie.

Legeay (F.), *Documents historiques sur la vente du mobilier des églises de la Sarthe pendant la Révolution* (Le Mans, Leguicheux, 1887, in-16), p. 1-30.

1791

924. — Inventaire des diamants de la Couronne, perles, pierreries, tableaux, pierres gravées et autres monuments des arts et des sciences, existant au Garde-Meuble.

Prion, Christin et Delattre (Paris, Imprimerie Nationale, 1791, 2 vol. in-8°).

1791

925. — Inventaire des argenterie, ornements et linge de l'église de Saint-Cyr de Nevers.

Boutillier (L'abbé), *Le Trésor de la cathédrale de Nevers,* dans le *Bulletin de la Société Nivernaise des lettres, sciences et arts,* t. XIII, (1889), p. 231-234.

1792, 27 janvier.

926. — Inventaire des tableaux du séminaire diocésain du déparment du Nord.

Durieux (A.), *Le musée national du district de Cambrai,* dans la *Réunion des Sociétés des Beaux-Arts des départements* (Paris, Plon, 1889, in-8°), p. 708-710.

1792, 7 mars.

927. — Inventaire général de tous les tableaux trouvés dans les églises et maisons religieuses supprimées de Douai.

Dechristé (Louis), *Les tableaux, vases sacrés et autres objets précieux appartenant aux églises abbatiales de Douai, au moment de la Révolution,* dans les *Mémoires de la Société d'agriculture, sciences et arts de Douai,* 2ᵉ sér., t. XIII (1874-1876), p. 174-204. (Tirage à part.)

1792, 30 mai.

928. — Inventaire des tableaux des châteaux de Choisy-le-
Roy.

> *Inventaire général des richesses d'art de la France, Archives du Musée
> des Monuments français* (Paris, Plon, 1883-1886, gr. in-8º), 2º partie,
> p. 11-13.

1792, 20 juin.

929. — Inventaire de la confrérie du Saint-Sacrement de la
paroisse de Saint-Médard de Dijon.

> Mathieu, *Mémoires de la Commission des antiquités de la Côte-d'Or*,
> t. IX (1874), p. LXVII (extraits).

1792, 4 septembre.

930. — Inventaire des tableaux provenant des églises supprimées
de Douai, distribués aux églises restant ouvertes au culte.

> Dechristé (Louis), *Mémoires de la Société d'agriculture, sciences et
> arts de Douai*, 2º sér., t. XIII (1874-1876), p. 205-209.

1792, 10 septembre.

931. — Inventaire de l'argenterie du trésor de Notre-Dame de
Liesse.

> Fleury (Ed.), *Le Trésor de Notre-Dame de Liesse*, p. 27-28.

1792, 28 septembre.

932. — Rapport de Moreau jeune et Lemonnier sur les objets
d'art et meubles existant à Compiègne, qui pourraient figurer
dans le Museum national.

> Marsy (Le comte de), *Documents relatifs à des œuvres d'art conservés
> à Compiègne en 1792.* (Paris, Champion, 1878, in-8º), 32 p.

1792, 1er octobre.

933. — Vente du mobilier de l'église de l'Ave-Maria d'Alençon.
[Tableaux.]

> Duval (Louis), *Réunion des Sociétés des Beaux-Arts des départements*
> (Paris, Plon, 1888), p. 897.

1792, 18 octobre.

934. — Inventaire des meubles, effets et ustensiles en or et
argent, employés au service du culte dans l'église paroissiale
de Chartres.

> Sainsot (L'abbé), *Mémoires de la Soc. d'archéol. d'Eure-et-Loir*, t. IX
> (1885), p. 179-181. — Merlet (L.), *Catalogue des reliques et joyaux de
> N.-D. de Chartres*, p. 179-181.

1792, 24 octobre.

935. — Inventaire des argenteries de la collégiale de Saint-Pierre de Douai.

Dechristé (Louis), *Mémoires de la Société d'agriculture de Douai*, 2ᵉ sér., t. XIII (1874-1876), p. 217-219.

1792, 18 novembre.

936. — Inventaire des argenteries de la collégiale de Saint-Amé de Douai.

Ibid., p. 210-212.

1792

937. — Objets mobiliers provenant des confréries et corporations de Douai.

Ibid., p. 277-286.

1792

938. — Inventaire et description des tableaux déposés dans l'église de Saint-Aubert de Cambrai, provenant des maisons religieuses et autres établissements supprimés, du district de Cambrai [de provenance inconnue, Capucins de Cambrai, Chapitre métropolitain, abbaye des Carmes, du Saint-Sépulcre, Jésuites].

Durieux (A.), *Le Musée national du district de Cambrai*, dans la *Réunion des Sociétés des Beaux-Arts des départements* (Paris, Plon, 1889, in-8°), p. 711-720.

1792

939. — Inventaire des matières d'or et d'argent et des pierreries provenant du trésor de N.-D. de Liesse.

Fleury (Ed.), *Le Trésor de N.-D. de Liesse*, p. 28.

1792

940. — Inventaire du mobilier de l'église de Saint-Paulien.

Mosnier (Henry), *Mémoires et Procès-verbaux de la Société agricole et scientifique de la Haute-Loire*, t. IV (1886), p. 290-294.

1792

941. — Inventaire du mobilier du château d'Aiguillon. [Meubles, tableaux, vins, ornements de théâtre.]

Tholin (G.), *Revue de l'Agenais*, t. IX (1882), p. 196-198, 201-209, 311-313.

1792

942. — Vente du mobilier des églises et communautés supprimées de la ville du Mans.

Legeay (F.), *Documents historiques sur la vente du mobilier des églises de la Sarthe pendant la Révolution*, p. 30-43.

1792

943. — Inventaire du mobilier religieux de l'Hôtel-Dieu de Reims.

Tarbé (Prosper), *Trésors des églises de Reims*, p. 232-235.

1792

944. — Inventaire des meubles, effets, ustensiles en or et en argent, employés au service du culte dans l'église de Notre-Dame de Reims.

Ibid., p. 140-143.

1792

945. — Inventaire du mobilier enlevé à l'église de Saint-Jacques de Reims.

Au Séminaire.

A Saint-Symphorien.

Au couvent des Clarisses.

Ibid., p. 238-248.

1792

946. — Inventaire des matières d'or et d'argent qui étaient à l'archevêché de Lyon.

V[alous] (V. de), *Inventaire du Trésor de l'église de Lyon*, p. 105.

1792

Etat de l'argenterie de quelques maisons religieuses du département de la Somme :

Arrondissement d'Amiens.

947. — Abbaye de Saint-Acheul.
948. — — de Saint-Jean.
949. — — de Saint-Martin-aux-Jumeaux.
950. — Couvent des Augustins.
951. — — des Cordeliers.
952. — — des Minimes.
953. — — des Jacobins.
954. — Monastère de la Visitation de Sainte-Marie.
955. — Couvent des Ursulines.
956. — Séminaire.

Arrondissement d'Abbeville.

957. — Couvent des Chartreux d'Abbeville.
958. — Abbaye de Saint-Pierre de Corbie.
959. —   —   de Notre-Dame-le-Gard.
960. —   —   de la Sainte-Larme-de-Sélincourt.
961. —   —   de Saint-Vaast-de-Moreuil.
962. — Prieuré de N.-D. de Mont-Didier.

Arrondissement de Montdidier.

963. — Couvent des Capucins.
964. — Collégiale de Saint-Florent de Roye.
965. — Couvent des Cordeliers de Roye.
966. —   —   des Minimes de Roye.
967. —   —   des Cordeliers de Pierrepont.
968. — Collégiale de N.-D.-de-Rollot.
969. — Prieuré de Saint-Robert-d'Authie.

> Darsy (F.-I.), *Amiens et le département de la Somme pendant la Révolution* (Amiens, Douillet, 1878, 2 vol. in-8°), p. 281-289.

1793, 2 janvier.

970. — Procès-verbal de l'enlèvement de l'or et de l'argent des châsses et de l'authenticité des reliques de la paroisse de Saint-Benoît-sur-Loire-lès-Fleury.

> Rocher, *Histoire de l'abbaye royale de Saint-Benoît* (Orléans, Jacob, 1865, in-8°), p. 536-538.

1793, 24 janvier, 16 novembre.

971. — Inventaire des pièces d'argenterie, ornements et châsses de la cathédrale de Chartres.

> Sainsot (L'abbé), *Mémoires de la Société d'archéologie d'Eure-et-Loir*, t. IX (1885), p. 183-184. — Merlet (Lucien), *Catalogue des reliques et joyaux de N.-D. de Chartres*, p. 184-190.

1793, 7 mars.

972. — Etat des tableaux et objets d'art enlevés dans les châteaux de Vincennes et de Saint-Maur-les-Fossés.

> *Inventaire des Richesses d'art de la France, Archives du Musée des Monuments français*, 2e partie, p. 41-42.

1793, 24 avril.

973. — Inventaire des ornements et vêtements liturgiques de l'église Saint-Amé de Douai.

Dechristé (Louis), *Mémoires de la Société d'agriculture de Douai*, 2ᵉ sér., t. XIII (1874-1876), p. 213-217.

1793, 6 septembre.

974. — Enlèvement des matières d'or et d'argent qui pouvaient se trouver à l'archevêché de Lyon.

Niepce (Léopold), *Revue lyonnaise*, t. VIII (1884), p. 69-70.

1793, 10 septembre.

975. — Etat des tableaux formant le Museum de Poitiers : maisons religieuses où ont été pris les tableaux.

Brouillet (P.-Amédée), *Réunion des Sociétés des Beaux-Arts des départements*, 14ᵉ session (1890), p. 346-349.

1793, 17 septembre.

976. — Inventaire des bijoux enlevés à la sainte Châsse de Chartres par Sergent et Lemonnier.

Doublet de Boisthibault, *Bulletin des Comités* (Beaux-Arts), 1849-1853, t. III, p. 28-29. — Courajod (L.), *Alexandre Lenoir, son journal et le Musée des Monuments français* (Paris, Champion, 1878, in-8ᵒ), t. I, p. CXXVII. — Sainsot (L'abbé), *Mémoires de la Société d'archéol. d'Eure-et-Loir*, t. IX (1886), p. 194-195. — Mély (F. de), *Trésor de Notre-Dame de Chartres*, p. 121. — Babelon (E.), *Le cabinet des Antiques à la Bibliothèque nationale* (Paris, Lévy, 1890, in-4ᵒ), p. 174.

1793, 23 octobre.

977. — Inventaire et pesée de l'argenterie du tombeau et trésor de Saint-Remi de Reims.

Tarbé (Prosper), *Trésors des églises de Reims*, p. 302-307.

1793, 29 octobre.

978. — Procès-verbal des pierres gravées, enlevées au trésor de l'église de Saint-Etienne de Bourges et envoyées à la Convention.

Girardot (Le baron de), *Mémoires de la Société des Antiquaires de France*, t. XXIV (1859), p. 253-254.

1793, 11 novembre.

979. — Inventaire du trésor de l'abbaye de Saint-Denis.

Lacroix (P.), *Revue universelle des Arts*, t. IV (1856-57), p. 124-130, 132-143, 340-366.

1793, 16 novembre.

980. — Inventaire et pesée de l'argenterie de la cathédrale de Chartres.

Sainsot (L'abbé). *Mémoires de la Soc. d'archéol. d'Eure-et-Loir*, t. IX (1886), p. 203-204.

1793, 1er décembre.

981. — Inventaire du mobilier de l'abbaye de la Couronne.

Blanchet (L'abbé J.-P.-G.), *Bulletin de la Société archéol. et histor. de la Charente*, 5e sér., t. X (1888), p. 240-241. (Tirage à part.)

1793, 7 décembre.

982. — Inventaire de l'église de Saint-Gervais de Paris.

Stein (H.), *Revue de l'Art français*, 7e année (1890), p. 33-35.

1793, 11 décembre.

983. — Etat de l'argenterie trouvée dans les églises supprimées de Toul, envoyée à l'Hôtel des Monnaies de Metz.

Lepage (Henri), *Journal de la Société archéologique et du Comité du Musée Lorrain*, t. I (1853), p. 224-231.

1793, 15 décembre.

984. — Etat des tableaux provenant de Notre-Dame de Paris, remis au Museum National.

Inventaire des Richesses d'art de la France, Archives du Musée des Monuments français, 2e part., p. 146-147.

1793, 20 décembre.

985. — Surplus des objets d'art de l'abbaye de Saint-Denis, qui n'avaient pas été réservés par la Commission des monuments.

Ibid., 1re partie, p. 15.

1793

986. — Inventaire de l'église de Saint-Pierre de Martigny-les-Bains.

Dubois (J.), *Annales de la Société d'émulation du département des Vosges*, 1888, p. 22.

1793

987. — Inventaire de l'église de Saint-Rémy de Martigny-les-Bains.

Ibid., p. 22.

1793

988. — Visite par les délégués de la Convention, des monuments des arts existant à Sens et à Auxerre.

Quantin (Max.), *Bulletin de la Société des sciences historiques et naturelles de l'Yonne*, t. XX (1866), p. 47-50, 54-62.

1793

989. — Inventaire du trésor et du mobilier de l'église de Saint-Pierre de Poitiers.

Auber (L'abbé), *Histoire de la cathédrale de Poitiers*, t., II, p. 457-459.

1793

990. — Inventaire de l'argenterie des abbayes de Douai.

Dechristé (Louis), *Mémoires de la Société d'agriculture de Douai* 2ᵉ sér., t. XIII (1874-1876), p. 219-220.

1793

991. — Vente au profit des pauvres des ornements et linge des églises supprimées du Mans.

Legeay (F.), *Documents historiques sur la vente du mobilier des églises de la Sarthe pendant la Révolution*, p. 43-56.

1793

992. — Vente du mobilier de l'abbaye de Maubuisson.

Dutilleux (A.) et Depoin (J.), *L'abbaye de Maubuisson*, p. 206-210 (extraits).

1793

993. — Etat de cuivre enlevé au citoyen Pierre Gorderein, de la commune de Senlory, par le Comité central établi à Martel (Lot).

Barbier de Montault (X.), *Revue de l'Art chrétien*, 4ᵉ sér., t. I (1890), p. 320.

1793

994. — Inventaire de ce qui fut trouvé dans la châsse de sainte Geneviève, ouverte par les commissaires du comité révolutionnaire de la section du Panthéon, à Paris.

Texier (L'abbé), *Dictionnaire d'orfèvrerie*, col. 808-809. — Didron [aîné], *Annales archéologiques*, t. VIII (1848), p. 260-261.

1793

995. — Inventaire des objets d'art du couvent des Carmélites de la rue Saint-Jacques, à Paris.

Cousin (V.), *Archives de l'Art français*, t. III (1853-1855), p. 81-93.

1793

996. — Inventaire du trésor de Saint-Germain-des-Prés de Paris.

Bapst (G.), *Bulletin de la Soc. de l'Hist. de Paris*, 1886, p. 42-51.

1794

Vente du mobilier des églises de la Sarthe au moment de la Révolution :

Arrondissement du Mans.

997. —	11 janvier.	Le Mans. Église du Pré, p. 58.
—	12 janvier.	— Saint-Vincent, p. 59-60.
—	15 juin.	— Saint-Pavin, p. 60.
998. —	16 février.	Aigné, p. 61.
999. —	13 juillet.	Ardenay, p. 62-63.
1000. —	24 juin.	Ballon, p. 64-68.
1001. —	26 juin.	Ballon, Hôpital, p. 70-71.
1002. —	23 juin.	Ballon, N.-D.-des-Champs, p. 69-70.
1003. —	25 juin.	Ballon, N.-D.-de-Piétié, p. 68-69.
1004. —	12 mai.	Ballon, Saint-Georges, p. 68.
1005. —	15 juin.	Brains, p. 71.
1006. —	22 juin.	Brette, p. 72-74.
1007. —	28 juin.	Challes, p. 74-75.
1008. —	13 juillet.	Champagné, p. 76-78.
1009. —	15 juin.	Chapelle-Saint-Fray, p. 101-102.
1010. —	19 juin.	Chaufour, p. 78-79.
1011. —	22 juin.	Chemiré-le-Gaudin, p. 80-82.
1012. —	15 juin.	Chevaigné, p. 82-83.
1013. —	12 juin.	Coulans, p. 86-89.
1014. —	4 juin.	Courcebœufs, p. 84-86.
1015. —	31 octobre.	Courcemont, p. 89-91.
1016. —	30 juin.	Crannes, p. 91-92.
1017. —	20 juillet.	Fatines, p. 94-95.
1018. —	15 juin.	Fay, p. 96-98.
1019. —	—	Fillé, p. 98-99.
1020. —	—	Guécélard, p. 100.
1021. —	9-15 juin.	La Guierche, p. 102-105.
1022. —	6 juillet.	La Milesse, p. 105.
1023. —	3 juillet.	La Quinte, p. 106-107.
1024. —	10 décembre.	Lavardin, p. 107-108.
1025. —	20 juillet.	Lombron, p. 108-110.

1026. — 22 juillet.   Montbizot, p. 110-111.
1027. —   —   Montfort, p. 112-114.
1028. —   —   Montreuil-sur-Sarthe, p. 115.
1029. — 19 juin.   Neuville-sur-Sarthe, p. 120.
1030. — 24 juin.   N.-D.-des-Champs, p. 116-118.
1031. — 27 juillet.   N.-D.-d'Etival, p. 93-94.
1032. — 8 juillet.   N.-D.-de-Torcé, p. 118-120.
1033. — 29 juin.   Pont-de-Gennes, p. 121-123.
1034. — 13 juillet.   Pontlieue et Chapelle d'Arnage, p. 123-
                           124.
1035. — 24 juin.   Pruillé, p. 124-125.
1036. —   —   Roizé, p. 126-127.
1037. — 15 juin.   Rouillon, p. 127-128.
1038. — 22 juin.   Ruaudin, p. 128-129.
1039. — 24 juin.   Saint-Aubin, p. 130.
1040. — 8 juillet.   Saint-Célerin, p. 131-134.
1041. — 28 juillet.   Saint-Corneille, p. 135-136.
1042. — 6 juillet.   Saint-Georges-du-Plains, p. 136-137.
1043. — 21 juin.   Saint-Jean d'Asse, p. 137-139.
1044. — 26 juin.   Saint-Julien-en-Champagne, p. 139-140.
1045. — 22 juin.   Saint-Léonard-de-Louplande, p. 140-
                           141.
1046. —   —   Saint-Mars-sous-Ballon, p. 141-145.
1047. — 28 septembre.   Saint-Pavace, p. 146.
1048. — 8 juin.   Saint-Remy-des-Bois, p. 146.
1049. — 9 juin.   Sainte-Sabine et Poché, p. 147.
1050. — 26 juin.   Savigné-lès-Le Mans, p. 148-152.
1051. — 19 janvier.   Saussay, p. 153.
1052. — 18 juin.   Sillé-le-Philippe, p. 154-155.
1053. — 17 juin.   Souligné-sous-Ballon, p. 155-156.
1054. — 8 juillet.   Spay, p. 158-160.
1055. — 29 juin.   Surfond, p. 160-161.
1056. — 20 juin.   Voivres, p. 162-163.

Saint-Calais.

1057. — 26 avril.   Berfay, p. 164.
1058. — 24 avril.   Bessé, p. 164-166.

1059. — 1 mai.   Chapelle-Gaugain, p. 174-175.
1060. — 30 avril.   Cogners, p. 166-167.
1061. — 27 avril.   Conflans, p. 167.
1062. — 1 mai.   Coudrecieux, p. 168.
1063. — 26 avril.   Dollon, p. 168-169.
1064. — 28 avril.   Ecorpain, p. 169-171.
1065. — 27 avril.   Evaillé, p. 171-173.
1066. — 26 avril.   Lavaré, p. 175-176.
1067. — 1 mai.   Lavenay, p. 176.
1068. — 27 avril.   Loges, p. 178-180.
1069. — 24 avril.   Maroncelles, p. 180.
1070. — 30 avril.   Marolles, p. 181.
1071. — 28 avril.   Montaillé, p. 182.
1072. — 24 avril.   Montreuil-la-Saison, p. 183-185.
1073. — 29 avril.   Poncé, p. 185.
1074. —   —   Rahay, p. 185-186.
1075. — 1 mai.   Saint-Calais, p. 186-193.
1076. — 30 avril.   Saint-Georges, p. 193.
1077. — 28 avril.   Saint-Gervais-de-Vic, p. 173-174.
1078. — 30 avril.   Saint-Mars-de-Locquenay, p. 177.
1079. — 26 avril.   Saint-Michel-de-Chavaignes, p. 194-195.
1080. — 30 avril.   Saint-Osmane, p. 195.
1081. — 26 avril.   Semur, p. 196-197.
1082. — 24 avril.   Thorigné, p. 197-199.
1083. — 30 avril.   Tresson, p. 199-200.
1084. —   —   Valennes, p. 200-201.
1085. — 1 mai.   Vancé, p. 201-203.
1086. — 26 avril.   Vibraye, p. 203-204.
1087. — 24 avril.   Volnay, p. 205-206.

Mont-sur-Loir.

1088. — 8 octobre.   Château-du-Loir, p. 224.
1089. — 9 octobre.   Mayet, p. 225-232.
1090. — 11-12 novembre.   Montabon, p. 232-235.

Legeay (F.), *Documents historiques sur la vente du mobilier des églises de Sarthe pendant la Révolution.*

1794, 10 février.

1091. — Procès-verbal d'enlèvement du mobilier du château de Louveciennes.

Beaumont (E. de), *Gazette des Beaux-Arts*, 2ᵉ sér., t. V (1872), p. 132-135.

1794, février.

1092. — Objets d'art existant dans l'église de Saint-Germain-des-Prés de Paris et transportés au Musée des Petits-Augustins.

Inventaire des Richesses d'Art de la France, Archives du Musée des Monuments français, 2ᵉ part., p. 124-125.

1794, 15-19 mars.

1093. — Inventaire des tableaux et objets d'art de l'hospice de la Charité de Paris.

Ibid., p. 132-134.

1794, 19 mars.

1094. — Inventaire des tableaux et des objets d'art des châteaux d'Amboise et de Chanteloup.

Grandmaison (Ch. de), *Nouvelles archives de l'Art français* 2ᵉ série, t. I (1879), p. 186-192.

1794, 6 avril.

1095. — État des quantités, qualités et poids des pierres fines et fausses provenant de la châsse et des ornements de l'abbaye de Saint-Germain, à Paris.

Bapst (G.), *Revue archéologique*, 3ᵉ sér., t. IX (1887), p. 152-154.

1794, 10 septembre.

1096. — Catalogue des tableaux en dépôt à l'hospice de Sainte-Marthe de Reims.

[235 tableaux].

Jadart (H.), *Nicolas Bergeat,* dans la *Réunion des Sociétés des Beaux-Arts des départements* (Paris, Plon, 1889, in-8ᵒ), p. 775-784.

1097. — Inventaire des curiosités de l'art du musée de Reims.

Ibid., p. 784-786.

1794, 1ᵉʳ octobre.

1098. — Reconnaissance des objets d'art entrés au musée de Reims par N. Bergeat, premier conservateur du musée.

Ibid., p. 786-791.

1794, 2 octobre.

1099. — Catalogue historique et chronologique des peintures et
tableaux réunis au Dépôt national des Monuments français.

> Lenoir (Alex.), *Bulletin archéologique du Comité historique des Arts
> et monuments*, t. III (1844-1845), p. 276-327.

1794, 25 décembre.

1100. — Inventaire des tableaux, sculptures, marbres et instruments de physique rassemblés par Bernard d'Agescy.

> Léaud (Th.), *Mémoires de la Société de statistique des Deux-Sèvres*,
> t. XLVI (1889), p. 248-267.

1794

1101. — Liste des meubles précieux provenant de la succession
de Louis XVI.

> *Kabinet van mode en Smaak* (Harlem, A. Loosje, P. Zooz, 1794),
> p. 259, indiqué et reproduit par le baron Ch. Davillier, *La vente de
> Versailles pendant la terreur*, dans la *Gazette des Beaux-Arts*, 2ᵉ sér.,
> t. XIV (1876), p. 147-154. (Tirage à part.)

1795, 18 janvier.

1102. — Notes prises sur l'inventaire de la comtesse Du Barry
à Louveciennes.

> Pichon (Le baron J.), *Bulletin du bouquiniste*, XVIᵉ année [15 avril
> 1872], p. 182-186.

1795, 20 janvier.

1103. — Inventaire de l'église de Saint-Pierre de Liège.

> Helbig (Jules), *L'ancienne collégiale de Saint-Pierre de Liège*, dans le
> *Bulletin de la Soc. d'art et d'hist. du diocèse de Liège*, t. IV (1886),
> p. 185-189, 189-191. (Tirage à part.)

1104. — État estimatif des différents instruments de musique
déposés au musée de Cambrai.

> Durieux (A.), *Le Musée national du district de Cambrai* dans la *Réu-
> nion des Sociétés des Beaux-Arts des départements* (Paris, Plon, 1889,
> in-8°), p. 720-721.

1795, 12 août.

1105. — Inventaire et description des effets curieux déposés dans
la maison des citoyens Daguerre et Lignereux, marchands
bijoutiers, en vertu de la commission du 30 brumaire an II.

> Ephrussi (Ch.), *Inventaire de la collection de la reine Marie-Antoi-
> nette*, dans la *Gazette des Beaux-Arts*, 2ᵉ sér., t. XX (1879), p. 392-408.
> Copie collationnée de l'inventaire du 10 octobre 1789.

1795, 10 septembre.

1106. — Vente de quatre-vingt-neuf tableaux ayant servi aux églises et chapelles d'Alençon.

Duval (Louis), *Réunion des Soc. des Beaux-Arts des départements* (Paris, Plon, 1888, in-8°), p. 903-904.

1795, 11 septembre.

1107. — Inventaire des argenteries de l'abbaye de Maubuisson, près de Pontoise.

Dutilleux (A.) et Depoin (J.), *L'abbaye de Maubuisson*, p. 178-197, 202-205.

1795

1108. — Inventaire des objets cachés par Mme Du Barry et découverts par Greive.

Welschinger, *Les Bijoux de Madame Du Barry* (Paris, Charavay, s. d., pet. in-8°), p. 110-111.

1796, 10 janvier.

1109. — Inventaire de l'église de Saint-Pierre de Liège.

Helbig (Jules), *L'ancienne collégiale de Saint-Pierre de Liège,* dans le *Bulletin de la Société d'art et d'histoire du diocèse de Liège,* t. IV (1886), p. 183-184. (Tirage à part.)

1796, 10 février.

1110. — États des objets de matière métallique qui se trouvaient au dépôt des Petits-Augustins.

Inventaire des Richesses d'Art de la France, Archives du Musée des Monuments français, 1re partie, p. 38-43.

1796, 12 octobre.

1111. — Note des statues et groupes à enlever de Marly pour le Musée des Monuments français,

Ibid., p. 59-60.

1797, 4 décembre.

1112. — Inventaire détaillé des objets d'art existant au château d'Anet et destinés à être transportés au Musée des Monuments français.

Ibid., p. 93-94.

1797, 30 décembre.

1113. — Inventaire de l'église d'Antoing.

Devillers (L.), *Souvenirs sur l'église collégiale d'Antoing,* dans les *Ann. du cercle archéol. de Mons,* t. VII (1867), p. 482-483.

1798, 19 novembre.

1114. — Inventaire de l'église de Saint-Pierre de Liège.

> Helbig (Jules), *L'ancienne collégiale de Saint-Pierre de Liège*, dans le *Bulletin de la Société d'art et d'histoire du diocèse de Liège*, t. IV (1886), p. 192-193. (Tirage à part.)

1799, 16 août.

1115. — Note des objets d'art qui restent à recueillir dans l'abbaye de Saint-Denis.

> *Inventaire des Richesses d'Art de la France, Archives du Musée des Monuments français*, 1re partie, p. 144-145.

1800, 26 septembre.

1116. — Inventaire des statues du château de Richelieu.

> Boislisle (A. de), *Mémoires de la Société des Antiquaires de France*, t. XLIII (1882), p. 113-121. — Bonnaffé (Edm.), *Recherches sur les collections des Richelieu* (Paris, Plon, 1883, in-8°), p. 127-145.

1800

1117. — Note des monuments et des statues proposées par Lenoir pour le jardin et la maison de Monceau.

> *Inventaire des Richesses d'Art de la France, Archives du Musée des Monuments français*, 1re partie, p. 182-184.

1800

1118. — Catalogue des tableaux, dessins, gravures, plâtres et médaillons renfermés dans les deux grandes chambres du logement du bibliothécaire de l'École centrale d'Auch.

> Parfouru, *Bulletin archéol. du Comité des travaux historiques et scientifiques*, 1890, p. 252-255.

xviie et xviiie siècles

1119. — Inventaires du mobilier de paysans Picards.

> Ledieu, *Le mobilier de quelques paysans Picards aux derniers siècles*, dans la *Picardie, Revue historique*, t. VII (1884), p. 498-518.

xviiie siècle

1120. — Inventaire des reliques du trésor de l'église d'Angers.

> Godard-Faultrier, *Bulletin du Comité de la langue et des Arts*, t. I (1854), p. 390-392 (extraits).

xviiie siècle.

1121. — Inventaire des reliques du trésor de l'église de Sainte-Foy de Conques.

> Servières (L'abbé), *Guide du pélerin à Conques* (Rodez, Carrère, 1878,

in-8°), p. 55-58 (traduction française). — Linas (Ch. de), *Le Reliquaire de Pépin d'Aquitaine*, dans la *Gazette archéol.*, 1887, p. 46 (texte latin).

XVIII⁰ SIÈCLE.

1122. — Supplément d'inventaire des vases sacrés du trésor de l'église de Saint-Etienne de Bourges, depuis le xvii⁰ siècle.

Girardot (Le baron de), *Mémoires de la Société des Antiquaires de France*, t. XXIV (1859), p. 235-237.

XVIII⁰ SIÈCLE.

1123. — Scellés et inventaires des artistes dont les noms suivent.

Guiffrey (J.), *Nouvelles Archives de l'Art français*, 2° sér., t. IV, V, VI (1883-1885).

1705

1124. — Sicre (François), peintre, IV.

1706

1125. — Gontier (René), p., IV.

1709

1126. — Bouillart (Joseph), sculpteur, IV.

1710

1127. — Berthier (Jean), ingénieur, IV.

1711

1128. — Baudet (Étienne), graveur, IV.

1129. — Berain (Jean), dessinateur, IV.

1712

1130. — Levé (Pierre), architecte, IV.

1713

1131. — Loir (Alexis), orfèvre, IV.

1714

1132. — Ancelin (Jean), p., IV.

1715

1133. — Ducreux (Michel-Joseph), peintre et sculpteur, IV.

1134. — Salignon (Louis-Armand de), sculpteur, IV.

1717

1135. — Forest (Elisabeth Delafosse, veuve de Jean), p., IV.

1718

1136. — Belle (Anne Chéron, femme d'Alexis-Simon), p. IV.

1137. — Hérault (Charles), peintre, IV.

1722

1138. — Aury (Antoine), g., IV.

1139. — Bonnet (Jacques), sculpteur, IV.

1723

1140. — Charpentier (René), sculpteur, IV.

1141. — Petit (Charles), p., IV.

1726

1142. — Bedié (Henri), p., IV.

1143. — Coysevox (Claude Bourdict, veuve d'Antoine), sculpteur, IV.

1144. — Quesnel (Jacques), peintre, IV.

1145. — Dezègre (Nicolas), sculpteur, IV.

1727

1146. — Boit (Charles), p., IV.

1147. — Mélingue (Jacques), peintre, IV.

1729

1148. — Cornu (Robert), peintre, IV.

1149. — Lemesle (Jacques), peintre, IV.

1731

1150. — Oudry (Jean-Baptiste), peintre en émail, IV.

1732

1151. — Van Clève (Corneille), sculpteur, IV.

1733

1152. — Dolleron (Guy), peintre, IV.

1734

1153. — Alard (Nicolas), peintre, IV.

1154. — Coypel (Noël-Nicolas), peintre, IV.

1155. — Raoux (Jean), p., IV.

1735

1156. — Besançon (Simon), peintre, IV.

1157. — Thibaut (Jean-Baptiste), peintre, IV.

1736

1158. — Cavin (Pierre), p., IV.

1159. — Foacier (Jacques), peintre, IV.

1160. — Pater (Jean-Baptiste), peintre, IV.

1737

1161. — Bisson (Jacques), peintre, IV.

1162. — Boulogne (Anne Lourdet, veuve de Bon), IV.

1163. — Lemoyne (François), peintre, IV.

1164. — Levasseur (Louis), peintre, IV.

1165. — Sevestre (Jean), p., IV.

1166. — Varin (Philippe), sculpteur, IV.

1738

1167. — Huguet (Étienne-Jacques), peintre, IV.

1168. — Jérôme (François), dit Hardy, sculpteur, IV.

1739

1169. — Choulier (Pierre), peintre, IV.

1170. — Lefèvre (Jean), tapissier, IV.

1740

1171. — Bonnemain (Jean-François), sculpteur, IV.

1172. — Desrais (Étienne), peintre, IV.

1173. — Foulon (Nicolas-François), sculpteur, IV.

1174. — Lemesle (Pierre), peintre, IV.

1175. — Noinville (Cécile-Geneviève Dupont, femme de Jacques), tapissier, IV.

1176. — Sevin de la Penaye (Charles), peintre, IV.

1742

1177. — Alexandre (La femme de Jean), graveur, V.

1178. — Aubriet (Claude), p., V.

1179. — Bardou (Charles), peintre, V.

1180. — Lassus (Pierre), sc., V.

1181. — Mollet (Armand-Claude), architecte, V.

1182. — Tramblin (André), peintre, V.

1743

1183. — Alexandre (Jean), graveur de caractères, V.

1184. — Justinat (Augustin-Oudard), peintre, V.

1185. — Le Lorrain (Robert), sculpteur, V.

1186. — Pernot (Jean-François), peintre, V.

1187. — Rigaud (Hyacinthe), peintre, V.

1744

1188. — Dezègre (Françoise Leguay, veuve de Nicolas), sculpteur, V.

1189. — Le Paultre (Pierre), sculpteur, V.

1746

1190. — Largillière (Nicolas de), peintre, V.

1191. — Le Roi (François), peintre, V.

1192. — Le Roux (Jean-Baptiste), architecte, V.

1747

1193. — Bourgeois (Jean), p., V.

1194. — Regnard (Étienne), dessinateur, V.

1748

1195. — Allegrain (Gabriel), peintre, V.

1196. — Garnier (Jacques), peintre, V.

1197. — Roumier (François), sculpteur, V.

1198. — Scheckmakers (Henri), sculpteur, V.

1749

1199. — Chéron (La femme de Pierre-Jacques), joaillier, V.

1200. — Jouvenet (François), peintre, V.

1201. — Leroy (Charles), p., V.

1202. — Monmerqué (Mathieu), tapissier, V.

1750

1203. — Meissonier (Juste-Aurèle), architecte et dessin., V.

1751

1204. — Dulin (Nicolas), architecte, V.

1205. — Mériel (Charles), teinturier aux Gobelins, V.

1206. — Meusnier (François), tapissier, V.

1207. — Pingat (Jacques), p., V.

1752

1208. — Coypel (Charles-Antoine), peintre, V.

1209. — Neufmaison (Pierre de), peintre, V.

1210. — Parrocel (Charles), peintre, V.

1211. — Tallot (Claude), p., V.

1753

1212. — Auzou (Guillaume), émailleur, V.

1213. — Chevigny (Antoine), peintre, V.

1214. — Magny (Pierre), doreur, V.

1215. — Marin (Jean-Cyriac), sculpteur, V.

1216. — Mathieu (Jean-Adam), peintre en émail., V.

1217. — Varin (Pierre), s., V.

1754

1218. — Boulle (Charles), ébéniste, V.

1219. — Dupont (Jean-Baptiste), sculpteur, V.

1755

1220. — Aubert (Louis-François), peintre en émail., V.

1221. — Garnier d'Isle (Jean-Charles), architecte, V.

1222. — Lange (Pierre), s., V.

1223. — Oudry (Jean-Baptiste), peintre, V.

1756

1224. — Largillière (Marguerite-Elisabeth Forest, veuve de Nicolas), peintre, V.

1225. — Regnaudot (Thomas-François), peintre, V.

1757

1226. — Bouclet (Guillaume), peintre, V.

1227. — Chautereau (Jérôme-François), peintre, V.

1228. — Dereige (André), p., V.

1229. — Hemery (Martin), p., V.

1230. — Mercier (Clair-Christophe), peintre, V.

1231. — Spoède (Jacques-Jean), peintre, V.

1758

1232. — Binet (Pierre), p., V.

1233. — Blakay (Nicolas), p., V.

1234. — Desoches (René-Gabriel), peintre, V.

1235. — Henriet (Louis), p., V.

1236. — Porlier (Charles-Vincent), sculpteur, V.

1237. — Rouquet (André), peintre-émailleur, V.

1759

1238. — Adam (Lambert-Sigisbert), sculpteur, V.

1239. — Bethon (Guillaume), peintre, V.

1240. — Garnier (Jean-Baptiste-Gabriel), peintre, V.

1241. — Thurin, peintre, V.

1761

1242. — Desbatisse (Claude), sculpteur, V.

1243. — De Lyen (Jacques-François), peintre, V.

1244. — Pillet (Jean-Baptiste-Pierre), archit. en jardins, V.

1762

1245. — Bouchardon (Edme), sculpteur, V.

1246. — Pillet (Antoine-Jean), peintre, V.

1247. — Ponsard (Emilion), sculpteur, V.

1763

1248. — Michel (Jean-Louis), peintre, V.

1249. — Moirin (Louis-Étienne), peintre, V.

1764

1250. — Aviler (Claude-Louis d'), architecte, V.

1251. — Dequoy (Pierre-Simon), V.

1252. — Krause (Charles-Auguste), peintre, V.

1253. — Louvier (Guillaume), peintre, V.

1254. — Noiret (François-Jérôme), sculpteur, V.

1255. — Slodtz (René-Michel, dit Michel-Ange), dessinateur, V.

1256. — Slodtz (Dominique-François), V.

1257. Vanome (Henri-Edme-Christophe), peintre, V.

1765

1258. — Caylus (Le comte de), amateur, V.

1259. — Denis (Jean-Adrien), peintre, V.

1260. — Gueslain (Antoine-Charles), peintre, V.

1261. — Jullien (Nicolas), p., V.

1262. — Redon (François), peintre, V.

1766

1263. — Cayeux (Claude-Philibert), peintre, V.

1264. — Gaineau (Jean-Louis), peintre, V.

1265. — Haize (François), s., V.

1266. — Refrognée (Edme-Nicolas), peintre, V.

1767

1267. — Bachy (Raphaël), peintre, V.

1268. — Chassel (Dominique), sculpteur, V.

1269. — Gougenot (Louis), honoraire de l'Académie, V.

1270. — Massé (Jean-Baptiste), peintre, V.

1271. — Poitreau (Étienne), peintre, V.

1768

1272. — Cressent (Charles), sculpteur, V.

1273. — Lebeau (Adrien), p., V.

1274. — Magny (Louis-Eugène), peintre, V.

1769

1275. — Amand (François-Jacques), peintre, V.

1276. — Chauveau (Jacques), graveur, V.

1277. — Gobert (Philippe-Alexis), peintre, V.

1278. — Legrand (Jean-Louis), peintre, V.

1279. — Magner (Antoine), peintre, V.

1280. — Peyrotte (Alexis), p., V.

1281. — Scotin (Louis-François), graveur, V.

1770

1282. — Grandjean (Henri), peintre, V.

1283. — Mignot (Pierre-Philippe), sculpteur, V.

1284. — Muller (Frédéric-Martin), architecte, V.

1285. — Vialy (Louis-René), peintre, V.

1771

1286. — Brugnon (Claude-Joseph), peintre, VI.

1287. — Cars (Laurent), gr., VI.

1288. — Verbeckt (Jacques), sculpteur, VI.

1772

1289. — Alavoine (Georges), peintre, VI.

1290. — Audran (Benoit), graveur, VI.

1291. — Roland le Virloys (Charles - François), architecte, VI.

1292. — Surugue (Pierre - Louis), graveur, VI.

1293. — Vincent (Antoine), peintre, VI.

1774

1294. — Caffieri (Philippe), ciseleur, VI.

1295. — Delaunay (Pierre), peintre, VI.

1775

1296. — Nicolas (Louis), p., VI.

1776

1297. — Aubert (Laurent), sculpteur, VI.

1777

1298. — Van Nimmen (Pierre-Guillaume), sculpteur, VI.

1299. — Charpentier (Jean), peintre, VI.

1300. — Contant d'Ivry (Pierre), architecte, VI.

1301. — Pitoin (Quentin-Claude), sculpteur, VI.

1778

1302. — Adam (Nicolas-Sébastien), sculpteur, VI.

1303. — Eisen (Charles-Joseph-Dominique), peintre, VI.

1780

1304. — Basseporte (Françoise-Madeleine), peintre, VI.

1305. — Oudry (La veuve de Jean-Baptiste), peintre, VI.

1306. — Soufflot (Jacques-Germain), architecte, VI.

1781

1307. — Allais (Pierre), p., VI.

1308. — Drevet (Claude), graveur, VI.

1309. — Dumont, dit le Romain (Jacques), peintre, VI.

1310. — Ledoux (Paul-Guillaume), peintre, VI.

1311. — Leprince (Jean-Baptiste), peintre, VI.

1312. — Mazza (Joseph- Antoine), peintre, VI.

1782

1313. — Boizot (Antoine), peintre, VI.

1314. — Loriot (Antoine-Joseph), mécanicien, VI.

1783

1315. — Brunetti (Paul-Antoine), peintre, VI.

1316. — Dandré Bardon (Michel-François), peintre, VI.

1317. — Le Bas (Jacques-Philippe), graveur, VI.

1784

1318. — Lechantre (Jean-Baptiste), peintre, VI.

1785

1319. — Baccarit, architecte, VI.

1320. — Pigalle (Jean-Baptiste), sculpteur, VI.

1786

1321. — Ansiaume (Nicolas), peintre, VI.

1322. — Campana (Ignace-Jean-Victor), peintre, VI.

1323. — Naudin (Charles), peintre, VI.

1787

1324. — Desportes (Nicolas), peintre, VI.

1325. — Royer (Pierre), p., VI.

1788

1326. — Cauvet (Gilles-Paul), sculpteur, VI.

1327. — Fixon (Pierre), s., VI.

1328. — Guintrange (François), peintre, VI.

1789

1329. — Pierre (Jean-Baptiste-Marie), peintre, VI.

1330. — Vernet (Claude-Joseph), peintre, VI.

1790

1331. — Charlier (Jacques), peintre, VI.

ANGLETERRE

Vers 930

1332. — Inventaire des dons du roi Athelstan à Saint-Cuthbert (église de Chester-le-Street) [latin].

> Twysden (R.), *Historiae Anglicanae scriptores decem* (Londini, 1652, in-fol.), col. 75. — Kemble (J.-M.), *Codex diplomaticus aevi Saxonici* (Londini, sumptibus *Societatis historicae Angliae*, 1847, in-8°), t. V, p. 247. — Hinde (J.-H.), *Symeonis Dunelmensis opera et collectanea* [t. LI *Surtees Society*] (Durham, Andrews and C°, 1868, in-8°) p. 149. — Arnold (T.), *Symeonis Monachi opera omnia* [*Chronicles and Memorials*] (London, Longman and C°, 1882, in-8°), t. I, p. 211. — Birch (W. de G.), *Cartularium Saxonicum : a collection of Charters relative to Anglo-Saxon history* (London, Whiting and C°, 1887, in-4°), t. II, p. 374-375.

Sans date, vers 970.

1333. — Inventaire du mobilier donné par saint Ethelwold au monastère de Peterborough.

[Argenterie d'église, vêtements sacrés, livres : anglo-saxon.]

> *Monasticon Anglicanum*, nouv. édit., t. I, p. 382. — Way (A.), *The Archaeological Journal*, t. XX (1863), p. 365-366.

Xe SIÈCLE.

1334. — Inventaire du mobilier de l'église de Sherburn in Elmet, comté de York.

[Livres, vêtements, vases, cloches : anglo-saxon, avec traduction anglaise.]

> Raine (J.), *The Fabric Rolls of York Minster*, [t. XXXV *Surtees Society*] (Durham, G. Andrews, 1859, in-8°), p. 142.

Avant 1073

1335. — Le mobilier et les livres de la cathédrale d'Exeter.

[Dons de son premier évêque, Léofric (1050-1073) : anglo-saxon.]

Dugdale (W.), *Monasticon Anglicanum*, t. I, p. 221-222 (traduction latine, p. 222-223). — *Monasticon Anglicanum,* nouv. édit. (et réimpression, 1846), t. I[r], p. 527 (traduction latine, p. 527-528). — Kemble (J.-M.), *Codex diplomaticus aevi Saxonici,* t. IV, p. 274-276 — Warren (F.-E.), *The Leofric Missal as used in the Cathedral of Exeter during the episcopate of its first bishop, A.-D. 1050-1072.* (Oxford, Clarendon Press, 1883, in-4°), p. XXII-XXIII.

1079

1336. — Inventaire du trésor de l'abbaye d'Ely, à la mort de l'abbé Theodwin [latin].

Monasticon Anglicanum, nouv. édit., t. I, p. 477. — Stewart (D.-J.), *Liber Eliensis ad fidem codicum variorum* (Londini, impensis Societatis Historiae ecclesiasticae Anglicanae, 1848, in-8°),p. 249-250.

1093

1337. — Inventaire du trésor de l'abbaye d'Ely, à la mort de l'abbé Siméon [latin].

Stewart (D.-J.), *Liber Eliensis,* p. 282-283.

1099 (?)

1338. — Inventaire du mobilier donné par l'évêque saint Osmond à la Cathédrale de Salisbury qu'il avait fondée.

[Vases sacrés, reliquaires, textes, ivoires, tentures, vêtements sacerdotaux : latin.]

Hoare (R.-C.), *The History of Modern Wiltshire. Old and New Sarum or Salisbury by Robert Benson, M. A. and Henry Hatcher* [t. VI de l'ouvrage complet] (London, John Bowyer Nichols and Son, 1843, in-f°), p. 720-721.

Sans date, entre 1162-1171.

1339. — Dons de l'évêque Henri de Blois à la Cathédrale de Winchester.

[Croix, reliquaires, vases sacrés, textes, ivoires, joyaux, vêtements sacerdotaux, tentures : latin.]

The Downside Review (London, Charles Whittingham, 1884, in-8°), t. III, p. 41-44.

1205, 18 décembre.

1340. — Inventaire, sous le roi Jean, des insignes royaux et des joyaux de la Couronne, déposés au Temple, à Londres [latin].

Hardy (T.-D.), *Rotuli litterarum patentium in Turri Londinensi asservati* (London, Eyre and Spottiswoode, 1835, in-f°), t. I, p. 55.

1212, 30 mars.

1341. — Inventaire des reliquaires, vases sacrés, vêtements sacerdotaux, tentures, ornements pontificaux de la Cathédrale de Salisbury [latin].

Hoare (R.-C.), *The History of Modern Wiltshire. Old and New Sarum*, t. VI, p. 718-720. — Rock (D.), *The Church of our Fathers as seen in S. Osmund's Rite for the Cathedral of Salisbury* (London, C. Dolman, 1853, in-8°), t. III, 2° partie, p. 99-105 (deuxième pagination). — Jones (W.-H.-R.), *Registrum S. Osmundi* [*Chronicles and Memorials*] (London, Longman and C°, 1884, in-8°), t. II, p. 127-136.

1220, 28 septembre.

1342. — Inventaire du mobilier, des vêtements et vases sacrés de l'église paroissiale de Mere, comté de Wilts [latin].

Jones (W.-H.-R.) *Registrum S. Osmundi*, t. I (1883), p. 291-292. — Hoare (R.-C.), *The History of Modern Wiltshire. Hundred of Mere* (London, John Nichols and Son, 1822, in-f°), t. I, 1re part. p. 143-144.

1220, 29 septembre.

1343. — Inventaire du mobilier de l'église paroissiale de Heytesbury, comté de Wilts [latin].

Jones (W.-H.-R.), *Registrum S. Osmundi*, t. I, p. 294-295. — Hoare (R.-C.), *The History of Modern Wiltshire. Hundred of Heytesbury* (London, John Nichols and Son, 1824, in-f°), t. I, 2° partie, p. 148-149.

1220, 19 novembre.

1344. — Inventaire, sous Henri III, des insignes royaux.

. Devon (F.), *Issue Roll of Thomas of Brantingham, Bishop of Exeter, Lord High Treasurer of England... 1370* (London, John Rodwell, 1835, in-4° et in-8°), p. xxvi (traduction anglaise).

1220

1345. — Inventaire du mobilier de l'église paroissiale de Sunning, comté de Berks [latin].

Jones (W.-H.-R.), *Registrum S. Osmundi*, t. I, p. 275-276.

1220

1346. — Inventaire du mobilier de la chapelle de Ruscomb, paroisse de Sunning, comté de Berks [latin].

Ibid., t. I, p. 278-279.

1220

1347. — Inventaire du mobilier de la chapelle de Wokingham,
paroisse de Sunning, comté de Berks [latin].
> *Ibid.*, t. I, p. 280.

1220

1348. — Inventaire du mobilier de la chapelle de Hurst, paroisse
de Sunning, comté de Berks.
[Livres, vêtements, vases sacrés : latin].
> *Ibid.*, t. I, p. 281.

1220

1349. — Inventaire du mobilier de la chapelle de Sandhurst,
paroisse de Sunning, comté de Berks [latin].
> *Ibid.*, t. I, p. 282.

1220

1350. — Inventaire du mobilier de la chapelle d'Arborfield,
paroisse de Sunning, comté de Berks [latin].
> *Ibid.*, t. I, p. 283.

1220

1351. — Inventaire du mobilier de l'église de Hill Deverell,
comté de Wilts [latin].
> Jones (W.-H.-R.), *Registrum S. Osmundi*, t. I, p. 312. — Hoare (R.-C.),
> *The History of Modern Wiltshire. Hundred of Heytesbury*, t. I,
> 2ᵉ partie, p. 11.

1220 (?)

1352. — Inventaire du mobilier de l'église paroissiale de Swal-
lowcliffe, comté de Wilts [latin].
> Jones (W.-H.-R.), *Registrum S. Osmundi*, t. I, p. 311. — Hoare (R.-C.),
> *The History of Modern Wiltshire*, t. V, 3ᵉ partie (*Addenda*) (London,
> John Bowyer Nichols and John Gough Nichols, s. d. in-fᵒ), p. 63.

1222

1353. — Inventaire des additions faites au trésor de la Cathédrale de Salisbury et mobilier de divers autels [latin].
> Hoare (R.-C.), *The History of Modern Wiltshire. Old and New
> Sarum*, t. VI, p. 720. — Rock (D.), *The Church of our Fathers*, t. III,
> 2ᵉ partie, p. 105-110. — Jones (W.-H.-R.), *Registrum S. Osmundi*, t. II,
> p. 137-141.

1224

1354. — Inventaire du mobilier de l'église de Horningsham,
paroisse de Heytesbury, comté de Wilts [latin].

Jones (W.-H.-R.), *Registrum S. Osmundi,* t. I, p. 313-314. — Hoare (R.-C.), *The History of Modern Wiltshire,* t. V, 3ᵉ partie (*Addenda*), p. 22.

1226

1355. — Inventaire du mobilier de la chapelle de Knook, paroisse de Heytesbury, comté de Wilts [latin].

Jones (W.-H.-R.), *Registrum S. Osmundi,* t. I, p. 295-296.

1245, 25 août.

1356. — Inventaire du trésor de la Cathédrale de Saint-Paul de Londres.

[Vases sacrés d'or et d'argent, pommes, reliquaires et croix, ivoires, cristaux, peignes, mitres, crosses et autres ornements épiscopaux, coussins et chaires, vètements sacerdotaux, agrafes, tentures et tapis, livres d'église : latin, avec description détaillée et noms des donateurs.]

Simpson (W.-S.), *Archaeologia,* t. L (1887), p. 464-500.

1252

1357. — Inventaire de l'église paroissiale de Chiswick, près de Londres [latin].

Faulkner (Th.), *The History and Antiquities of Brentford, Ealing and Chiswick* (London, Simpkin, Marshall and Cᵒ, 1845, in-8ᵒ), p. 299-300. — *Ibid.,* p. 297 (traduction anglaise). — Lysons (D.), *The Environs of London* (London, T. Cadell, Jun. and W. Davies, 1795, in-4ᵒ), t. II, p. 218-220 (traduction anglaise).

1257

1358. — Inventaire des joyaux et des tentures de l'abbaye de Saint-Albans [latin].

Matthaei Parisiensis, monachi Sancti Albani, Chronica Majora, ed. by Henry Richards Luard, D. D. [*Chronicles and Memorials*] (London, Longman and Cᵒ, 1882, in-8ᵒ), t. VI (*Additamenta*), p. 383-392.

1261, 6 novembre.

1359. — Joyaux et objets précieux du roi Henri III, déposés au Temple, à Paris.

[Insignes royaux, bagues, paons d'or : latin.]

Rymer (T.), *Fœdera,* 1ʳᵉ édit. (et réimpression de Holmes), t. I, p. 730. — *Ibid.* (3ᵉ édit.), t. I, 2ᵉ partie, p. 65. — *Ibid.* (édit. *Record Commission*), t. I, 1ʳᵉ partie, p. 410.

1267, 1ᵉʳ juin.

1360. — Inventaire des joyaux que le roi Henri III prit au trésor de l'abbaye de Westminster pour la châsse du roi saint Édouard le Confesseur.

[Pierres précieuses, camées (70), images : latin.]

Leland (J.), *De rebus Britannicis Collectanea* (Londini, Benj. White, 1774, in-8°), t. IX, p. 171-178.

1271, 20 février.

1361. — Joyaux et objets précieux du roi Henri III, déposés au Temple, à Paris [description plus détaillée que celle de 1261 : latin, avec valeur].

Rymer (T.), *Fœdera*, 1ʳᵉ édit. (et réimpression de Holmes), t. I, p. 878-879. — *Ibid.*, (3ᵉ édit.), t. I, 2ᵉ partie, p. 121. — *Ibid.*, (édit. *Record Commission*), t. I, 1ʳᵉ partie, p. 492.

1274 (?)

1362. — Inventaires sommaires et estimatifs des meubles des bourgeois de Kings Lynn, comté de Norfolk, pour subsides au roi [comprenant les inventaires de Guillaume de Carnewyz, Robert de Londres, Thomas de Weynflet].

[Meubles, argenterie, vaisselle, ustensiles et articles de commerce : latin].

Dashwood (G.-H.), *Norfolk Archaeology*, t. I (1847), p. 338-354 (extraits).

1275 (?).

1363. — Inventaire du mobilier du manoir de Warley, comté d'Essex, cédé par le couvent de la Sainte-Trinité d'Aldgate à Reginald de Ginges [latin].

Turner (T.-H.), *The Archaeological Journal*, t. V (1848), p. 152-153.

1277, 23 mai.

1364. — Inventaire des vêtements sacerdotaux et ornements de la Cathédrale d'Exeter [avec quelques notes postérieures : latin].

Oliver (G.), *Lives of the Bishops of Exeter, and a History of the Cathedral* (Exeter, W. Roberts, 1861, in-8°), p. 297-301.

1281, 24 août.

1365. — Inventaire du mobilier et des reliques de l'église paroissiale de Saint-Pyran, comté de Cornwall.

Oliver (G.), *Additional Supplement to the Monasticon Diœcesis Exoniensis* (Exeter, A. Holden, 1854, in-f°), p. 10-11 (traduction anglaise).

1293

1366. — Inventaire estimatif, après décès, de Reginald Labbe,
agriculteur, dans le comté de Hants [latin].

> Turner (T.-H.), *Ther Achaeological Journal,* t. III (1846), p. 66.

1295, avril.

1367. — Inventaire du trésor de la sacristie, des reliques et des
divers autels de la Cathédrale de Saint-Paul de Londres.

 [Vases sacrés, agrafes, pommes, textes, reliquaires, cristaux,
ivoires, cors, mitres et autres ornements d'évêque, peignes,
vêtements sacerdotaux et linge, livres d'église, tentures : latin.]

> Dugdale (W.), *Monasticon Anglicanum,* t. III, 1ʳᵉ partie, p. 309-331
> 332-334. — Dugdale (W.), *The History of S. Paul's Cathedral in
> London from its Foundation untill these Times* (London, Tho. Warren,
> 1658, in-fᵒ), p. 197-232 et 234-236. — *Ibid.,* 3ᵉ édit. (London, Lackington,
> Hughes and Longman, 1818, in-fᵒ), p. 310-335, 337-339. — *Archaeologia,*
> t. L (1887), p. 460-463 (corrections sur le mss. original).

1297

1368. — Inventai..s du mobilier des églises paroissiales de
Pelham Furneaux, et Burnt Pelham, comté de Hertford
[latin].

> Luard (R.-H.), *Cambridge Antiquarian Communications [Cambridge
> Antiquarian Society]* (Cambridge, University Press, 1866, in-8ᵒ), t. III,
> p. 53-56, 56-59. — Cussans (J.-E.), *Inventory of Furniture and orna-
> ment remaining in all the parish Churches of Hertfordshire in the last
> year of the reign of king Edward the Sixth* (Oxford and London, James
> Parker and Cᵒ, 1873, in-12ᵒ), p. 8-11 (traduction anglaise).

1298, 21 août.

1369. — Inventaire des ornements de l'église de Sainte-Foy dans
le crypte de Saint-Paul de Londres.

 [Vases sacrés, tentures d'autel, vêtements sacerdotaux, livres
d'église : latin.]

> Dugdale (W.), *Monasticon Anglicanum,* t. III, 1ʳᵉ partie, p. 331-332.
> — Dugdale (W.), *The History of S. Paul's Cathedral,* p. 232-233. —
> *Ibid.,* 3ᵉ édit., p. 335-336.

1299, 2 février.

1370. — Inventaire du mobilier de l'église Saint-Grégoire dans
l'aître de Saint-Paul de Londres [latin].

> Simpson (W.-S.), *Archaeologia,* t. L (1887), p. 463-464.

1299, novembre.

1371. — Joyaux et objets précieux du Trésor royal, à la fin de
la vingt-septième année du règne d'Édouard Ier.

[Coupes, bagues, couteaux, bassins, croix, images, ceintures, couronnes, ivoires, ornements sacerdotaux, livres : latin].

> *Liber quotidianus contrarotulatoris garderobae anno regni regis
> Edwardi primi vicesimo octavo, A. D. MCCXCIX et MCCC* (Lon-
> dini, J. Nichols, 1787, in-4°), p. 343-353.

1300 (?)

1372. — Inventaire du mobilier de l'hôpital de Sainte-Marie-
Madeleine, à Ripon [latin].

> Fowler (J.-T.), *Memorials of the Church of SS. Peter and Wilfrid,
> Ripon* [t. LXXVIII *Surtees Society*] (Durham, Andrews and C°, 1886,
> in-8°), t. II, p. 55-56.

XIIIe SIÈCLE.

1373. — Inventaire sommaire de vêtements sacerdotaux, parements d'autel et crosses de l'abbaye de Reading.

> Barfield (S.), *The English historical Review* (London, Longmans,
> 1888, in-8°), p. 116-117.

1303, 20 juin.

1374. — Inventaire des joyaux du trésor royal de l'abbaye de
Westminster, après le vol qui y fut commis, ainsi que des
joyaux enlevés et retrouvés.

[Couronnes, vases, croix, chappes, textes, images, ivoires,
joyaux, anneaux : latin].

> Cole (H.), *Documents illustrative of English History in the Thir-
> teenth and Fourteenth Centuries, selected from the Records of the
> Department of the Queen's Remembrancer of the Exchequer* (London,
> Eyre and Spottiswoode, 1844, in-f°), p. 277-284.

1304

1375. — Inventaire, après décès, des meubles de Richard de
Gravesend, évêque de Londres.

[Mobilier de chapelle, ornements pontificaux, livres, argenterie et joyaux, vêtements, lits, tentures, ustensiles, armes :
latin, avec prix de vente].

> Ellacombe (H.-T.). *Account of the Executors of Richard, Bishop of
> London* (London, *Camden Society*, 1874, in-4°), p. 47-60.

1305 (?)

1376. — Inventaire du mobilier de l'église Great Saint-Mary's de
Cambridge [latin].

Sandars (S.), *Historical and architectural Notes on Great Saint Mary's Church, Cambridge* (Cambridge, Deighton, Bell and C°, 1869, in-8°), p. 43.

1306 (?)

1377. — Inventaire du mobilier de l'église paroissiale de Water-beach, comté de Cambridge [avec des additions postérieures : latin].

Clay (W.-K.), *A History of the Parish of Waterbeach in the County of Cambridge* (Cambridge, Deighton, Bell and C°, 1859, in-8°), p. 41-42.

1307, 10 janvier.

1378. — Inventaire estimatif du mobilier de l'église des Templiers, à Londres.

[Vêtements et vases sacrés, livres, reliquaires, ivoires].

Harrod (H.), *Norfolk Archaeology*, t. V (1859), p. 90-91 (traduction anglaise).

1308

1379. — Inventaire des meubles des deux maisons des Templiers, à Sadlescombe et à Shipley, comté de Sussex.

[Ustensiles, meubles, chapelles, armes : avec prix].

Blaauw (W.-H.), *Sussex archaeological Collections* (London, John Russell Smith, 1857, in-8°), t. IX, p. 240-241, 253-254, 261-262 (traduction anglaise).

1309 (?)

1380. — Inventaire du mobilier de l'église paroissiale de Milton, comté de Cambridge [latin].

Clay (W.-K.), *A History of the Parish of the Milton in the County of Cambridge* (Cambridge, Deighton, Bell and C°, 1869, in-8°), p. 38.

1309 (?)

1381. — Inventaire du mobilier de l'église paroissiale de Bottisham, comté de Cambridge [latin].

Hailstone (E.), *The History and Antiquities of the Parish of Bottisham and the Priory of Anglesey in Cambridgeshire* (Cambridge, Deighton, Bell and C°, 1873, in-8°), p. 30-31.

1310, 18 août.

1382. — Inventaire du prieuré de Jarrow.

[Mobilier des maisons, fermes, offices (sommaire), église : latin.]

Raine (J.), *The inventories and account rolls of the Benedictine Houses*

or Cells of Jarrow and Monk-Wearmouth, in the County of Durham
[t. XXIX *Surtees Society*], (Durham, George Andrews, 1854, in-8°), p. 2-3.

1310, 5 décembre.

1383. — Inventaire, après décès, des argenteries, joyaux, mobilier de chapelle, vêtements, lits, tapis, linge, ustensiles divers et
épiceries de Thomas de Bitton, évêque d'Exeter [latin, avec
prix de vente].

> Ellacombe (H.-T.), *Account of the Executors of Richard, Bishop of
> London*, p. 1-12.

1311, 24 décembre.

1384. — Inventaire du prieuré de Finchale.

[Église, maison, offices, fermes, maisons de fermiers.]

> Raine (J.), *The Priory of Finchale, in the County of Durham* [t. VI
> *Surtees Society*], (London, J.-B. Nichols and Son, 1837, in-8°), p. iv-v.

1313, 27 février.

1385. — Inventaire des objets d'or et d'argent et des joyaux appartenant au roi Édouard II, saisis entre les mains de son
favori, Piers de Gaveston [français].

[Fermaux avec camées, pierreries de tout genre, bagues,
croix, barils d'ivoire, coupes, godets, salières d'or, d'argent,
de cristal.]

> Rymer (T.), *Fœdera*, 1re édit. (et réimpression de Holmes) t. III,
> p. 388-392. — *Ibid.*, (3e édit.) t. II, 1re partie, p. 30-32. — *Ibid.*, (édit.
> *Record Commission*), t. II, 1re partie, p. 203-205.

1313, 20 mars (?)

1386. — Inventaire du prieuré de Finchale [latin].

> Raine (J.), *The Priory of Finchale*, p. v-vi.

1313, 14 juin.

1387. — Inventaire du prieuré de Jarrow [latin].

> Raine (J.), *Jarrow and Wearmouth*, p. 11-12.

1314, 15 février.

1388. — Inventaire du prieuré de Jarrow [latin].

> *Ibid.*, p. 10-11.

1314, 14 août.

1389. — Inventaire des armes, meubles, vaisselle et chapelle du
château de Norham [français].

> Hardy (T.-D.), *Registrum Palatinum Dunelmense. The register of
> Richard de Kellawe, Lord Palatine and Bishop of Durham, 1311-1316
> [Chronicles and Memorials]*, (London, Longman and C°, 1873, in-8°),
> t. I, p. 598-599.

1314

1390. — Inventaire estimatif après décès, des meubles, vaisselle, ustensiles, joyaux, armure, linge, ornements personnels, jeux, chapelle, argenterie, ferme, de John Fitz Marmaduke, chevalier [latin].

> Raine (J.), *Wills and Inventories illustrative of the history, manners, language, statistics of the Northern Counties of England* [t. II *Surtees Society*], (London, J.-B. Nichols and Son, 1835, in-8°), t. I, p. 16-20 (extraits). — Hardy (T.-D.), *Registrum Palatinum Dunelmense*, t. II (1874), p. 673-680.

1316, 2 février.

1391. — Inventaire des vêtements sacerdotaux, vases sacrés, joyaux, mitres et autres ornements pontificaux, croix, textes, livres d'église et tentures de la cathédrale de Cantorbéri [latin].

> Dart (J.), *The History and Antiquities of the Cathedral Church of Canterbury* (London, J. Cole, 1726, in-f°), append., p. IV-XVIII.

1316, 24 juin.

1392. — Inventaire estimatif des meubles de Hugues de Richmond, à la mort de sa femme Juliana [latin].

[Grains, vaisselle et ustensiles.]

> *Archaeologia Aeliana : or Miscellaneous Tracts relating to Antiquity,* published by the *Society of Antiquaries of Newcastle-upon-Tyne* (Newcastle-upon-Tyne, T. and J. Rigg, in-8°), nouv. sér., t. I (1857), p. 196.

1317

1393. — Inventaire des ornements épiscopaux de la cathédrale de Héreford, à la mort de l'évêque Richard de Swinfield [latin].

> Webb (J.), *A Roll of the Household Expenses of Richard de Swinfield, Bishop of Hereford* (London, *Camden Society,* 1854, in-4°), p. XXXVI-XXXVII.

1321, 11 mai.

1394. — Inventaire des ornements d'église, paneterie, sellerie, boulangerie, pressoir, cuisine, garde manger, établi, grange et cour du prieuré de Wearmouth [latin].

> Raine (J.), *Jarrow and Wearmouth,* p. 139-140.

1321, 17 mai.

1395. — Inventaire du prieuré de Jarrow.

> *Ibid.,* p. 13-14.

1322, 31 mars.

1396. — Inventaire, après décès, de l'argenterie de chapelle et de maison, des joyaux, tapis et tentures, armes, livres de chapelle, vêtements sacerdotaux et menus objets précieux de Humphrey de Bohun, comte de Hereford et d'Essex, déposés à l'abbaye de Walden [français].

> Turner (T.-H.), *The Archaeological Journal,* t. II (1846), p. 348-349.

1322

1397. — Inventaire des meubles du château de Wigmore, ayant appartenu à Roger de Mortimer, confisqués pour cause de rébellion [latin].

[Armes et munitions de guerre, provisions, meubles et tentures, vêtements et fourrures, linge, livres, argenterie, menus objets, peignes, miroirs, ferme.]

> Larking (L.-B.), *The Archaeological Journal,* t. XV (1858), p. 359-362.

1323, 27 août.

1398. — Inventaire des ustensiles de ferme et de quelques meubles du manoir de Treygof, comté de Glamorgan [latin, avec prix].

> *Seventh Report of the Royal Commission on Historical Manuscripts* (London, Eyre and Spottiswoode, 1879, in-f°), p. 690.

1324, 4 mai.

1399. — Inventaire des joyaux et vaisselle d'or et d'argent du Trésor et des livres remis par Thomas des Useflete aux Chambellans de l'Échiquier, à la Tour de Londres [français].

[Pots, coupes, hanaps d'or et d'argent, « godets, ewers, chargeours, sausers, quiller, bacyns, lavours, plates, barils, chaliz, cruets, chaundelabres, triper, encenser, sonetz, estopaz, croiz, corounes, cercles, chapeletz, fermails, anelx, tressoures ».]

> Palgrave (Fr.), *The antient Kalendars and Inventories of the Treasury of His Majesty's Exchequer* (London, Eyre and Spottiswoode, 1836, in-8°,) t. III, p. 123-142.

1324, 30 novembre.

1400. — Inventaire estimatif du mobilier du prieuré de Modbury, comté de Devon (cellule de Saint-Pierre-sur-Dive en Normandie) [latin].

Oliver (G.), *Monasticon Diœcesis Exoniensis* (Exeter, P.-A. Hanna-ford : London, Longman, 1846, in-f°), p. 299.

1325, 14 juillet.

1401. — Inventaire des ornements pontificaux appartenant au Chapitre de Carlisle et prêtés par lui aux évêques [latin].

> Raine (J.), *The Priory of Hexham, its chroniclers, endowments, and annals* [t. XLIV *Surtees Society*], (Durham, Andrews and C°, 1864, in-8°), t. I, append., p. LXXII. — Ferguson (R.-S.), *Proceedings of the Society of Antiquaries of London* (London, Nichols and Sons, in-8°), 2ᵉ sér. t. XII, p. 129-130.

1326, 1er février.

1402. — Inventaire des biens de l'hôpital de Saint-Edmond, à Gateshead [latin].

[Vases sacrés, vêtements sacerdotaux, livres, linge, ustensiles, ferme.]

> Raine (J.), *Wills and Inventories*, t. I, p. 22-23. — Hardy (T.-D.), *Registrum Palatinum Dunelmense*, t. III, p. 83-85.

1326, 1er octobre.

1403. — Inventaire du prieuré de Jarrow [latin].

> Raine (J.), *Jarrow and Wearmouth*, p. 15 (sommaire).

1326, 11 octobre.

1404. — Inventaire du mobilier de maison, d'église et de ferme du prieuré de Lindisfarne (Holy Island) [avec prix].

> Raine (J.), *The History and Antiquities of North Durham* (London, John Bowyer Nichols and Son, 1852, in-f°), p. 82 (traduction anglaise).

1327, 1er juin.

1405. — Inventaire, après décès, de l'argenterie de Barthélemi de Badlesmere, remise par le Trésor royal au tuteur de son fils [français].

> Palgrave (Fr.), *Kalendars and Inventories*, t. III, p. 144.

1327, 2 septembre.

1406. — Inventaire de la bibliothèque, des vases sacrés, vêtements sacerdotaux et autres objets mobiliers de la cathédrale d'Exeter [latin, avec prix : avec additions postérieures].

> Oliver (G.), *Lives of the Bishops of Exeter*, p. 301-319.

1328, 21 mars.

1407. — Inventaire, après décès, de l'argenterie de Barthélemi

de Badlesmere, remise par le Trésor royal au tuteur de son fils
[français].

> Palgrave (Fr.), *Kalendars and Inventories*, t. III, p. 146-147.

1328, 29 septembre.

1408. — Inventaire de l'argenterie du réfectoire du prieuré de
la cathédrale de Cantorbéri [latin].

> Dart (J.), *The History and Antiquities of the Cathedral Church of
> Canterbury*, append., p. XVIII-XXIII.

1328, 15 octobre.

1409. — Inventaire du prieuré de Jarrow [latin].

> Raine (J.), *Jarrow and Wearmouth*, p. 16-17.

1329, 6 mai.

1410. — Inventaire du mobilier de l'hôpital de Sainte-Marie-
Madeleine, à Ripon [latin.]

[Cour, pressoir, église, chapelle, grange.]

> Fowler (J.-T.), *Memorials of Ripon*, t. II, p. 102-103.

1329, 24 septembre.

1411. — Inventaire des joyaux et objets précieux appartenant au
roi Édouard III, au moment de la démission de Richard de
Bury, garde de la garde-robe [latin].

[Cuillers, bassins, coupes, plats, cruches, salières et nef,
calices, livres d'église, vêtements sacerdotaux.]

> Ord (C.), *Archaeologia*, t. X (1792), p. 241-258.

1329.

1412. — Inventaire du mobilier des offices et des manoirs du
prieuré d'Ashby Canons, comté de Northampton.
[Ustensiles, ferme.]

> Baker (G.), *The History and Antiquities of the County of Northamp-
> ton* (London, J.-B. Nichols and Son, 1841, in-f°), t. II, p. 10 (traduction
> anglaise).

1330, 21 décembre.

1413. — Inventaire du prieuré de Jarrow [latin].

> Raine (J.), *Jarrow and Wearmouth*, p. 18-19.

1331, 29 septembre.

1414. — Inventaire du mobilier des églises paroissiales de
Yalding, Brenchley et Tudeley, comté de Kent [latin].

> Turner (T.-H.), *Calendar of Charters and Rolls preserved in the Bod-
> leian Library* (Oxford, Clarendon Press, 1878, in-8°), p. VIII-IX.

1331, 12 décembre.

1415. — Inventaire, après décès, des meubles de Roger Mortimer, remis par le Trésor royal à son fils Edmond [français].
[Ustensiles de maison, tapis, dossiers, lits, armes.]
Palgrave (Fr.), *Kalendars and Inventories*, t. III, p, 164-165.

1331, 22 décembre.

1416. — Inventaire du prieuré de Jarrow.
Raine (J.), *Jarrow and Wearmouth*, p. 19-20.

1333, 9 mai.

1417. — Inventaire du prieuré de Jarrow [latin].
Ibid., p. 20-21.

1336, 9 mars.

1418. — Inventaire du mobilier de l'hôpital de Sainte-Marie-Madeleine, à Ripon [latin].
[Chapelle, vaisselle et ustensiles.]
Fowler (J.-T.), *Memorials of Ripon*, t. II, p. 115-116.

1337, 23 juillet.

1419. — Inventaire estimatif du mobilier d'église et de maison du prieuré de Totnes, comté de Devon (cellule des SS. Serge et Bacche d'Angers) [latin].
Oliver (G.), *Monasticon Diœcesis Exoniensis*, p. 242.

1337, 24 juillet.

1420. — Inventaire estimatif du mobilier d'église et de la vaisselle de maison du prieuré de Saint-Michael's Mount, comté de Cornwall (cellule du Mont Saint-Michel en Normandie) [latin].
Ibid., p. 29.

1337, 24 juillet.

1421. — Inventaire estimatif du mobilier du prieuré de Tywardreath, comté de Cornwall (cellule des SS. Serge et Bacche d'Angers) [anglais].
Ibid., p. 34-35.

1337, 24 juillet.

1422. — Inventaire estimatif du mobilier du prieuré d'Ecclesfield (cellule de l'abbaye de Fontenelle en Normandie) [anglais].
Eastwood (J.), *History of the Parish of Ecclesfield, in the County of York* (London, Bell and Daldy, 1862, in-8°), p. 120-121.

1337

1423. — Inventaire estimatif des ornements d'église et des meubles du prieuré de Saint-Jacques, à Exeter.

Oliver, *Monasticon Diœcesis Exoniensis*, p. 195.

1338, 24 janvier.

1424. — Inventaire du prieuré de Wearmouth [latin].

Raine (J.), *Jarrow and Wearmouth*, p. 141-142.

1338, 12 avril.

1425. — Inventaire des joyaux, de l'argenterie, des objets d'or, d'argent, de cristal, de jaspe, d'ivoire, « noite de muge », terre, coquilles, « œf de griffoun », de pierreries, d'ébène, d'ornements sacerdotaux et pontificaux du Trésor royal [français].

Palgrave (Fr.), *Kalendars and Inventories*, t. III, p. 166-195.

1338, 6 octobre.

1426. — Inventaire du prieuré de Jarrow [latin].

Raine (J.). *Jarrow and Wearmouth*, p. 23-24.

1339

1427. — Inventaire du mobilier de la quatrième cantarie de Saint-Thomas de Cantorbéri, dans la cathédrale de York [latin, avec prix].

Raine (J.), *The Fabric Rolls of York Minster*, p. 303.

1340, 5 mai.

1428. — Inventaire des joyaux et vaisselle de la tour Blanche de la Tour de Londres, remis au nouveau Trésorier, Robert de Sadyngton [français et latin].

Palgrave (Fr.), *Kalendars and Inventories*, t. III, p. 198-205.

1341, 30 avril.

1429. — Inventaire du prieuré de Jarrow [latin].

Raine (J.), *Jarrow and Wearmouth*, p. 26-27.

1344, 12 avril.

1430. — Inventaire des reliques et reliquaires, vases sacrés, images, ivoires, remis au nouveau Trésorier, William de Edyndon [latin].

Palgrave (Fr.), *Kalendars and Inventories*, t. III, p. 206-208.

1344, 7 juin.

1431. — Inventaire du prieuré de Wearmouth [latin].

> Raine (J.), *Jarrow and Wearmouth,* p. 144.

1344, 20 décembre.

1432. — Inventaire du mobil'er de chapelle, des meubles, ustensiles et munitions de guerre du château de Douvres [latin].

> Way (A.), *The Archaeological Journal,* t. XI (1854), p. 381-383.

1345, 15 mai.

1433. — Inventaire du prieuré de Wearmouth [latin].

> Raine (J.), *Jarrow and Wearmouth,* p. 145-146.

1346, 21 mai.

1434. — Inventaire de la sacristie de la cathédrale de Lichfield [latin].

> Cox (J.-C.), et Hope (W.-H.-St-John), *Journal of the Derbyshire Archaeological and Natural History Society* (London and Derby, Bemrose and Sons, 1882, in-8°), t. IV, p. 107-117. — *Ibid.,* p. 118-128 (traduction anglaise). — *Collections for a History of Staffordshire* (edited by the *William Salt Archaeological Society* (London, Harrison and Sons, 1886, in-8°), t. VI, 2° part., p. 199-207. — *Ibid.,* p. 207-213 (traduction anglaise.)

1346, 28 mai.

1435. — Inventaire du prieuré de Wearmouth [latin].

> Raine (J.), *Jarrow and Wearmouth.* p. 147-148.

1346, 28 octobre.

1436. — Inventaire du mobilier du château de Corfe, comté de Dorset.

[Meubles, armes.]

> Hutchins (J.), *The History and Antiquities of the County of Dorset,* 3° édit. (Westminster, J.-B. Nichols and Son, 1861-1875, in-f°), t. I, p. 494 (traduction anglaise).

1346

1437. — Inventaire du mobilier ecclésiastique de la gilde de Saint-Jean, à Coventry [latin].

> Sharp (Thomas), *Illustrative Papers on the History and Antiquities of Coventry reprinted by W. G. Fretton* (Birmingham, H. English, 1871, in-4°), p. 145.

1347, 16 août.

1438. — Inventaire du prieuré de Jarrow [latin].

> Raine (J.), *Jarrow and Wearmouth,* p. 33-34.

1347

1439. — Inventaire du mobilier de maison du prieuré de Lindisfarne.

Raine (J.), *North Durham*, p. 92 (traduction anglaise).

1348, 30 novembre.

1440. — Inventaire du mobilier donné par Thomas de Burgh, curé, à la chapelle de Brigham, comté de Cumberland [français].

[Vêtements sacerdotaux, tentures, linge, vases sacrés, pomme d'ambre avec joyaux de divers genres, livres d'église, nombreuses reliques dont plusieurs de Terre-Sainte.]

Fletcher (Is.), *Transactions of the Cumberland, and Westmoreland Antiquarian and Archaeological Society* (Kendal, Wilson, in-8°), t. IV (1879), p. 164-165.

1348

1441. — Inventaire du mobilier de l'église du prieuré de Lindisfarne.

Raine (J.), *North Durham*, p. 93-98 (traduction anglaise).

1350, 4 novembre.

1442. — Inventaire du mobilier de la chapelle de Saint-Thomas, sur le pont de Londres.

Riley (H.-T.), *Memorials of London and London life in the* xiii, xiv, *and* xv *centuries* (London, Longmans, 1868, in-8°), p. 263-264 (traduction anglaise).

1352, 16 août et 26 octobre.

1443. — Inventaire de l'argenterie et des joyaux de Robert de Guyenne, marchand de Bristol, saisis par Édouard III [latin].

Palgrave (Fr.), *Kalendars and Inventories*, t. III, p. 209-213, 217.

1354, 30 septembre.

1444. — Inventaire de l'argenterie remise à la princesse Jeanne, fille d'Édouard III, pour son voyage en Espagne [français].

Ibid., t. III, p. 218-219.

1354

1445. — Inventaire du prieuré de Finchale [latin].
[Église, chambres.]

Raine (J.), *The Priory of Finchale*, p. xxxvi-xxxix.

1356, 28 novembre.

1446. — Inventaire des joyaux et vaisselle du Trésor royal remis au nouveau Trésorier, Jean, évêque de Rochester [français].

[Étoffes, coupes, couronnes, vêtements de couronnement, sceptres, menus objets précieux.]

> Palgrave (Fr.), *Kalendars and Inventories,* t. III, p. 221-228.

1358, 20 et 26 octobre.

1447. —Inventaire estimatif, après décès, des argenteries, joyaux, chapelle, reliques, lits et tentures ayant appartenu à la reine Isabelle, veuve d'Édouard II [latin].

> *Ibid.,* t. III, p. 233-244.

1358

1448. — Inventaire des dons faits à la cathédrale de Saint-Asaph, au pays de Galles, par le Prince Noir, fils aîné d'Édouard III [latin].

[Mitres et ornements pontificaux, vêtements sacerdotaux, vases sacrés, livres d'église, livres de bibliothèque.]

> Walcott (M.-E.-C.), *Original Documents printed as a Supplement to the Archaeologia Cambrensis* (London, J. Parker, 1877, in-8°), t. I, p. III-IV.

1359, 4 juin.

1449. — Inventaire, après décès, des livres d'église, vêtements sacerdotaux, tentures et meubles de chapelle de la reine Isabelle, veuve d'Édouard II [latin]

> Palgrave (Fr.), *Kalendars and Inventories,* p. 244-248.

1360, 24 mai.

1450. — Inventaire du prieuré de Finchale [latin].

> Raine (J.), *The Priory of Finchale,* p. LI-LIII.

1360, 6 août.

1451. — Inventaire du prieuré de Wearmouth [latin].

> Raine (J.), *Jarrow and Wearmouth,* p. 152-153.

1360 (?)

1452. — Inventaires du mobilier de diverses cantaries de la cathédrale de York [comprenant les cantaries de SS. Agathe, Lucie et Scholastique, 1ʳᵉ cant., p. 275, 276. — SS. Anne, Anthoine et Sᵗᵉ Croix, p. 277. — S. Blaise, p. 278. — Sᵗᵉ Cécile, p. 279. — S. Edmond, p. 282-283. — S. Édouard,

p. 283. — SS. Jacques et Catherine, p. 286. — S. Jean de Beverley, 1re cant., p. 288. — S. Jean de Beverley, 2e cant.,
p. 289. — S. Jean-Baptiste, 2e cant., p. 290. — Ste Catherine, p. 292. — SS. Marie et Jean, p. 293. — Ste Marie-Madeleine, p. 294. — Ste Marie-la-Vierge, p. 295. — S. Nicolas,
1re cant., p. 298. — S. Nicolas, 2e cant., p. 299] [latin].

> Raine (J.), *The Fabric Rolls of York Minster.*

1361, 26 janvier.

1453. — Inventaire du mobilier de la chapelle, des meubles,
ustensiles et munitions de guerre du château de Douvres
[français].

> Way (A.), *The Archaeological Journal,* t. XI (1854), p. 383-385.

1361, 23 mars.

1454. — Inventaire estimatif des biens meubles de Ievan ap
Kenric Vaghan, gentilhomme, dans le comté de Carnarvon
[latin].

[Ustensiles de ferme.]

> Wynne (W.-E.), *The Archaeo. gical Journal,* t. XXII (1865), p. 270-271.

1362, 30 mai.

1455. — Inventaire du prieuré de Jarrow [latin].

> Raine (J.), *Jarrow and Wearmouth,* p. 44-45.

1362, 11 septembre.

1456. — Inventaire du prieuré de Wearmouth [latin].

> *Ibid.,* p. 158-160.

1362

1457. — Inventaire du mobilier d'église, de maison et de ferme
du prieuré de Lindisfarne. ·

> Raine (J.), *North Durham,* p. 102-103 (extraits, traduction anglaise).

1363, 19 février.

1458. — Inventaire de l'argenterie et des joyaux remis au nouveau Trésorier, Jean, évêque de Worcester [français].

> Palgrave (Fr.), *Kalendars and Inventories,* t. III, p. 250-254.

1364

1459. — Inventaire du mobilier de diverses cantaries de la
cathédrale de York [comprenant les cantaries de SS. Agathe, Lucie et Scholastique, 1re cant., p. 275. — S. André,
p. 276. — Ste Cécile, p. 279. — S. Edouard, p. 283. — SS.

Innocents, p. 286. — S. Jean de Beverley, 2ᵉ cant., p. 289. — S. Jean-Baptiste, 2ᵉ cant., p. 290. — S. Jean l'Évangéliste, p. 291. — Sᵗᵉ Marie-la-Vierge, p. 295-296. — S. Michel, p. 297. — S. Thomas de Cantorbéri, 1ʳᵉ cant., p. 302. — S. Thomas de Cantorbéri, 2ᵉ cant., p. 302-303. — S. Thomas de Cantorbéri, 3ᵉ cant., p. 303. — S. Guillaume, 1ʳᵉ cant., p. 305] [latin.]

Raine (J.), *The Fabric Rolls of York Minster*.

1366 (?)

1460. — Inventaire du mobilier de la cantarie de Saint-Grégoire, dans la cathédrale de York [latin].

Raine (J.), *The Fabric Rolls of York Minster*, p. 285.

1367, 15 août.

1461. — Inventaire du prieuré de Finchale [latin].

Raine (J.), *The Priory of Finchale*, p. LXXVIII-LXXIX (extraits).

1367, 22 août.

1462. — Inventaire des livres et du mobilier d'église, de maison et de ferme du prieuré de Lindisfarne.

Raine (J.), *North Durham*, p. 104-107 (extraits, traduction anglaise).

1367, 1ᵉʳ novembre.

1463. — Inventaire estimatif sommaire, après décès, des meubles de Juliana de Leyborne, comtesse de Huntingdon, dans son manoir de Preston, comté de Kent.

Larking (L.-B.), *Archaeologia Cantiana, being Transactions of the Kent Archaeological Society* (London, J.-E. Taylor, in-8°), t. I (1858), p. 3-6, (traduction anglaise).

1368

1464. — Inventaire du mobilier de la chapelle domestique du manoir de Wakebridge, comté de Derby [latin].

Cox (J.-C.), *Notes on the Churches of Derbyshire*, (London, Bemrose and Sons, 1875-1879, in-8°), t. IV, p. 65.

1368

1465. — Inventaire du mobilier des chapelles des SS. Nicolas et Catherine, et de Notre-Dame, dans l'église de Crich, comté de Derby.

Ibid., p. 44-45 (traduction anglaise).

1368

Inventaire du mobilier de quelques églises de la ville de Norwich [avec des additions de dates postérieures].

1466. — S. Peter Mancroft, p. 95-97.

1467. — S. Stephen, p. 104-107.

1468. — S. Andrew, p. 107-109.

1469. — S. Laurence, p. 110-112.

1470. — S. John Maddermarket, p. 112-113.

1471. — S. Peter Houndgate, p. 113-115.

1472. — S. Peter per Mountergate, p. 115-116.

1473. — S. Etheldréd, p. 119-120.

> Harrod, (H). *Norfolk Archaeology,* t. V (1859) (traduction anglaise).

1369, 27 juin.

1474. — Inventaire des argenteries et couronnes remises au nouveau Trésorier, Thomas de Brantyngham [français].

> Palgrave (Fr.), *Kalendars and Inventories,* t. III, p. 263-270.

1369-1377 (?)

1475. — Inventaires d'argenterie du roi Édouard III et de sa femme Philippe de Hainault [latin].

> Nicolas (H.), *Archaeologia,* t. XXXI (1846), p. 373-381.

1370, 1er mai.

1476. — Inventaire estimatif, après décès, des meubles d'Adam de Stanton, prêtre [latin].

> Tymms (S.), *Wills and Inventories from the Registers of the Commissary of Bury S. Edmund's* (London, *Camden Society,* 1850, in-4°), p. 1.

1370, 26 mai.

1477. — Inventaire du prieuré de Wearmouth [latin].

> Raine (J.), *Jarrow and Wearmouth,* p. 163-165.

1370, 6 septembre.

1478. — Inventaire du mobilier, fourni à l'hôpital de Saint-Jean-Baptiste, à Ripon, par David de Vollour [latin].

> Fowler (J-.T.), *Memorials of Ripon,* t. II, p. 130.

1370

1479. — Inventaire du prieuré de Jarrow [latin].

> Raine (J.), *Jarrow and Wearmouth,* p. 52-54.

1371, 27 mars.

1480. — Inventaire des vaisselles et joyaux du Trésor, ayant appartenu pour la plupart à la reine Philippe, femme d'Édouard III, remis au nouveau Trésorier, Sir Richard Scrope [français].

> Palgrave (Fr.), *Kalendars and Inventories*, t. III, p. 270-274.

1371, 19 mai.

1481. — Inventaire du prieuré de Jarrow [latin].

> Raine (J.), *Jarrow and Wearmouth*, p. 56-58.

1373, 15 juillet.

1482. — Inventaire du prieuré de Jarrow [latin].

> *Ibid.*, p. 61-63.

1373

1483. — Inventaire du mobilier de la deuxième cantarie de Saint-Guillaume, dans la cathédrale de York [latin].

> Raine (J.), *The Fabric Rolls of York Minster*, p. 306.

1376, 17 janvier.

1484. — Inventaire estimatif, après décès, des meubles de Richard Gilbert, bourgeois de Salisbury.

> Hoare (R.-C.), *The History of Modern Wiltshire. Old and New Sarum*, t. VI, p. 101-102 (traduction anglaise).

1376, 2 juillet.

1485. — Inventaire de joyaux et objets précieux de Jeanne, duchesse de Bretagne, déposés à Londres chez Richard Lyons, par le duc Jean de Montfort, son époux [français].

> Rymer (F.), *Fœdera*, 1re édit. (et réimpression de Holmes), t. VII, p. 114. — *Ibid.* (3e édit.), t. III, 3e partie, p. 46-47. — *Ibid.* (édit. *Record Commission*), t. III, 2e partie, p. 1056.

1377, 16 janvier.

1486. — Inventaire et saisie des meubles d'Alice Perrers, maîtresse du feu roi Édouard III [latin].

> Rymer (T.), *Fœdera* (édit. *Record Commission*), t. IV, p. 28.

1377

1487. — Inventaire du mobilier de l'église de Legh, comté de Kent [latin].

> Turner (W.-H.), *Calendar of Charters and Rolls preserved in the Bodleian Library*, p. ix-x.

1378

1488. — Inventaire estimatif, des meubles de Thomas Page, fermier de Harton, comté de Durham [latin].

Booth (J.), *Halmota Prioratus Dunelmensis* [t. LXXXII *Surtees Society*], (Durham, Andrews and C°, 1889, in-8°), p. 151.

1378

1489. — Inventaire sommaire estimatif des meubles de Robert de Suthwyk, fermier, de Moreslaw, comté de Durham [latin].

Ibid., p. 151.

1378

1490. — Inventaire du mobilier de la cantarie des SS. Paulin et Chad, dans la cathédrale de York [latin, avec prix].

Raine (J.), *The Fabric Rolls of York Minster,* p. 300.

1379

1491. — Inventaire du prieuré de Wearmouth [latin].

Raine (J.), *Jarrow and Wearmouth,* p. 171-172.

1381

1492. — Inventaire estimatif des meubles de John Raynton, fermier, de Hesilden, comté de Durham [latin].

Booth (J.), *Halmota Prioratus Dunelmensis,* p. 168.

1382, 4 mai.

1493. — Inventaire des meubles emportés par Cosmato Gentilis, collecteur du pape, à son départ d'Angleterre [latin].
[Étoffes, literie et vêtements.]

Rymer (T.), *Fœdera,* 1ʳᵉ édit. (et réimpression de Holmes), t. VII, p. 356. — *Ibid.* (3ᵉ édit.), t. III, 3ᵉ partie, p. 138-139. — *Ibid.* (édit. *Record Commission*), t. IV, p. 146.

1382, 26 mai.

1494. — Inventaire du prieuré de Jarrow [latin].

Raine (J.), *Jarrow and Wearmouth,* p. 70-71.

1383, 24 avril.

1495. — Inventaire estimatif, après décès, des meubles de Guillaume Furnevall, chevalier [latin].

Raine (J.), *Testamenta Eboracensia, or Wills registered at York illustrative of the history, manners, language, statistics, etc., etc., of the province of York, from the year MCCC. downwards* [t. IV *Surtees Society*], (London, J.-B. Nichols and Son, 1836, in-8°), t. I, p. 124-125.

1383

1496. — Inventaire des reliques et reliquaires de la cathédrale de Durham [latin].

Smith (J.), *Historiæ ecclesiasticæ gentis Anglorum libri quinque, auctore Bæda* (Cantabrigiæ, typis academicis, 1722, in-f°), append., num. XV, p. 740-745 (avec addition de 1446). — Raine (J.), *Saint-Cuthbert* (Durham, G. Andrews, 1828, in-4°), p. 121-130 (traduction anglaise, avec corrections de dates).

1384, 14 juin.

1497. — Inventaire des joyaux, palets, table d'Espagne, du roi Richard II, remis au Trésor par sir Robert Knolles [français, avec prix].

Palgrave (Fr.), *Kalendars and Inventories*, t. II, p. 294-297.

1384 ou 1385

1498. — Registre des livres, vêtements, reliques, calices et autres ornements de la chapelle royale du château de Windsor [latin].

Dugdale (W.), *Monasticon Anglicanum*, t. III, 2ᵉ part., p. 79-87. — *Monasticon Anglicanum* (n. édit. et édit. de 1846), t. VIII, p. 1362-1367.

1385, 22 février.

1499. — Inventaire du butin fait par un tailleur de Nottingham et par son compagnon, dans les guerres de Flandre [latin, avec prix].

Records of the Borough of Nottingham (London, B. Quaritch, 1882, in-8°), t. I, p. 230.

1386

1500. — Inventaire estimatif, après décès, des meubles d'appartements, vêtements, mobilier de chapelle, livres de droit, argenterie, linge, vaisselle et ustensiles de Richard de Ravenser, archidiacre de Lincoln [latin].

Pretyman (R.), *Memoirs illustrative of the History and Antiquities of the County and City of Lincoln, communicated to the annual Meeting of the Archaeological Institute of Great Britain and Ireland held at Lincoln, July, 1848* (London, at the Office of the Institute, 1850, in-8°), p. 317-326.

1387 (?)

1501. — Inventaire des meubles appartenant à la chapelle de Sainte-Catherine de Bridport, comté de Dorset.

Sixth Report of the Royal Commission on Historical Manuscripts (London, Eyre and Spottiswoode, 1877, in-f°), p. 476 (traduction anglaise). — Hutchins (J.), *The History and Antiquities of the County of Dorset*, 3ᵉ édit., t. II, p. 28 (traduction anglaise).

1387 (?)

1502. — Inventaire des meubles appartenant à la chapelle de Saint-Jean de Bridport, comté de Dorset.

Sixth Report of the Royal Commission on Historical Manuscripts,
p. 476 (traduction anglaise). — Hutchins (J.), *The History and Antiquities of the County of Dorset,* 3ᵉ édit., t. II, p. 28 (traduction anglaise).

1388, 30 juin.

1503. — Inventaire du vestiaire de l'abbaye de Westminster,
près Londres [latin].

[Vêtements sacerdotaux, vases sacrés, livres, ornements pontificaux, chapelle portative.]

Walcott (M.-E.-C.), *Transactions of the London and Middlesex Archaeological Society* (London, J.-H. and Parker, in-8"), t. V (1881),
p. 424-432, 439-440 (extraits). — Legg (J.-Wickham), *Archaeologia,*
t. LII (1890), p. 213-279.

1390, 3 août.

1504. — Inventaire estimatif des meubles de maison de John
de Halum, clerc, et de sa femme Agnès, de Nottingham,
saisis pour dettes [latin].

Records of the Borough of Nottingham, t. I, p. 244, 246.

1392, 12 décembre.

1505. — Inventaire du mobilier de l'hôpital de Saint-Jean, à
Sandwich, comté de Kent [latin].

[Meubles, linge.]

Boys (W.), *Collections for an History of Sandwich, in Kent* (Canterbury, Simmons, Kirkby and Jones, 1792, in-4"), p. 138-139.

1393, 29 octobre.

1506. — Inventaire estimatif des meubles de Henri de Whitley, de Nottingham, saisis à l'occasion de l'assassinat de sa
femme [latin].

Records of the Borough of Nottingham, t. I, p. 254.

1393

1507. — Inventaire du mobilier de l'église de Saint-Cuthbert de
Wells, comté de Somerset.

Serel (Th.), *Historical Notes on the Church of St Cuthbert in Wells.*
(Wells, J.-M. Atkins and E.-M. Beauchamp, 1875, in-8°), p. 100-102 (traduction anglaise).

1394, 1ᵉʳ juin.

1508. — Inventaire du prieuré de Wearmouth [latin].

Raine (J.), *Jarrow and Wearmouth,* p. 182-183.

1394, 7 juin.

1509. — Inventaire du mobilier d'église et de maison et des livres du prieuré de Farne (cellule du monastère de Durham).

[Vêtements et vases sacrés, bibliothèque et livres d'église, meubles d'appartements, argenterie, linge, vaisselle et ustensiles de ferme.]

Raine (J.), *North Durham*, p. 347-348 (traduction anglaise).

1394, 11 novembre.

1510. — Inventaire de l'argenterie du logement de l'abbé de Whitby [latin].

Atkinson (H.), *Cartularium Abbathiae de Whiteby*, [t. LXIX *Surtees Society*], (Durham, Andrews and C°, 1879, in-8°), p. 320.

1395

1511. — Inventaire estimatif, après décès, des biens meubles de John de Scardeburgh, curé [latin].

[Joyaux et argenterie, meubles, tentures, vêtements, linge, vaisselle, ustensiles et livres.]

Raine (J.), *Testamenta Eboracensia* [t. XLV *Surtees Society*], (Durham, G. Andrews, 1865, in-8°), t. III, p. 2-7.

1396, 5 mars.

1512. — Inventaire estimatif du mobilier de l'église d'All Saints de Bristol [anglais].

[Livres d'église, vêtements sacerdotaux, manteaux pour images, vases sacrés.]

Nicholls (J.-F.) et Taylor (J.), *Bristol Past and Present* (Bristol, J.-W. Arrowsmith : London, Griffith and Farran, 1881, in-4°), t. II, p. 105-106.

1396, 20 mars.

1513. — Inventaire des meubles remis au trésorier du collège, par Thomas Cranlegh, lorsqu'il se démit de l'office de gardien de New College, à Oxford [latin].

[Mobilier de chapelle, linge, vaisselle et ustensiles, écurie, bulles et chartes.]

. Riley (H.-T.), *The Archaeological Journal*, t. XXVIII (1871), p. 232-234.

1396

1514. — Inventaire du mobilier de l'abbaye de Meaux, de l'ordre de Citeaux, dans le comté de York [latin].

[Argenterie de la maison, meubles du logement de l'abbé, mobilier de l'église, bibliothèque.]

Bond (E.-A.), *Chronica monasterii de Melsa a fundatione usque ad annum 1396, auctore Thoma de Burton, abbate* [*Chronicles and Memorials*], (London, Longmans, 1868, in-8°), t. III, p. lxxvii-c (extraits).

1397, 19 mai.

1515. — Inventaire du prieuré de Finchale [latin].

Raine (J.), *The Priory of Finchale*, p. cxvii-cxix.

1397, 31 mai.

1516. — Inventaire du prieuré de Wearmouth [latin].

Raine (J.), *Jarrow and Wearmouth*, p. 184.

1398, 26 avril.

1517. — Inventaire des meubles de Richard, comte d'Arundel, confisqués et livrés au Trésor royal [français].

Palgrave (Fr.), *Kalendars and Inventories*, t. III, p. 303-307.

1398

1518. — Inventaire estimatif de la boutique de Walter Pynchon, orfèvre, de Londres.

Riley (H.-T.), *Memorials of London and London life in the XIII, XIV and XV centuries*, p. 550 (traduction anglaise).

1398

1519. — Inventaire du prieuré de Wearmouth [latin.]

Raine (J.), *Jarrow and Wearmouth*, p. 185.

Vers 1398.

1520. — Inventaire des joyaux du Trésor royal, sous Richard II [français].

[Couronnes, palets, selles, avec détails des pierreries.]

Palgrave (Fr.), *Kalendars and Inventories*, t. III, p. 309-312.

1399, 20 novembre.

1521. — Inventaire des objets précieux qui avaient été livrés par le Trésor royal (probablement pour les fêtes du couronnement du roi Henri IV) [français].

[Vaisselle et joyaux en or et argent de tout genre, couronnes, « nouches », miroirs, fourchettes, croix.]

Ibid., p. 313-358.

1399, 22 décembre.

1522. — Inventaire des meubles emportés par Louis, évêque de Volterra, collecteur du pape en Angleterre [latin.]

[Mitres, coupe d'or, argenterie.]

Rymer (T.), *Fœdera,* 1ʳᵉ édit. (et réimpression de Holmes), t. VIII, p. 117. — *Ibid.,* 3ᵉ édit., t. III, 4ᵉ partie, p. 174.

1400, 6 mai.

1523. — Inventaire des objets précieux appartenant au roi Richard II, trouvés au château de Haverfordwest [français].

[Vêtements sacerdotaux, tapis, vases d'or et d'argent.]

Palgrave (Fr.), *Kalendars and Inventories,* p. 358-361.

1400, 21 mai.

1524. — Inventaire, après décès, des meubles de Thomas de Dalby, archidiacre de Richmond et chanoine de York [latin, avec prix de vente].

[Joyaux et argenterie, chapelle, meubles, vêtements, linge, vaisselle et ustensiles.]

Raine (J.), *Testamenta Eboracensia,* t. III, p. 9-15.

Vers 1400.

1525. — Inventaire de l'argenterie de la chapelle de New College, à Oxford.

Second Report of the Royal Commission on Historical Manuscripts (London, Eyre and Spottiswoode, 1871, in-f°), p. 134-135 (traduction anglaise).

Vers 1400.

1526. — Inventaire du mobilier de l'église de Saint Peter Mancroft de Norwich.

Harrod (H.), *Norfolk Archaeology,* t. V (1859), p. 97-103 (traduction anglaise).

Vers 1400.

1527. — Inventaire du trésor et du mobilier de l'abbaye de Saint Albans [latin].

[Textes, croix, vases sacrés, joyaux, tentures et vêtements sacerdotaux.]

Riley (T.-H.), *Annales monasterii S. Albani a Johanne Amundesham monacho, ut videtur, conscripti* [*Chronicles and Memorials*], (London, Longman and Cᵒ, 1871, in-8°), t. II, p. 322-361.

XIVᵉ SIÈCLE.

1528. — Inventaire du mobilier et de la bibliothèque du couvent des Carmes de Hulne, près Alnwick, comté de Northumberland [latin].

[Vêtements et vases sacrés, tableaux, tentures, livres.]

Hartshorne (C.-H.), *Memoirs illustrative of the History and Antiquities of Northumberland communicated to the annual meeting of the Archaeological Institute of Great Britain and Ireland held at Newcastle in August 1852* (London, Bell and Daldy, 1858, in-8°), t. II, p. CII-CIX. — Pate (G.), *History of the Borough, Castle and Barony of Alnwick* (Alnwick, H.-H. Blair, 1868-9, in-8°), t. II, p. 54-56 (traduction anglaise).

XIVᵉ SIÈCLE (?).

1529. — Inventaire des reliques de la cathédrale de Cantorbéri, avec notice sommaire des reliquaires [latin].

Dart (J.), *The History and Antiquities of the Cathedral Church of Canterbury*, append., p. XLII-L.

XIVᵉ SIÈCLE (fin).

1530. — Inventaire estimatif du mobilier de la chapelle et de la maison de Clare Hall, à Cambridge.

Second Report of the Royal Commission on Historical Manuscripts, p. 110-111 (traduction anglaise].

1401, 22 mai.

1531. — Inventaire des livres et du mobilier d'église, de maison et de ferme du prieuré de Lindisfarne.

Raine (J.), *North Durham*, p. 114-115, 116 (traduction anglaise, extraits).

Vers 1401.

1532. — Inventaire des meubles de la chapelle de Saint-André de Bridport, comté de Dorset.

Sixth Report of the Royal Commission on Historical Manuscripts, p. 476-477 (traduction anglaise).

1402, 24 août.

1533. — Inventaire des meubles emportés par Louis, évêque de Volterra, collecteur du pape en Angleterre [latin].

[Lits et étoffes, objets en or et argent.]

Rymer (T.), *Fœdera*, 1ʳᵉ édit. (et réimpression de Holmes), t. VIII, p. 277. — *Ibid.*, 3ᵉ édit., t, IV, 1ʳᵉ partie, p. 35.

1402, 21 décembre.

1534. — Inventaire du trésor de la cathédrale de Saint-Paul de Londres [latin].

Simpson (W.-S.), *Archaeologia*, t. L (1887), p. 500-518.

1403, 10 mars.

1535. — Inventaire des objets précieux sortis du trésor de la chapelle royale de Saint-Étienne de Westminster, par ordre du roi [français].

> Rymer (T.), *Fœdera*, 1re édit. (et réimpression de Holmes), t. VIII, p. 295-296. — *Ibid.*, 3e édit., t. IV, 1re part., p. 42. — Smith (J.-T.), *Antiquities of Westminster; the Old Palace, St Stephen's Chapel* (London, R. Ryan, 1807, in-4°), p. 164-168.

1403, 6 novembre.

1536. — Inventaire du mobilier de l'église de Saint-Cuthbert de Wells, comté de Somerset.

> Serel (Th.), *Historical Notes on the Church of Saint Cuthbert in Wells*, p. 102-104 (traduction anglaise).

1403, 24 novembre.

1537. — Inventaire, après décès, des joyaux du comte de Worcester [français].

> Palgrave (Fr.), *Kalendars and Inventories*, t. III, p. 364-365.

1403

1538. — Inventaires de meubles de diverses personnes de Nottingham, saisis pour dettes [latin, avec prix].

> *Records of the Borough of Nottingham*, t. II (1883), p. 20.

1403 (?)

1539. — Inventaire estimatif, après décès, des ustensiles de ferme de John de Scarle, chanoine de York, à sa maison prébendale de Weighton [latin].

> Raine (J.), *Testamenta Eboracensia*, t. III, p. 24-25.

1404

1540. — Inventaire des meubles de diverses personnes de Nottingham, saisis pour dettes [latin, avec prix].

> *Records of the Borough of Nottingham*, t. II, p. 20, 22.

Entre 1404 et 1425.

1541. — Inventaire du mobilier de l'église paroissiale de Mere, comté de Wilts [latin].

> Hoare (R.), *The History of Modern Wiltshire. Hundred of Mere*, t. I, 1re part., p. 144-145.

1405, 4 mars.

1542. — Inventaire du mobilier envoyé au château de Hadleigh, comté d'Essex, assigné comme résidence à Humfroi, fils du roi Henri IV (plus tard duc de Gloucester) [latin].

[Armes, ustensiles de maison, croix processionnelle de cuivre.]

> Rymer (T.), *Fœdera*, 1ʳᵉ édit. (et réimpression de Holmes), t. VIII, p. 384. — *Ibid.*, 3ᵉ édit., t. IV, 1ʳᵉ partie, p. 76.

1406, 8 janvier.

1543. — Inventaire des meubles emportés par Louis, évêque de Volterra, collecteur du pape en Angleterre [latin].

> *Ibid.*, t. VIII, p. 428. — 3ᵉ édit., t. IV, 1ʳᵉ partie, p. 93.

1406

1544. — Inventaire, après décès, des biens de Walter Skirlaw, évêque de Durham [latin].

> Raine (J.), *Testamenta Eboracensia*, t. I, p. 317-325.

1408, 9 avril.

1545. — Inventaire du mobilier de l'hôpital de Saint-Jean, à Sandwich, comté de Kent [latin].

> Boys (W.), *History of Sandwich*, p. 139.

1408, 28 mai.

1546. — Inventaire du prieuré de Jarrow [latin].

> Raine (J.), *Jarrow and Wearmouth*, p. 80-82.

1408

1547. — Inventaire du mobilier de l'église du prieuré de Longleat, comté de Wilts [latin].

> Hoare (R.-C.), *The History of Modern Wiltshire. Hundred of Heytesbury*, t. I, 2ᵉ part., p. 58.

1408

1548. — Inventaire des meubles de diverses personnes de Nottingham, saisis pour dettes [latin, avec prix].

> *Records of the Borough of Nottingham*, t. II, p. 52, 54.

Vers 1408.

1549. — Inventaire des meubles et vaisselle de maison, appartenant à la chapelle de Saint-Michel de Bridport, comté de Dorset.

> *Sixth Report of the Royal Commission on Historical Manuscripts*, p. 477 (traduction anglaise).

1409, 10 février.

1550. — Inventaire du mobilier de l'église collégiale de Heytesbury, comté de Wilts [latin].

Hoare (R.-C.), *The History of Modern Wiltshire. Hundred of Heytesbury*, t. I, 2ⁿ part., p. 149-150.

1409, février (?)

1551. — Inventaire du mobilier de la chapelle de Knook, comté de Wilts, dépendant de la collégiale de Heytesbury [latin].
Ibid, p. 189.

1409

1552. — Inventaire du prieuré de Lindisfarne.
Raine (J.), *North Durham,* p. 116 (extraits).

1409

1553. — Inventaire du prieuré de Wearmouth [latin].
Raine (J.), *Jarrow and Wearmouth,* p. 190.

1410, 10 avril.

1554. — Inventaire estimatif, après décès, des meubles de Hugh Grantham, maçon, de la ville de York [latin].
Raine (J.), *Testamenta Eboracensia,* t. III, p. 46-47.

Vers 1410.

1555. — Inventaire du mobilier de l'église de Saint-Martin, Ludgate, de Londres.
Malcolm (J.-P.), *Londinium redivivum, or, an ancient history and modern description of London* (London, F. and C. Rivington, 1803-1807, in-4"), t. IV, p. 361-363 (extraits traduits du français, avec quelques articles de l'original français).

1411, 7 mars.

1556. — Inventaire estimatif, après décès, des meubles de William de Kexby, préchantre de l'église de York [latin].
Raine (J.), *Testamenta Eboracensia,* t. III, p. 44-45.

1411, 21 juin.

1557. — Inventaire du Trésor de la Tour de Londres [français].
[Argenterie, rose d'or, vêtements de couronnement, fourchettes.]
Palgrave (Fr.), *Kalendars and Inventories,* t. II, p. 86-87.

1411, 24 juin.

1558. — Inventaire des meubles de Thomas de Kirton, de Not-

tingham, saisis pour dettes [latin].
> *Records of the Borough of Nottingham,* t. II, p. 84-86.

1411, 24 décembre.

1559. — Inventaire du prieuré de Finchale [latin].
> Raine (J.), *The Priory of Finchale,* p. clv-clviii.

1412, 12 septembre.

1560. — Inventaire des livres et du mobilier de l'église, de la maison et de la ferme du prieuré de Sele, comté de Sussex (cellule de l'abbaye de Saint-Florent de Saumur).
> Cartwright (E.), *The Parochial Topography of the Rape of Bramber* [2ᵉ partie du t. II de Dallaway (J.), *History of the county of Sussex*], (London, J.-B. Nichols and Son, 1830, in-4°), p. 227-229 (traduction anglaise).

1412

1561. — Inventaire estimatif, après décès, des meubles de Roger de Kyrkby, curé de Gainford [latin].
> Raine (J.), *Wills and Inventories,* t. I, p. 56.

1414

1562. — Inventaire d'objets précieux du trésor de la chapelle de Saint-Etienne, du palais de Westminster, donnés par le doyen, Richard Prentys, à diverses personnes, sur l'ordre du roi.
> Smith (J.-T.), *Antiquities of Westminster,* p. 168-171 (traduction anglaise).

1415, 1ᵉʳ mai.

1563. — Inventaire des joyaux, argenterie et robes de la duchesse de Kent, remis à sir Henry Lescrope [français].
> Palgrave (Fr.), *Kalendars and Inventories,* t. III, p. 366-367.

1415, 6 juillet.

1564. — Inventaire des objets d'or et des joyaux emportés par Henri V dans son voyage d'outre-mer [français].
> *Ibid.,* t. II, p. 106-107.

1416, 1ᵉʳ juin.

1565. — Inventaire estimatif de la vaisselle d'or et d'argent du roi Henri V, perdue sur le champ de bataille d'Azincourt [latin].
> Rymer (T.), *Fœdera,* 1ʳᵉ édit. (et réimpression de Holmes), t. IX, p. 356-357. — *Ibid.,* 3ᵉ édit., t. IV, 2ᵉ partie, p. 163.

1416, 7 juin.

1566. — Inventaire, des livres et du mobilier d'église, de maison
et de ferme du prieuré de Lindisfarne.

>Raine (J.), *North Durham,* p. 117-118 (traduction anglaise).

1417, 1ᵉʳ novembre.

1567. — Inventaire du mobilier de l'église de Saint-Kyeran
d'Exeter [latin].

>Hingeston-Randolph (F.-C.), *The Register of Edmund Stafford* (A.-D.
1395-1419); *an index and abstract of its contents* (London, George
Bell and Son, 1886, in-8º), p. 481-483.

1417

1568. — Inventaire du prieuré de Jarrow [latin].

>Raine (J.), *Jarrow and Wearmouth,* p. 90-92.

1417

1569. — Inventaire du mobilier d'église et de maison du prieuré
de Farne.

>Raine (J.), *North Durham,* p. 349-350 (traduction anglaise, extraits).

1418

1570. — Inventaire des vêtements sacerdotaux, livres et verges
confiés au gardien de la châsse de Saint-Cuthbert, dans la
cathédrale de Durham.

>Raine (J.), *Saint Cuthbert,* p. 142-143 (traduction anglaise).

1419

1571. — Inventaire du mobilier de la chapelle de la Trinité « on
the Crossbridge » de Beverley (latin et anglais, avec estimation
de valeur].

>Poulson (G.), *Beverlac ; or the Antiquities and History of the Town
of Beverley* (London, Longman, 1829, in-4º), p. 788-789. — Oliver (C.),
History and Antiquities of the Town and Minster of Beverley (Beverley,
M. Turner, 1829, in-4º), p. 151-152.

1420, 12 juin.

1572. — Inventaire des biens de l'abbaye de Tichfield, comté
de Southampton [latin].

[Argenterie de la sacristie et argenterie de la maison, bestiaux.]

>Dugdale (W.), *Monasticon Anglicanum,* t. II, p. 665-666.— *Ibid.,* (nouv.
édit. et réimpres. 1846), t. VII, p. 935.— Hugo (C.-L.), *Sacri et canonici*

Ordinis Praemonstratensis Annales (Nanceii, Cusson, 1736, in-f°), part. I, t. II, append., col. DLXXXX-DLXXXXII.

1420

1573. — Inventaire de l'argenterie du réfectoire de l'abbaye de Battle, comté de Sussex [latin].

> Macray (W.-D.), *Notes from the muniments of St Mary Magdalen College, Oxford, from the twelfth to the seventeenth century* (Oxford and London, Parker, 1882, in-8°), p. 11-13. — Banks (R.-W.), *The Archaeological Journal*, t. XLI (1884), p. 86.

1420 (?)

1574. — Inventaire du mobilier de la cantarie de Sainte-Marie-la-Vierge, dans la cathédrale de York [latin].

> Raine (J.), *The Fabric Rolls of York Minster*, p. 296.

1421, 18 mai.

1575. — Inventaire estimatif, après décès, de Thomas Greenwood, chanoine de York [latin].

> Raine (J.), *Testamenta Eboracensia*, t. III, p. 64-65.

1423, 26 août.

1576. — Inventaire estimatif, après décès, des meubles laissés par le roi Henri V d'Angleterre [français].

[Joyaux, objets d'or et d'argent, meubles, armes, tapisseries, linge, étoffes précieuses; c'est le plus important des inventaires royaux anglais du Moyen-Age.]

> *Rotuli Parliamentorum* (s. l. n. d., in-f°), t. IV, p. 214-241.

1423, octobre.

1577. — Inventaire, après décès, des meubles de Henry Bowet, archevêque de York [latin, avec prix de vente].

[Meubles et tentures, vêtements et armes, chapelle, livres, argenterie et vaisselle, linge, ferme.]

> Way (A.), *The Archaeological Journal*, t. XIX (1862), p. 164-165 (armes). — Raine (J.), *Testamenta Eboracensia*, t. III, p. 69-81 (texte complet).

1423 ou 1424

1578. — Inventaire du mobilier de l'hôpital de Saint-Jean, à Sandwich, comté de Kent [latin].

> Boys (W.), *History of Sandwich*, p. 140.

1424, 3 mars.

1579. — Inventaire d'objets précieux du Trésor royal, mis en gage par Henri VI [français, avec prix].

[Tables, crucifix, images, hanaps.]

Palgrave (Fr.), *Kalendars and Inventories*, t. II, p. 117-120.

1424

1580. — Inventaire du mobilier de diverses cantaries de la cathédrale de York [comprenant les cantaries de Saint-André et de Saint-Nicolas] [latin].

Raine (J.), *The Fabric Rolls of York Minster*, p. 276, 299-300.

1424

1581. — Inventaire estimatif, après décès, des meubles d'Élisabeth, lady Clifford [latin].

Raine (J.), *Testamenta Eboracensia*, t. III, p. 85-86.

1424

1582. — Inventaire du mobilier de l'autel de Saint-Jean dans l'église de Saint-Cuthbert de Wells, comté de Somerset.

Serel (Th.), *Historical Notes on the Church of the St Cuthbert in Wells*, p. 100 (traduction anglaise).

1424

1583. — Inventaire du mobilier de la chapelle de Clodshale, dans l'église de Saint-Martin de Birmingham [anglais].

Dugdale (W.), *The Antiquities of Warwickshire* (London, T. Warren, 1656, in-f°), p. 663. — *Ibid.*, 2ⁿ édit. (London, J. Osborn, 1730, in-f°), p. 908. — Bunce (J.-P.), *History of Old S. Martin's Birmingham* (Birmingham, Cornish Brothers, 1875, in-f°), p. 5.

1425, 28 juin.

1584. — Inventaire des vêtements sacerdotaux et tentures envoyés à diverses églises de France, en vertu du testament de Henri V [latin].

Rymer (T.), *Fœdera*, 1ʳᵉ édit. (et réimpression de Holmes), t. X, p. 346. — *Ibid.*, 3ᵉ édit., t. IV, 4ᵉ partie, p. 116.

Vers 1425.

1585. — Inventaire estimatif, après décès, des meubles de John Talkan, bourgeois de York [latin].

Raine (J.), *Testamenta Eboracensia*, t. III, p. 87-89.

1427, 24 mars.

1586. — Inventaire d'objets exportés d'Angleterre pour le roi
de Portugal, Jean Ier le Grand [latin].

    [Lits, étoffes, chevaux.]

        Rymer (T.), *Fœdera*, 1re édit. (et réimpression de Holmes), t. X,
p. 391-392. — *Ibid.*, 3e édit., t. IV, 4e partie, p. 134.

1428, 18 mai.

1587. — Inventaire de fourrures et étoffes exportées d'Angleterre pour Jacqueline de Hainaut, comtesse de Hollande,
femme de Humfrey, duc de Gloucester, fils du roi Henri IV
d'Angleterre [latin].

        Ibid., p. 398. — 3e édit., t. IV, 4e partie, p. 137.

1430, 12 juillet.

1588. — Inventaire d'objets exportés pour Jacques I, roi d'Écosse.
[latin].

    [Étoffes, selles.]

        Ibid., p. 470. — 3e édit., t. IV, 4e partie, p. 165.

1430

1589. — Inventaire de vêtements et linge, ayant appartenu à feu
Thomas Sparowe, prieur de Farne, en partie dérobés par des
voleurs [anglais].

        Raine (J.), *North Durham*, p. 350.

1431

1590. — Inventaire estimatif du mobilier de l'église de Saint-
Peter Cheap de Londres [anglais].

    [Vêtements sacerdotaux, linge, bannières, vases sacrés,
joyaux, tableaux.]

        Simpson (W.-S.), *The Journal of the British Archaeological Asso-
ciation* (London, T. Richards, in-8e), t. XXIV (1868), p. 155-160.

1432, 29 décembre.

1591. — Inventaire du mobilier de l'église du prieuré de Selborne,
comté de Hants [latin].

        White (G.), *The Natural History and Antiquities of Selborne* (Lon-
don, T. Bensley, 1789, in-4e), appendice no IV, p. 463-465. — Macray
(W.-D.), *Notes from the muniments of St Mary Magdalen College,
Oxford, from the twelfth to the seventeenth century*, p. 9-11.

1434, 23 juin.

1592. — Inventaire des joyaux précieux donnés en gage par

Henri VI au cardinal Beaufort, évêque de Winchester [anglais].

Rymer (T.), *Fœdera*, 1ʳᵉ édit. (et réimpression de Holmes, t. X, p. 593-594. — *Ibid.*, 3ᵉ édit., t. V, 1ʳᵉ partie, p. 11. — Palgrave (Fr.), *Kalendars and Inventories*, t. II, p. 143-145.

1434, 20 octobre.

1593. — Inventaire du mobilier de l'église paroissiale de Scarborough, comté de York [latin].

[Vêtements sacerdotaux, livres, linge, tentures, vases sacrés, ivoires, reliquaires.]

Hope (W.-H.-St.-John), *Archaeologia*, t. LI (1888), p. 65-67.

1436

1594. — Inventaire du mobilier de la cantarie de Sainte-Marie-la-Vierge, dans la cathédrale de York [latin].

Raine (J.), *The Fabric Rolls of York Minster*, p. 296.

1436

1595. — Inventaire du mobilier du prieuré de Farne.

Raine (J.), *North Durham*, p. 351 (traduction anglaise, extraits).

1437, juillet.

1596. — Inventaire de joyaux rendus par le cardinal Beaufort, évêque de Winchester, au Trésor royal [français et anglais].
[Tables de reliques, coupes, salières.]

Palgrave (Fr.), *Kalendars and Inventories*, t. II, p. 164-168.

1437, 19 octobre.

1597. — Inventaire de l'argenterie du réfectoire de l'abbaye de Battle, comté de Sussex [latin].

Banks (R.-W.), *The Archaeological Journal*, t. XLI (1884), p. 88.

1437

1598. — Inventaire des armes appartenant au prieuré de Lindisfarne.

Raine (J.), *North Durham*, p. 119 (traduction anglaise).

1438, 16 juillet.

1599. — Inventaire d'argenterie ayant appartenu à Owen ap Meredith, livrée au Trésor royal [anglais, avec prix].

Palgrave (Fr.), *Kalendars and Inventories*, t. II, p. 173-175.

1438, 31 juillet.

1600. — Inventaire des meubles et livres, trouvés dans l'étude de maître Thomas Cooper, dans Brasenose Hall, à Oxford [latin].

> Anstey (H.), *Munimenta Academica, or documents illustrative of academical Life and Studies at Oxford [Chronicles and Memorials]*, (London, Longmans, 1868, in-8°), t. II, p. 515-516.

1438, 2 octobre.

1601. — Inventaire estimatif, après décès, des meubles de John Bradford, maçon, de la ville de York [latin].

> Raine (J.), *Testamenta Eboracensia*, t. III, p. 95.

1438

1602. — Inventaire estimatif, après décès, des meubles de William Ledale, chapelain [latin].

> *Ibid.*, p. 94-95 (extraits).

1438

1603. — Inventaire des meubles de la gilde des charpentiers de Londres [anglais].

> Jupp (E.-B.), *Historical account of the Worshipful Company of Carpenters of the City of London*, 2e édit. (London, Pickering and Chatto, 1887, in-8°), p. 17.

1439, 30 mars.

1604. — Inventaire des joyaux du Trésor royal, donnés en gage au cardinal de Beaufort, évêque de Winchester [anglais, avec prix].

> Caley (J.), *Archaeologia*, t. XX (1827), p. 35-38. — Palgrave (Fr.), *Kalendars and Inventories*, t. II, p. 183-186.

1439

1605. — Inventaire estimatif de la boutique de Robert Tankard, ceinturier et coutelier, de la ville de York [latin].

> Raine (J.), *Testamenta Eboracensia*, t. III, p. 96-97.

1440

1606. — Mobilier donné par sir Thomas Cumberworth à l'église paroissiale de Somerby, comté de Lincoln [anglais].

> Peacock (E.), *English Church Furniture, at the period of the Reformation* (London, John Camden Hotten, 1866, in-8°), p. 180-185.

1440

1607. — Inventaire du mobilier de l'autel de la Sainte-Vierge, dans l'église de Saint-Cuthbert à Wells, comté de Somerset.

Serel (Th.), *Historical Notes on the Church of St Cuthbert in Wells,* p. 97 (traduction anglaise).

Vers 1440.

1608. — Inventaires des joyaux et des objets d'or et d'argent du Trésor, sous Henri VI [anglais].

[Colliers, tables, images, salières, bassins, coupes.]

Palgrave (Fr.), *Kalendars and Inventories,* t. II, p. 241-258.

1441, 18 juillet.

1609. — Inventaire des meubles de la gilde des pelletiers (Skinners' Company) de Londres [anglais].

[Vêtements et vases sacrés.]

Wadmore (J.-F.), *Transactions of the London and Middlesex Archaeological Society,* t. V (1881), p. 117.

1441, 20 décembre.

1610. — Inventaire estimatif des meubles de Harry Keys, écolier d'Oxford [anglais].

Anstey (H.), *Munimenta Academica,* t. II, p. 525.

1443, 12 juillet.

1611. — Inventaire estimatif des biens confisqués de John Brette et de Nicholas Beliane, écoliers d'Oxford, bannis pour forfaits [latin].

Ibid., p. 532.

Avant 1444.

1612. — Inventaire du mobilier d'une ferme, engagé par William Paston à William Joye.

Gairdner (J.), *The Paston Letters,* t. III, p. 417-420.

1444

1613. — Inventaire estimatif des biens de John Danby [latin].

Raine (J.), *Wills and Inventories,* t. I, p. 90. — Ingledew (C.-J.-D.), *History and Antiquities of North Allerton* (London, Bell and Daldy, 1858, in-8°), p. 325.

1445, 22 avril.

1614. — Inventaire estimatif, après décès, des meubles de James Hedyan, bachelier « in utroque jure », d'Oxford [latin].

Anstey (H.), *Munimenta Academica,* t. II, p. 544-546.

1445, 7 juillet.

1615. — Inventaire de la chapelle de la Sainte Vierge, dans la cathédrale de Saint-Paul de Londres [latin].

[Chandeliers et objets en cristal, paix, images d'ivoire, tapis, tentures, vêtements sacerdotaux, livres de chant.]

Simpson (W.-S.) *Archaeologia,* t. L (1887), p. 520-524.

Vers 1445 (?)

1616. — Inventaire estimatif, après décès, des meubles de John Cadeby, maçon, de Beverley [latin].

Raine (J.), *Testamenta Eboracensia,* t. III, p. 97-101.

1446, 18 février.

1617. — Inventaire de calices de divers autels et d'objets précieux appartenant à la cathédrale de Saint-Paul de Londres [latin].

Simpson (W.-S.), *Archaeologia,* t. L (1887), p. 518-519, 520.

1446, 20 octobre.

1618. — Inventaire estimatif du magasin et de l'argenterie de Thomas Gryssop, marchand de York [latin].

[Étoffes, mercerie, épicerie.]

Raine (J.), *Testamenta Eboracensia,* t. III, p. 101-104.

1446

1619. — Inventaire des meubles du prieuré de Durham [latin].
[Chapelles, chambres, cour, garde-robe, argenterie, tentures, vaisselle, ustensiles de fermes.]

Raine (J.) *Wills and Inventories,* t. I, p. 90. — Raine (J.), *Historiæ Dunelmensis scriptores tres* [t. IX *Surtees Society*], (London, J.-B. Nichols and Son, 1839, in-8°), p. CCLXXXV-CCLXXXIX, CCXCIII, CCXCIV-CCXCV, CCXCVI, CCXCIX.

1446

1620. — Inventaire du mobilier des autels de la Sainte Vierge et de la Sainte Trinité, dans l'église de Saint-Cuthbert de Wells, comté de Somerset.

Serel (Th.), *Historical Notes on the Church of St Cuthbert in Wells,* p. 97-98 (traduction anglaise).

1447, 10 mai

1621. — Inventaire estimatif des meubles de William Bullfynche, saisis pour soupçon de crime [latin].

Hutchins (J.), *The History and Antiquities of the County of Dorset*, 2e édit. (London, John Nichols, 1796-1815, in-f°), t. II, p. 400. — *Ibid.*, 3e édit., t. III, p. 11.

1447, 4 octobre.

1622. — Inventaire du mobilier de l'église de Bridgwater, comté de Somerset [anglais].

Third Report of the Royal Commission on Historical Manuscripts (London, Eyre and Spottiswoode, 1872, in-f°), p. 316.

1448, 25 février-avril.

1623. — Inventaire des livres d'église, vêtements et vases sacrés, clochettes, linge, mobilier et fournitures de divers autels de l'église paroissiale de Thame, comté d'Oxford [anglais].

Lee (F.-G.), *The History, Description and Antiquities of the Prebendal Church of the Blessed Virgin Mary of Thame* (London, Mitchell and Hughes, 1883, in-f°), p. 29-35.

1448, 29 mars.

1624. — Inventaire estimatif des meubles de Harry Layton et de John Morris, chapelains, d'Oxford [anglais].

Anstey (H.), *Munimenta Academica*, t. II, p. 565-566, 566-567.

1448, 13 août.

1625. — Inventaire des meubles de maître Ralph Dreff, d'Oxford [latin].

Ibid., t. II, p. 582-584.

1448, 7 octobre.

1626. — Inventaire de l'argenterie d'église et de maison, des vêtements sacerdotaux et de la bibliothèque de l'hôpital de Sainte-Marie, « Elsynge-spital », de Londres [latin].

Malcolm (J.-P.), *Londinium redivivum*, t. I, p. 27-30.

1448

1627. — Inventaire estimatif des meubles de Symon Beryngton et de « Samon », écoliers d'Oxford [latin].

Anstey (H.), *Munimenta Academica*, t. II, p. 579.

1449, 13 juin.

1628. — Inventaire estimatif, après décès, des meubles, de l'argenterie et de la chapelle de Thomas Morton, chanoine de York [latin].

Raine (J.), *Testamenta Eboracensia*, t. III, p. 107-114.

1449, 12 septembre.

1629. — Inventaire des meubles donnés par John Clerk, chapelain, à la chapelle de Sainte-Marie-Madeleine, près de York
[latin].

> *Ibid.*, t. II, p. 151-152.

1449 (ou 1450?) 29 septembre.

1630. — Inventaire du mobilier de la chapelle de Saint-André
de Bridport, comté de Dorset [anglais].

> Hutchins (J.), *The History and Antiquities of the County of Dorset*,
> 3ᵉ édit., t. II, p. 23. — *Sixth Report of the Royal Commission on His-*
> *torical Manuscripts*, p. 477.

1449, 27 novembre.

1631. — Inventaire des joyaux et argenterie, remis par le trésorier de la Chambre du roi, au trésorier de l'Echiquier [latin].

> Palgrave (Fr.), *Kalendars and Inventories*, t. II, p. 204-207.

1450, 23 mars.

1632. — Inventaire des joyaux et objets d'or, remis par le trésorier
de la Chambre du roi, au trésorier de l'Echiquier [latin].

> *Ibid.*, p. 214-216.

1450, 21 juillet.

1633. — Argenterie et autres objets de valeur, saisis sur Jack
Cade et ses compagnons rebelles [anglais].

> *Ibid.*, p. 219-220.

Vers 1450.

1634. — Inventaire du mobilier de la chapelle de Sainte-Catherine, dans l'église de Bridgwater [anglais].

> Jones (W.-A.), *Proceedings of the Somersetshire Archaeological and*
> *Natural History Society* (Taunton, F. May : London, Bell and Daldy,
> in-8°), t. VII (1858), p. 102-103.

1450 (?)

1635. — Inventaire des vêtements sacerdotaux appartenant à
New College, à Oxford [anglais].

> *Second Report of the Royal Commission on Historical Manuscripts*
> p. 135.

1451, 9 mai.

1636. — Inventaire estimatif des meubles de maître Henry
Calday, à Oxford [latin].

> Anstey (H.), *Munimenta Academica*, t. II, p. 605-613.

1451, 23 mai.

1637. — Inventaire estimatif du mobilier et des joyaux de John Harrys, « bedellus theologiae », à Oxford, retenus par un créancier [latin].

Ibid., p. 615-616.

1451, 27 mai.

1638. — Inventaire du mobilier d'église et de maison du prieuré des Bénédictines d'Easebourne, comté de Sussex [latin].

Blaauw (W.-H.), *Sussex Archaeological Collections, published by the Sussex Archaeological Society*, t. IX (1857), p. 10-12 (avec traduction anglaise). — Macray (W.-D.), *Notes from the muniments of St Mary Magdalen College, Oxford*, p. 86-87.

1451, 3 juillet.

1639. — Inventaire du mobilier de la maison et des chevaux du prévôt de Kings College, à Cambridge [anglais.]

Clark (J.-W.), *Cambridge Antiquarian Communications; being papers presented at the meetings of the Cambridge Antiquarian Society* (Cambridge, Deighton, Bell and C°, in-8°), t. IV (1881), p. 289-290.

1451, 15 octobre.

1640. — Inventaire estimatif, après décès, des meubles de Thomas Vicars, fermier [latin].

Raine (J.), *Testamenta Eboracensia*, t. III, p. 118-120.

1451

1641. — Inventaire estimatif, après décès, de la boutique de John Stubbes, barbier, à York [latin].

Ibid., p. 118.

1451

1642. — Inventaire du mobilier d'église et de maison et de la bibliothèque du prieuré de Farne.

Raine (J.), *North Durham*, p. 353 (traduction anglaise).

1452, juin-juillet.

1643. — Inventaire estimatif de biens appartenant aux écoliers bénédictins de Burnells Inn, à Oxford, et confisqués sur leur refus de payer loyer au collège de Balliol [latin].

[Mobilier de la chapelle, cuisine, salle commune.]

Anstey (H.), *Munimenta Academica*, t. II, p. 629-631.

1452

1644. — Inventaire du mobilier de la chapelle de Kings College,
à Cambridge [anglais].

[Vêtements sacerdotaux (provenant de la succession d'Humfroi, duc de Gloucester), images, croix, vases sacrés d'or et
d'argent, reliquaires et joyaux, livres d'église.]

> Williams (G.), *The Ecclesiologist* (London, J. Masters, in-8°), t. XX,
> (1859), p. 311-313, t. XXI (1860), p. 5-7, t. XXIV (1863), p. 100-102.

1453, 20 février.

1645. — Inventaire estimatif, après décès, des meubles de William Mylle, d'Oxford [latin].

> Anstey (H.), *Munimenta Academica*, t. II, p. 658.

1453, mars.

1646. — Inventaire estimatif, après décès, des meubles de William Duffield, chanoine de York, Southwell et Beverley [latin].

[Argenterie, chapelle et meubles de diverses maisons
canoniales, livres, vêtements, linge, vaisselle et ustensiles.]

> Raine (J.), *Testamenta Eboracensia*, t. III, p. 129-139, 145-146.

1453, 9 octobre.

1647. — Inventaire du mobilier de l'hôpital de Saint-Jean-Baptiste et de sa chapelle, à Bridport, comté de Dorset [an-
glais].

> *Sixth Report of the Royal Commission on Historical Manuscripts*,
> p. 493.

1454-1455

1648. — Inventaire d'armes, bannières et livrées du dépôt de la
Tour de Londres [anglais].

> Lysons (S.), *Archaeologia*, t. XVI (1812), p. 123-126. — Nicolas (N.-H.),
> *Ibid.*, t. XXXI (1846), p. 382-384.

1455, 24 novembre.

1649. — Inventaire, après décès, des meubles de John Las-
schowe, prêtre, écolier d'Oxford [latin et anglais].

> Anstey (H.), *Munimenta Academica*, t. II, p. 663-664.

Vers 1455

1650. — Inventaire des armes appartenant au collège de Winchester [latin].

> Way (A.), *The Archaeological Journal*, t. VIII (1851), p. 87.

1456, 23 avril.

1651. — Inventaire des meubles emportés par Vincent Clément, collecteur du pape en Angleterre [latin].

> Rymer (T.), *Fœdera,* 1ʳᵉ édit. (et réimpression de Holmes), t. XI, p. 378. — *Ibid.,* 3ᵉ édit., t. V, 2ᵉ partie, p. 67.

1458

1652. — Inventaire de l'église de Chiswick, près de Londres [anglais].

> Faulkner (Th.), *The History and Antiquities of Brentford, Ealing and Chiswick,* p. 298, 300.

1459

1653. — Inventaire, après décès, de l'argenterie de maison et de chapelle de sir John Fastolf, ainsi que des vêtements, tentures, armes, meubles, vaisselle et ustensiles de son château de Caistor [anglais].

> Amyot (T.), *Archaeologia,* t. XXI (1827), p. 238-251, 252-279. — Gairdner (J.), *The Paston Letters,* A. D. 1422-1509 (London, 1872-1875, in-12), t. I, p. 467-475, 475-490.

1460

1654. — Inventaire estimatif, après décès, des meubles de John Monkton [latin].

> [Grains, ustensiles de ferme.]

> Fowler (J.-T.), *Acts of Chapter of the Collegiate Church of SS. Peter and Wilfrid, Ripon, A. D. 1452 to A. D. 1506* [t. LXIV *Surtees Society*], (Durham, Andrews and Cᵒ, 1875, in-8ᵒ), p. 364-365.

Vers 1460.

1655. — Inventaire des meubles de maître Richard Bernys, de Magdalen College, à Oxford [latin].

> Macray (W.-D.), *Notes from the Muniments of St Mary Magdalen College, Oxford,* p. 19-20.

Sans date, mais avant 1462.

1656. — Inventaire du trésor et de la chapelle du collége d'All Souls, à Oxford [latin].

> Gutch (J.), *Collectanea curiosa; or, Miscellaneous Tracts relating to the History and Antiquities of England and Ireland* (Oxford, J. and J. Fletcher, in-8ᵒ), t. II, p. 257-265.

1463, 15 mai.

1657. — Inventaire du mobilier d'une maison à « litill Barw », rédigé par le propriétaire [anglais].

The Retrospective Review (London, J.-R. Smith, in-8°), t. I (1853), p. 101-102.

1463 (?)

1658. — Inventaire estimatif des meubles de W. Lydbery (prêtre?), d'Oxford [anglais].

Anstey (H.). *Munimenta Academica*, t. II, p. 698.

1464, février.

1659. — Inventaire estimatif des meubles de John Hosear, d'Oxford [anglais].

Ibid., p. 704-705.

1464

1660. — Inventaire du mobilier de la cantarie de Saint-Cuthbert, dans la Cathédrale de York [latin].

Raine (J.), *The Fabric Rolls of York Minster*, p. 281.

1464

1661. — Inventaire du mobilier du manoir de Beaurepaire, maison de campagne du prieur de Durham [latin].

Greenwell (W.), *Feodarium prioratus Dunelmensis. A Survey of the estates of the Prior and Convent of Durham compiled in the fifteenth century* [t. LVIII Surtees Society], (Durham, Andrews and C°, 1872, in-8°), p. 190-191.

1465, 22 février.

1662. — Inventaire de l'argenterie, des livres, ornements et mobilier de l'église collégiale de Sainte-Marie de Warwick [anglais].

Notices of the Churches of Warwickshire. Under the Superintendence of the Architectural Committee of the Warwickshire Natural History and Archaeological Society. Deanery of Warwick, vol. I (Warwick, H.-T. Cooke, 1847, in-8°), p. 14-20, 55 et notes g et h (extraits).

1465, 14 octobre.

1663. — Inventaire d'objets pris par les gens du duc de Suffolk, à l'attaque de la maison de John Paston, à Hellesdon, près de Norwich [anglais].

[Meubles, joyaux, habillements, linge, ustensiles.]

Gairdner, (J.), *The Paston Letters*, t. III, p. 434-437.

1465, 26 octobre.

1664. — Inventaire du mobilier appartenant à la gilde du *Corpus Christi*, à York [latin].

Skaife (R.-H.), *The Register of the Guild of Corpus Christi, in the City of York, with an Appendix of illustrative documents* [t. LVII Surtees Society], (Durham, Andrews and C°, 1872, in-8"), p. 287-295.

1465

1665. — Inventaire du prieuré de Finchale [latin].

Raine (J.), *The Priory of Finchale*, p. ccxcviii-ccxcix.

1466, août et septembre.

1666. — Inventaire de meubles appartenant à Alice, duchesse douairière de Suffolk, à sa maison de Ewelme, comté d'Oxford. [anglais].

[Vases sacrés, vêtements sacerdotaux, livres, tentures, lits.]

Eighth Report of the Royal Commission on Historical Manuscripts (London, Eyre and Spottiswoode, 1881, in-f"), p. 628-629.

1466

1667. — Inventaire du mobilier de l'église de Saint-Etienne, Coleman Street, de Londres [anglais].

[Vases sacrés, chandeliers, lampes, livres d'église, vêtements sacerdotaux, tentures d'autel, linge, coussins, bannières, ornements pour la saint Nicolas, sépulcre.]

Freshfield (E.), *Archaeologia*, t. L (1887), p. 34-45.

1466

1668. — Inventaire du mobilier de l'église d'All Saints, de Derby [anglais].

[Détails de cierges entretenus par des individus et des corporations.]

Cox (J.-C.), *Notes on the Churches of Derbyshire*, t. IV, p. 85-87. — Cox (J.-C.) et Hope (W.-H.-St-John), *The Chronicles of the Collegiate Church or Free Chapel of All Saints, Derby* (London, Bemrose and Sons, 1881, in-4°), p. 157-161.

1467, 22 janvier.

1669. — Inventaire des joyaux, fourrures et étoffes, donnés, lors de son mariage, par Sir John Howard, plus tard duc de Norfolk, à sa deuxième femme [anglais].

Seventh Report of the Royal Commission on Historical Manuscripts, p. 537.

1468, 31 mars.

1670. — Inventaire du mobilier précieux d'or et d'argent, de la chapelle de Beauchamp, dans l'église collégiale de Sainte-Marie de Warwick [anglais].

Notices of the Churches of Warwickshire, p. 56-60.

1468, 30 avril.

1671. — Inventaire estimatif, après décès, des meubles d'Élisabeth Sywardby, veuve d'un gentilhomme [latin].

> Raine (J.), *Testamenta Eboracensia*, t. III, p. 161-167.

1469, 21 novembre.

1672. — Inventaire des meubles de la gilde de Saint-Georges,
de la ville de Norwich, conservés dans un coffre de la Cathédrale [anglais].

> *Norfolk Archaeology*, t. III, p. 337-338.

1470, 2 août.

1673. — Inventaire du mobilier de l'église de Saint Margaret
Pattens de Londres [anglais].

> Fish (J.-L.), *The Union Review. A Magazine of Catholic Literature
> and Art* (London, J.-T. Hayes, in-8°), t. V (1867), p. 293-299. — Hope
> (W.-H.-St-John), *The Archaeological Journal*, t. XLII (1885), p. 313-320.

1470

1674. — Inventaire du mobilier de la chapelle fondée par
Walter Frampton, dans l'église de Saint-Jean-Baptiste de Bristol
[anglais].

> Nicholls (J.-F.) et Taylor (J.), *Bristol Past and Present*, t. II, p. 150.

1472

1675. — Inventaire du mobilier de la chapelle, fondée par Robert
Hungerford, dans la cathédrale de Salisbury [anglais].

[Tentures d'autel (description détaillée), vases sacrés, vêtements sacerdotaux, livres d'église.]

> Jackson (J.-E.), *The Wiltshire Archaeological and Natural History
> Magazine* (Devizes, H. F. and E. Bull : London, Bell et Daldy, in-8°),
> t. XI (1869), p. 334-339.

1473, 9 avril.

1676. — Inventaire du mobilier de l'hôtellerie « The George
Inn » à Salisbury [latin].

[Meubles, avec leurs dimensions.]

> Hoare (R.-C.), *The History of Modern Wiltshire. Old and New
> Sarum*, t. VI, p. 770-771 (extraits).

Vers 1473.

1677. — Inventaire du mobilier de chapelle du collège de Sainte-
Catherine de Cambridge, au moment de sa fondation.

> *Fourth Report of the Royal Commission on Historical Manuscripts*

(London, Eyre and Spottiswoode, 1874, in-f°), p. 422, 423 (traduction anglaise).

1473?

1678. — Inventaire du mobilier de l'église de Sainte-Marie de Sandwich, comté de Kent [anglais].

[Argenterie, reliquaires, vêtements sacerdotaux et bannières, livres d'église, livre d'orgue, linge.]

Boys (W.), *History of Sandwich*, p. 374-377.

1474, 25 novembre.

1679. — Inventaire du mobilier de la chapelle, et vaisselle de la chambre du chapelain de Sainte-Catherine de Bridport, comté de Dorset [anglais].

Hutchins (J.), *The History and Antiquities of the County of Dorset*, 3° édit., t. II, p. 28-29. — *Sixth Report of the Royal Commission on Historical Manuscripts*, p. 488.

Vers 1474.

1680. — Inventaire des effets personnels de plusieurs tenants et domestiques de la famille Paston [anglais].

Gairdner (J.), *The Paston Letters*, t. III, p. 406-411.

1475

1681. — Inventaire du mobilier de l'église de High Wycombe, comté de Buckingham [anglais, avec additions postérieures].

Fifth Report of the Royal Commission on Historical Manuscripts (London, Eyre and Spottiswoode, 1876, in-f°), p. 554-555. — Parker (J.), *The early History and Antiquities of Wycombe* (Wycombe, Butler and Son, 1878, in-4°), p. 106-107.

1476, 21 avril.

1682. — Inventaire du mobilier de l'église de Bridport, comté de Dorset.

Hutchins (J.), *The History and Antiquities of the County of Dorset*, 3° édit., t. II, p. 29 (traduction anglaise).

1476

1683. — Inventaire des meubles d'église et de maison de la confrérie du *Corpus Christi*, à Maidstone [anglais].

Gilbert (W.-B.), *Accounts of the Corpus Christi Fraternity, and papers relating to the Antiquities of Maidstone* (Maidstone, Wescomb and Smith, 1865, in-12), p. 21-22.

1477

1684. — Inventaire du magasin de mercerie et d'épicerie d'Alexander Staney [anglais, avec prix].

Earwaker (J.-P.), *Lancashire and Cheshire Wills and Inventories at Chester* [nouv. sér., t. III *Chetham Society*], (Manchester, 1884, in-4°), t. IV, p. 1-5.

1477

1685. — Inventaire du mobilier de la cantarie de Saint-Christophe, dans la cathédrale de York [latin].

Raine (J.), *The Fabric Rolls of York Minster*, p. 280.

1478

1686. — Inventaire de l'argenterie appartenant au prieuré de Durham, prise par Richard Bell, ancien prieur, nommé évêque de Carlisle, et recouvrée par Robert Ebchester, son successeur [latin].

Raine (J.), *The Priory of Finchale*, préface, p. xxx-xxxi.

1479, 25 décembre.

1687. — Inventaire du trésor de la chapelle de Cobham, comté de Kent [latin].

Thorpe (J.), *Registrum Roffense* (London, T. Longman, 1769, in-f°), p. 239-41.

Après 1479

1688. — Inventaire d'argenterie et de vaisselle d'or [anglais].

Gairdner (J.), *The Paston Letters*, t. III, p. 270-274.

1480, 24 janvier.

1689. — Inventaire des vêtements sacerdotaux appartenant à Lincoln College, à Oxford.

Second Report of the Royal Commission on Historical Manuscripts, p. 130-131 (traduction anglaise).

1480, 24 mai.

1690. — Inventaire du prieuré de Jarrow [latin].

Raine (J.), *Jarrow and Wearmouth*, p. 121-123.

1480, 30 septembre.

1691. — Inventaire des croix, vases sacrés, vêtements sacerdotaux, tentures, sépulcre, bannières, livres d'église et mobilier de l'église de Hadleigh, comté de Suffolk [anglais].

Pigot (H.), *Proceedings of the Suffolk Institute of Archaeology* (Lowestoft, Samuel Tymms, in-8°), t. III (1863), p. 253-263.

Vers 1480

1692. — Inventaire estimatif, après décès, de la boutique d'un vendeur de flèches, à York [anglais].

Raine (J.), *Testamenta Eboracensia*, t. III, p. 253.

Vers 1480

1693. — Inventaire du mobilier de l'église de Saint Stephen Walbrook, de Londres [anglais].

[Images, joyaux d'argent, cristal, reliques.]

Milbourn (T.), *Transactions of the London and Middlesex Archaeological Society*, t. V (1881), p. 333-335, 340-343, (extraits).

1481, 9 juin.

1694. — Inventaire du mobilier d'église, des ustensiles de maison
et armes du prieuré de Lindisfarne.

Raine (J.), *North Durham*, p. 123 (traduction anglaise, extraits).

1481

1695. — Inventaire estimatif, après décès, des meubles de William Coltman, brasseur, de la ville de York [latin].

(Raine (J.), *Testamenta Eboracensia*, t. III, p. 261 (extraits).

1481

1696. — Inventaire du mobilier de la maison, située dans Botolph
Lane, d'Agarino Contarini, marchand de Venise établi à
Londres [anglais].

[Nichols (J.)], *Illustrations of the manners and expences of antient times
in England, in the fifteenth, sixteenth and seventeenth centuries, dedu-
ced from the Accompts of Churchwardens* (London, John Nichols, 1797,
in-4°), p. 118-119.

1482, 30 mai.

1697. — Inventaire du mobilier de Nicholas Breycall et de sa
femme Agnès [latin, avec prix].

Records of the Borough of Nottingham (London, B. Quaritch, 1882-
1885, in-8°), t. II, p. 322.

1483

1698. — Inventaire du mobilier de plusieurs cantaries de la
cathédrale de York [comprenant les cantaries de SS. Anne,
Anthoine et Ste Croix, Ste Cécile, S. Édouard, S. Grégoire,
SS. Innocents, SS. Jacques et Catherine, S. Jérôme,
S. Jean de Beverley, 1re et 2e cant., S. Jean Baptiste, 1re et
3e cant., S. Jean l'Évangéliste, S. Laurent, 2e cant., SS. Marie et Jean, S. Nicolas, 1re et 2e cant., S. Thomas de Cantorbéri, 1re et 2e cant.] [latin].

Raine (J.), *The Fabric Rolls of York*, p. 277-303.

1483

1699. — Récolement de l'inventaire de 1466 du mobilier de l'église d'All Saints de Derby [anglais].

[Détails de cierges entretenus.]

Cox (J.-C.), et Hope (W.-H.-St-John), *The Chronicles of the Free Chapel of All Saints, Derby*, p. 163-165.

1484, 2 août.

1700. — Inventaire du mobilier de la chapelle de Wanborough, comté de Wilts [latin].

Macray (W.-D.), *Notes from the Muniments of St Mary Magdalen College, Oxford*, p. 17.

1484-1485.

1701. — Inventaire des meubles appartenant à la gilde des merciers, quincailliers et orfèvres de la ville de Shrewsbury [anglais].

Leighton (W.-A.), *Transactions of the Shropshire Archaeological and Natural History Society* (Shrewsbury, Adnitt and Naunton : Oswestry, Woodall, Minshall and Co, in-8o), t. VIII (1885), p. 395.

1485, 14 septembre.

1702. — Inventaire estimatif, après décès, des meubles du magasin de John Carter, tailleur, de la ville de York [latin].

Raine (J.), *Testamenta Eboracensia*, t. III, p. 300-302.

1485, 6 octobre.

1703. — Inventaire du mobilier de l'église de Saint-André de Cantorbéri [anglais].

Cowper (J.-M.), *Archaeologia Cantiana*, t. XVII (1887), p. 150-152.

1485

1704. — Inventaire estimatif, après décès, des meubles de Margaret Pigott [latin].

Fowler (J.-T.), *Acts of Chapter of the Collegiate Church of SS. Peter and Wilfrid, Ripon*, p. 366-374.

1485

1705. — Inventaire du mobilier d'église et de maison du prieuré des Bénédictines de Langley, comté de Leicester [anglais].

Walcott (M.-E.-C.), *Reports and Papers of the Associated Architectural Societies* (Lincoln, James Williamson, in-8o), t. VI (1871-1872), p. 202-206.

1485-1486

1706. — Inventaire du mobilier de l'église de Saint Mary Hill de Londres [anglais].

[Nichols (J.)], *Accompts of Churchwardens*, p. 112-116. — Malcolm (J.-P.), *Londinium redivivum*, t. IV, p. 421-423. — Allen (Th.), *The History and Antiquities of London, Westminster, Southwark and parts adjacent* (London, Cowie and Strange, 1828, in-8°), t. III, p. 116-117.

1487, 7 mars.

1707. — Inventaire des additions faites au mobilier de l'église de Saint Margaret Pattens de Londres, depuis l'inventaire de 1470, et additions postérieures [anglais, avec prix.]

Fish (J.-L.), *The Union Review*, t. V (1867), p. 299-304. — Hope (W.-H.-St-John), *The Archaeological Journal*, t. XLII (1885), p. 320-325.

1487, 18 mai.

1708. — Inventaire d'argenterie, vaisselle, vêtements, joyaux et meubles d'Élisabeth Browne, à Londres [anglais].

Gairdner (J.), *The Paston Letters*, t. III, p. 463-466.

1487-1488

1709. — Inventaire des meubles de la gilde des vendeurs de cuir de Londres [anglais].

Black (W.-H.), *History and Antiquities of the Worshipful Company of Leathersellers, of the City of London* (London, Edward J. Francis, 1871, in-f°), p. 98-99.

1488, 1 août.

1710. — Inventaire estimatif, après décès, des meubles d'appartement, vaisselle et ustensiles, argenterie, vêtements, armes, linge, mobilier de chapelle de Robert Morton, gentilhomme, dans ses maisons de Londres et de Standen, comté de Herts [anglais].

Thompson (E.-M.), *The Journal of the British Archaeological Association*, t. XXXIII (1877), p. 315-327.

1488, 6 septembre.

1711. — Inventaire estimatif, après décès, des meubles de Thomas Creyke, gentilhomme [latin].

Raine (J.), *Testamenta Eboracensia* [t. LIII *Surtees Society*], (Durham, Andrews, 1869, in-8°), t. IV, p. 34-37.

1488

1712. — Inventaire du mobilier de la chapelle de Sainte-Marie-sur-le-pont, de Derby [anglais].

[Vêtements pour l'image (description détaillée), « *ex-voto* », vêtements sacerdotaux.]

Cox (J.C.). *Notes on the Churches of Derbyshire*, t. IV, p. 104-105. — Cox (J.-C.) et Hope (W.-H.-St-John), *The Chronicles of the Free Chapel of All Saints, Derby*, p. 85-86.

1489, 26 mars.

1713. — Inventaire des croix, calices, ostensoirs, vêtements sacerdotaux, tentures d'autel, bannières, lampes, livres d'église, images, tables de prières de l'église de Saint Christopher-le-Stocks, de Londres [anglais].

Freshfield (E.), *Archaeologia*, t. XLV (1880), p. 111-120.

1489, 28 mai.

1714. — Inventaire du prieuré de Wearmouth [latin].

Raine (J), *Jarrow and Wearmouth*, p. 220.

1490, 28 mars.

1715. — Inventaire du mobilier de l'hôpital de Saint-Jean, à Sandwich, comté de Kent [anglais].

Boys (W.), *History of Sandwich*, p. 141.

1490, 12 août.

1716. — Inventaire estimatif, après décès, des meubles du magasin de John Colan, orfèvre, de la ville de York [latin].

Raine (J.), *Testamenta Eboracensia*, t. IV, p. 56-59.

1490-1534

1717. — Inventaires des effets appartenant à diverses gildes de la ville de Coventry, pour les représentations théâtrales des Mystères [anglais].

Sharp (Thomas), *A Dissertation on the Pageants, or Dramatic Mysteries anciently performed at Coventry by the Trading Companies of that city* (Coventry, Merridew and Son,, 1825, in-4°), p. 16-17, 47, 67.

Vers 1490

1718. — Inventaire du mobilier de Pembroke College, à Cambridge.

First Report of the Royal Commission on Historical Manuscripts (London, Eyre and Spottiswoode, 1870, in-f°), p. 71 (traduction anglaise, extraits).

1491, 19 janvier.

1719. — Inventaire de l'argenterie appartenant à la gilde des marchands tailleurs de Londres [anglais].

Clode (C.-M.), *Memorials of the Guild of Merchant Taylors of the Fraternity of Saint John the Baptist in the City of London* (London, Harrison and Son, 1875, in-8°), p. 82-83.

1491

1720. — Inventaire du prieuré de Jarrow [brouillon et original : latin].

Raine (J.), *Jarrow and Wearmouth*, p. 125-127, 128-130.

1491-1492

1721. — Inventaire des meubles de la confrérie du nom de Jésus, à Henley-on-Thames [anglais].

Burn (J.-S.), *History of Henley-on-Thames, in the County of Oxford* (London, Longman and C°, 1861, in-8°), p. 184-185.

1492

1722. — Inventaire du mobilier de l'église de Walberswick, comté de Suffolk [anglais].

[Nichols (J.)], *Accompts of Churchwardens*, p. 190.

1493 ou 1494

1723. — Inventaire du mobilier d'église et de maison du prieuré de Lindisfarne.

Raine (J.). *North Durham*, p. 124 (traduction anglaise, extraits).

1495, 29 septembre.

1724. — Inventaire du mobilier de la chapelle de Saint-Nicolas de Lynn, comté de Norfolk [anglais].

Taylor (William), *The Antiquities of Kings Lynn, Norfolk* (Lynn, J. Thew, 1844, in-8°), p. 122-123.

1496, 18 janvier.

1725. — Inventaire estimatif du mobilier d'Élisabeth Spenser et d'Alice Spenser de Nottingham, retenu par Emma Spenser [latin].

Records of the Borough of Nottingham, t. III (1885), p. 38-40.

1496, 30 mars.

1726. — Inventaire d'ustensiles divers de William Conington, retenus par Edward Wilson, de Nottingham, [latin, avec prix].

Ibid., p. 44.

1496, 30 août.

1727. — Inventaire des meubles de Nicolas Atkynson [anglais].

Ibid., p. 297.

1497, 25 décembre.

1728. — Inventaire des meubles de la gilde des fondeurs de Londres [anglais].

Williams (W.-M.), *Annals of the Worshipful Company of Founders of the City of London* (London, W.-H. Boosey and C°, [1867], in-8°) p. 43-45, 243-244. — Stahlschmidt (J.-C.-L.), *The Archaeological Journal*, t. XLIII (1886), p. 165-166.

1498, 17 avril.

1729. — Inventaire du mobilier de l'église de Bassingbourn, comté de Cambridge [anglais].

Lumby (J.-R.), *The East Anglian* (Lowestoft, S. Tymms, in-8°), t. IV, (1869), p. 61-65.

1498, 21 novembre.

1730. — Prisée du mobilier de William Owthorpe [anglais].

Records of the Borough of Nottingham, t. III, p. 298.

1498, 30 novembre.

1731. — Prisée du mobilier de Thomas Ball, tailleur de Nottingham [anglais].

Ibid., p. 299.

1498

1732. — Inventaire d'argenterie, vaisselle, meubles et bibliothèque du collége d'Auckland [anglais].

Raine (J.), *Wills and Inventories*, t. I, p. 101-103.

1499, 15 octobre.

1733. — Inventaire des poids et mesures de la Maison de ville de Windsor [anglais].

Tighe (R.-R.) et Davis (J.-E.), *Annals of Windsor* (London, Longman, 1858, in-8°), t. I, p. 418-419.

1499

1734. — Inventaire estimatif, après décès, des meubles de Thomas Arkyndal [anglais].

Raine (J.), *Wills and Inventories*, t. I, p. 104. — Ingledew (C.-J.-B.), *History and Antiquities of North Allerton*, p. 327.

1500, 1er mai.

1735. — Inventaire du mobilier de l'église de Saint-Dunstan de Cantorbéri [anglais].

Bunce (J.-B.), *The Gentleman's Magazine* (London, W. Pickering, in-8°), nouv. sér., t. VIII (1837), p. 569-571. — *Archaeologia Cantiana*, t. XVI (1886), p. 312-316.

1500, 6 juillet.

1736. — Inventaire estimatif, après décès, des chapelle, meubles d'appartements, vêtements, argenterie, livres, ustensiles et bestiaux de Thomas Keble, avocat [anglais].

> *The Gentleman's Magazine* (London, F. Newbery, in-8°), t. XXXVIII (1768), p. 257-259. — [Nichols (J.)], *Accompts of Churchwardens*, p. 239-242.

Vers 1500

1737. — Inventaire des joyaux, vases d'or et d'argent, ornements, vêtements et livres, appartenant à la cathédrale d'York, avec récolement de 1510 [latin].

> Dugdale (W.), *Monasticon Anglicanum*. t. III, 1re p., p. 169-180. — *Monasticon Anglicanum*, nouv. édit. et édit. de 1846, t. VIII, p. 1202-1210. — Raine (J.), *The Fabric Rolls of York Minster*, p. 212-235.

Vers 1500

1738. — Inventaire estimatif, après décès, du magasin, des étoffes, mercerie, vaisselle, ustensiles, vêtements, armes et meubles de Richard Bisnop [anglais].

> Raine (J.), *Testamenta Eboracensia*, t. IV, p. 191-193.

S. d., mais au commencement du XVᵉ siècle.

1739. — Inventaire des vêtements sacerdotaux et argenterie du collége du *Corpus Christi*, à Cambridge.

> *First Report of the Royal Commission on Historical Manuscripts*, p. 66 (traduction anglaise, extraits).

XVᵉ siècle.

1740. — Inventaire du mobilier d'église et de l'argenterie d'église et de maison de l'hôpital de Sainte-Catherine, près de la Tour Londres [anglais].

> Ducarel, *History and Antiquities of the Hospital of St Katharine near the Tower*, dans Nichols (J.), *Antiquities in Middlesex and Surrey : being the second volume of the Bibliotheca topographica Britannica* (London, J. Nichols, 1790, in-4°), p. 110-111.

1501, 12 décembre.

1741. — Inventaire du mobilier de l'église de Fordwich, près Canterbury.

> Woodruff (C.-E.), *Archaeologia Cantiana*, t. XVIII (1889), p. 93-94.

1502, 21 janvier. (1)

1742. — Inventaire du mobilier de l'hôpital de Saint-Jean, à
Sandwich, comté de Kent.

> Boys (W.), *History of Sandwich*, p. 141-142.

1502, 12 juillet.

1743. — Inventaire du mobilier et des reliques de l'église de
Saint-Nicolas de Yarmouth.

> Swinden (H.), *History and Antiquities of Great Yarmouth* (Norwich,
> John Crouse, 1772, in-4°), p. 813-814 (extraits).

1502, 12 novembre.

1744. — Inventaire du mobilier de la chapelle de Notre-Dame de
l'église de High Wycombe, comté de Buckingham.

> *Fifth Report of the Royal Commission on Historical Manuscripts*,
> p. 556 (extraits).

1504, 14 janvier.

1745. — Inventaire des joyaux d'or, objets de piété, colliers, bagues et chaînes du prince Henri (plus tard Henri VIII).

> Palgrave (Fr.), *Kalendars and Inventories*, t. III, p. 393-399.

1504, 10 avril.

1746. — Inventaire des livres, joyaux et mobiler de l'église
« Great Saint Mary's » de Cambridge, et de ses divers autels.

> Le Keux (J.), *Memorials of Cambridge* (London, Tilt and Bogue, 1841,
> in-4°), Section « *Parish of Great Saint Mary* », p. 8-10 (extraits). — San-
> dars (S.), *Notes on Great Saint Mary's Church, Cambridge,* p. 45-53
> (complet).

1504

1747. — Inventaire des meubles de la gilde des vendeurs de
cuir de Londres.

> Black (W.-H.), *History of the Worshipful Company of Leathersell-
> ers*, p. 60-61, 99-100.

1505

1748. — Inventaire du mobilier de la maison, de l'argenterie
de l'abbé et du trésor de l'église de l'abbaye de Hales-Owen
et de la chapelle de Saint-Kenelm.

> Nash (T.), *Collections for the History of Worcestershire* (London,
> T. Payne and Son, 1782, in-f°), t. II, append., p. xxII.

---

(1) A partir de cette date, tous les inventaires, à moins d'indication contraire, sont en langue anglaise.

1506, 31 mai.

1749. — Inventaire du prieuré de Wearmouth [latin].
Raine (J.), *Jarrow and Wearmouth,* p. 227-228.

1506, 6 septembre.

1750. — Inventaire des joyaux, vêtements et vases sacrés, textes, ornements pontificaux, bannières, tentures, fourniture de divers autels, livres d'église et bibliothèque de la cathédrale d'Exeter [latin].
Oliver (G.), *Lives of the Bishops of Exeter, and a History of the Cathedral,* p. 320-376.

1507

1751. — Estimation, après décès, de tentures, tapis, objets d'or et d'argent et ornements de chapelle de Thomas Savage, archevêque d'York.
Raine (J.), *Testamenta Eboracensia,* t. IV, p. 311-312.

1508, 11 janvier.

1752. — Inventaire estimatif, après décès, de D. Thomas Cuthbert, frère du collège de Saint-Guillaume, à York.
Ibid., p. 267.

1509, 13 avril.

1753. — Inventaire du mobilier de l'église de Cranbrook, comté de Kent.
The Ecclesiologist, t. XXIX (1868), p. 149-151. — Tarbutt (W.), *The Annals of Cranbrook Church; its monuments, ministers, officers, and people, in a series of lectures. The first Lecture* (Cranbrook, Dennett, 1870, in-8°), p. 47-48.

1509

1754. — Inventaire estimatif, après décès, des meubles des diverses maisons et de la bibliothèque de Martin Collins, chanoine et trésorier de la cathédrale de York [latin].
Raine (J.), *Testamenta Eboracensia,* t. IV, p. 279-294.

1509

1755. — Inventaire des meubles de la gilde d'All Saints, à Wymondham, comté de Norfolk.
Carthew (G.-A.), *Norfolk Archaeology,* t. IX (1884), p. 263.

1510, 5 novembre.

1756. — Inventaire du mobilier d'église, de maison et de ferme, du prieuré de Burscough, comté de Lancaster.

Fishwick(H.), *The Reliquary ; Quarterly Archaeological Journal and Review, edited by Llewellyn Jewitt* (London and Derby, Bemrose and Sons, in-8°), t. XVI (1875-76), p. 206-207.

1510

1757. — Inventaire des joyaux et de l'argenterie de la chapelle de Pembroke College, à Cambridge.

> *First Report of the Royal Commission on Historical Manuscripts* p. 72 (traduction anglaise).

1512, 23 janvier.

1758. — Inventaire du mobilier de l'église de Saint Margaret Pattens, de Londres.

> Fish (J.-L.), *The Union Review*, t. V (1867), p. 304-308. — Hope (W.-H.-St-John), *The Archaeological Journal*, t. XLII (1885), p. 325-329.

1512, 27 mars.

1759. — Inventaire des meubles de la gilde des marchands tailleurs de Londres.

> Clode (C.-M.), *Memorials of the Guild of Merchant Taylors*, p. 84-92 (le mobilier de la chapelle, dont le titre fait mention, paraît avoir été omis par l'auteur).

1512, 10 septembre.

1760. — Inventaire estimatif, après décès, des meubles et du magasin de William Thwates, fondeur, de la ville de York.

> Raine (J.), *Testamenta Eboracensia* [t. LXXIX *Surtees Society*], (Durham, Andrews, 1884, in-8°), t. V, p. 35-36.

1512, 8 décembre.

1761. — Inventaire du mobilier de l'église de Faversham, comté de Kent.

> Jacob (E.), *The History of the Town and Port of Faversham in the County of Kent* (London, B. White, 1774, in-8°), p. 154-165. — Giraud (F.-F.), *Archaeologia Cantiana*, t. XVIII (1889), p. 105-112.

1513 juin.

1762. — Inventaire des armes et vêtements, préparés pour le comte de Northumberland, quand il passa la mer avec Henri VIII, pour le siège de Térouanne.

> Grose (Fr.) et Astle (T.), *The Antiquarian Repertory. A new edition* (London, Edward Jeffery, 1805, in-4°), t. IV, p. 356-373.

1513

1763. — Inventaire de l'argenterie et des joyaux de l'église « Great Saint Mary's » de Cambridge.

> Sandars (S.), *Notes on Great Saint Mary's Church, Cambridge*, p. 53-55.

1513

1764. — Inventaire des vêtements sacerdotaux, linge et livres d'église, légués au collège de Brasenose, à Oxford, par son fondateur, William Smith, évêque de Lincoln.

> Willis (Browne), *A Survey of the Cathedrals* (London, T. Osborne, 1742, in-4°), t. III, p. 59-60.

1514, 11 janvier.

1765. — Inventaire du mobilier de la maison de Hampton Court, au moment de son acquisition par le cardinal Wolsey.

> *The Gentleman's Magazine* (London, W. Pickering, in-8°), n. s., t. I (1834), p. 47.

1514, 12 octobre.

1766. — Inventaire du trousseau de la princesse Marie, sœur d'Henri VIII, pour son mariage avec Louis XII, roi de France. [Joyaux, vaisselle d'or et d'argent, chapelle, vêtements, tentures, meubles.]

> Brewer (J.-S.), *Letters and Papers Foreign and Domestic. of the reign of Henry VIII. Preserved in the public Record Office. the British Museum. and elsewhere in England [Calendars of State Papers]*, (London, Longman, 1862 et années suivantes, in-8°), t. I, n°⁵ 5490, 5491, 5492 (notes sommaires).

1515, juillet.

1767. — Inventaire estimatif, après décès, des meubles et livres de John Underwood, avocat à la cour archiépiscopale de York [anglais et latin].

> Raine (J.), *Testamenta Eboracensia*, t. V, p. 68-70.

1515, 22 août.

1768. — Inventaire du mobilier de la chapelle de Saint-Jean-Baptiste de l'église de Scropton, comté de Derby, et mobilier de maison pour le prêtre desservant.

> Cox (J.-C.), *Notes on the Churches of Derbyshire*, t. III, p. 264.

1515

1769.—Inventaire des joyaux et pierreries données par Louis XII à Marie, sœur d'Henri VIII, avant son départ pour la France [avec prix].

> Brewer (II.), *Letters and Papers*, t. II, 1ʳᵉ partie, n°ˢ 284 et 327 (extraits).

1516, 27 janvier.

1770. — Inventaire de l'argenterie et de quelques livres de l'église de Saint Martin Outwich, de Londres.

[Nichols (J.)], *Accompts of Churchwardens*, p. 270-272. — Malcolm (J.-P.), *Londinium redivivum*, t. IV, p. 407-409.

1516, 12 novembre.

1771. — Inventaire estimatif, après décès, du magasin et de la fonderie de John Tennand, fondeur, de la ville de York.

Raine (J.), *Testamenta Eboracensia*, t. V, p. 79-80.

1516, 16 novembre.

1772. — Inventaire estimatif de Christina Calveley.

Piccope (G.-J.), *Lancashire and Cheshire Wills and Inventories, from the ecclesiastical Court, Chester* [t. LI *Chetham Society*], (Manchester, 1860, in-4°), t. II, p. 134 (extraits).

1517

1773. — Inventaire des meubles de la gilde des fabricants de bourses « pouchmakers » de Londres.

Black (W.-H.), *History of the Worshipful Company of Leathersellers*, p. 48.

1517

1774. — Inventaire du mobilier de l'église de Saint-Laurent de Reading, comté de Berks.

Man (J.), *The History and Antiquities, ancient and modern, of the Borough of Reading* (Reading, Snare and Man : London, Nichols, Son and Bentley, 1816, in-4°), p. 312-314 (extraits). — Kerry (Ch.), *A History of the Municipal Church of Saint Lawrence, Reading* (Reading, publié par l'auteur, 1883, in-8°), p. 100-111 (texte complet).

1517 (?)

1775. — Inventaire du mobilier de la chapelle de Hornby dans le cimetière de l'Église « Saint Mary the Less » de Cambridge.

Clarke (J.-W.), *The Ecclesiologist*, t. XVIII (1875), p. 280.

1518, 20 janvier.

1776. — Inventaire estimatif, après décès, des meubles de Sir Ralph Shirley, chevalier, de Staunton Harold, comté de Leicester.

Shirley (E.-P.), *Stemmata Shirleiana* (Westminster, J.-B. Nichols and Son, 1841, in-4°), appendice, p. 73-80. — *Ibid.*, 2° édit. (1873, in-4°), p. 417-426.

1518, 12 mai.

1777. — Inventaire du mobilier de maison et de ferme de John Fitzherbert, gentilhomme, à Norbury, comté de Derby.

Cox (J.-C.), *Journal of the Derbyshire Archaeological and Natural History Society*, t. VII (1885), p. 236-239.

1518, 26 septembre.

1778. — Inventaire des meubles, vaisselle et ustensiles de maison et de ferme du manoir de Buckland, comté de Gloucester.

Hart (W.-H.), *Historia et Cartularium monasterii Sancti Petri Gloucestriae* [*Chronicles and Memorials*], (London, Longmans, 1867, in-8°), t. III, p. 302-304.

1518-1526

1779. — Inventaire de l'argenterie et de la bibliothèque du comte de Kildare [anglais et latin].

Ninth Report of the Royal Commission on Historical Manuscripts, Part. II (London, Eyre and Spottiswoode, 1884, in-f°), p. 278-279, 288-289.

1519, 20 janvier.

1780. — Inventaire des joyaux appartenant à la chapelle de Notre-Dame, de l'église de High Wycombe, comté de Buckingham.

Fifth Report of the Royal Commission on Historical Manuscripts, p. 555 (extraits).

1519, 26 janvier.

1781. — Inventaire estimatif des meubles de trois Écossais, demeurant dans le comté de Kent, confisqués par l'Echiquier.

Brewer (J.-S.), *Letters and Papers*, t. III, 1re partie, n° 45 (extraits).

1519, 1er février.

1782. — Inventaire du mobilier de l'église de Saint Peter Cheap de Londres.

Simpson (W.-S.), *The Journal of the British Archaeological Association*, t. XXIV (1868), p. 259-260 (extraits).

1519, 6 octobre.

1783. — Inventaire des joyaux du roi, confiés à Sir William Compton.

Brewer (J.-S.), *Letters and Papers*, t. III, n° 463 (extraits).

1519

1784. — Inventaire estimatif des meubles d'un suicidé, Robert
Abraham, de Kirton-in-Lindsey, comté de Lincoln.

[Meubles et ustensiles, contenu de son petit magasin, mercerie, cartes à jouer, épices.]

> Peacock (E.), *The Gentleman's Magazine* (London, J.-H. and
> J. Parker, in-8°), 3° sér., t. XVI (1864), p. 501-502.

1519

1785. — Inventaire des étoffes, linges et tapisseries de la garde-
robe de la princesse Marie Tudor, fille d'Henri VIII.

> Brewer (J.-S.), *Letters and Papers*, t. III, 1ᵉ partie, n° 580 (extraits).

1520, 25 janvier.

1786. — Effets emportés par D. Thomas Golwynne, chartreux,
lors de sa translation de la Chartreuse de Londres à Mount
Grace.

> *Ibid.*, n° 606.

1520, 18 octobre.

1787. — Inventaire des effets de Deryk Molener, marchand d'Anvers, trouvés dans un vaisseau écossais pris par les Anglais.

[Chargement d'un vaisseau, pierreries, ustensiles, marchandises de toutes espèces.]

> *Ibid.*, n° 1025 (abrégé).

1520

1788. — Inventaire des meubles de Lord Darcy.

> *Ibid.*, n° 1001 (extraits).

1520-1521

1789. — Inventaire du mobilier de diverses cantaries de la
cathédrale de York [comprenant les cantaries de SS. Agathe,
Lucie et Scholastique, p. 275, 276. — SS. Anne, Anthoine
et Sᵗᵉ Croix, p. 277. — S. Blaise, p. 278. — S. Christophe,
p. 280. — S. Cuthbert, p. 281. — Sᵗᵉ Frideswide, p. 284. —
S. Grégoire, p. 285. — SS. Innocents, p. 286. — S. Jérôme,
p. 287. — S. Jean de Beverley, p. 289. — S. Jean l'Évangéliste, p. 291. — S. Laurent, p. 293. — Sᵗᵉ Marie-Madeleine,
p. 294. — Sᵗᵉ Marie-la-Vierge, p. 296. — S. Étienne, p. 301.
— S. Thomas de Cantorbéri, p. 302, 303. — Nom de Jésus,
p. 304. — S. Guillaume, 1ʳᵉ cant., p. 305] [anglais et latin].

> Raine (J.), *The Fabric Rolls of York Minster*.

Vers 1520-1530.

1790. — Inventaire estimatif, après décès, des meubles d'Edward Lord.

> Raine (J.), *Wills and Inventories from the registry of the Archdeaconry of Richmond, extending over portions of the Counties of York, Westmerland, Cumberland and Lancaster* [t. XXVI *Surtees Society*], (Durham, G. Andrews, 1853, in-8°), p. 10.

1521, 14 février-mai.

1791. — Inventaire des objets d'or et d'argent, et des joyaux de Henri VIII.

[Couronnes et insignes royaux, chaînes, images, roses, croix, calices, paix, coupes, salières, cuillières, chandeliers, bénitiers, encensoirs, vaisselle d'or et d'argent.]

> Trollope (E.), *Reports and Papers read at the meetings of the Associated Architectural Societies*, t. XVII (1883-1884), p. 158-216.

1521, 18 décembre.

1792. — Inventaire du mobilier de Randal Bulkley, de Nottingham.

> *Records of the Borough of Nottingham*, t. III, p. 355.

1521

1793. — Inventaire estimatif, après décès, de Margaret Baxter.

> Tymms (S.), *Wills and Inventories from the Registers of the Commissary of Bury S. Edmunds*, p. 119.

1522, juillet.

1794. — Inventaire de l'argenterie de la gilde des cabaretiers « Vintners Company », de Londres [avec additions jusqu'en 1527].

> French (G.-R.), *Transactions of the London and Middlesex Archaeological Society*, t. III (1870), p. 474-477 et 478-479. — Milbourn (Fr.), *The Vintners Company* (London, Nichols and Sons, 1888, in-4°), p. 51-54.

1522, 12 décembre.

1795. — Inventaire du mobilier de maison et de ferme de Thomas Fuller, de Sheppey, comté de Kent.

> Brewer (J.-S.), *Letters and Papers*, t. III, 2ᵉ partie, n° 2712 (extraits).

1522

1796. — Inventaire du mobilier de la gilde d'All Saints, à Wymondham.

> Carthew (G.-A), *Norfolk Archaeology*, t. IX (1884) p. 267-268.

Vers 1522.

1797. — Inventaire du mobilier d'église et de maison du prieuré de Farne.

> Raine (J.), *North Durham*, p. 357-358 (traduction anglaise).

1523, 12 juillet.

1798. — Inventaire, après décès, du mobilier de la maison, des vêtements et de l'argenterie de Robert Collyns, mercier de Londres.

> Brewer (J.-S.), *Letters and Papers*, t. III, 2e partie, n° 3175.

1523

1799. — Inventaire des tentures, tapis et lits de la garde-robe de la princesse Marie Tudor, fille d'Henri VIII.

> *Ibid.*, n° 3375 (extraits).

1523

1800. — Inventaire des joyaux, argenterie, linge, vêtements, chapelle et meubles d'Agnès, Lady Hungerford, veuve, condamnée pour homicide, confisqués par le roi [document rédigé par elle-même].

> Nichols (J.-G.), *Archaeologia*, t. XXXVIII (1860), p. 360-372. — Brewer (J.-S.), *Letters and Papers*, t. III, 2e partie, n° 2861 (extraits).

1523

1801. — Inventaire, après décès, des meubles de Lord Monteagle, à son château de Hornby.

> *Ibid.*, n° 2968 (extraits).

1523

1802. — Inventaire du mobilier de divers autels de l'église de Saint-Laurent, comté de Berks.

> Kerry (Ch.), *A History of the Municipal Church of Saint Lawrence, Reading*, p. 35, 38, 40, 42, 47.

1524, 20 mai.

1803. — Inventaire des joyaux et vases sacrés de l'église collégiale de Crediton, comté de Devon.

> Oliver (G.), *Monasticon Diœcesis Exoniensis*, p. 85.

1524, 21 juillet.

1804. — Inventaire du mobilier appartenant à la chapelle de

Saint-Nicolas et Sainte-Catherine de l'église de Crich, comté de Derby.

Cox (J.-C.), *Notes on the Churches of Derbyshire*, t. IV, p. 46.

1524, 1er août.

1805. — Inventaire estimatif, après décès, du mobilier de maison et de ferme de John Robson, maître du collège de Lingfield, comté de Surrey.

Leveson-Gower (G.), *Surrey Archaeological Collections, published by the Surrey Archaeological Society* (London, Wyman and Son, in-8°), t. VII (1880), p. 230-235.

1524-1525

1806. — Inventaire des meubles de la gilde des merciers, quincailliers et orfèvres de la ville de Shrewsbury.

Leighton (W.-A.) *Transactions of the Shropshire Archaeological and Natural History Society*, t. VIII (1885), p. 395-396.

Vers 1524.

1807. — Inventaire du linge et des draps d'autel de l'église de Saint Mary Hill de Londres.

[Nichols (J.)], *Accompts of Churchwardens*, p. 117.

1525, 16 janvier.

1808. — Inventaire estimatif, après décès, des meubles de John Grene, gantier, de la ville de York.

Raine (J.), *Testamenta Eboracensia*, t. V, p. 195-196 (extraits).

1525

1809. — Inventaire des chaises, tapis et linge de la garde-robe d'Henri, duc de Richmond, fils naturel d'Henri VIII.

Brewer (J.-S.), *Letters and Papers*, t. IV, 1re partie, n° 1515. (Cf. n° 1530).

Vers 1525.

1810. — Inventaire de l'argenterie de maison, de l'argenterie, des effets d'or et joyaux de la chapelle du collège de Winchester [latin].

Gunner (W.-H.), *The Archaeological Journal*, t. X (1853), p. 235-239.

Vers 1525.

1811. — Inventaire estimatif, après décès, des meubles de John Port.

[Meubles, garde-robe, robes de femme, argenterie, vaisselle et ustensiles, linge.]

[Nichols (J.)], *Accompts of Churchwardens*, p. 119-127*.

1526, 18 janvier.

1812. — Inventaire des joyaux et vêtements du roi Henri VIII confiés à Henry Norres et à Robert Amadas.

Brewer (J.-S.), *Letters and Papers*, t. IV, 1re partie, nᵒˢ 1906 et 1907 (extraits).

1526, 29 septembre.

1813. — Inventaire des ustensiles de ferme du manoir de Clifford Chambers, comté de Gloucester.

Hart (W.-H.), *Historia et Cartularium monasterii Sancti Petri Gloucestriae*, t. III, p. 310-311. — Maclean (J.), *Transactions of the Bristol and Gloucestershire Archaeological Society* (Bristol, C.-T. Jefferies and Sons, in-8°), t. XIV (1889-1890), p. 62.

1526

1814. — Inventaire, après décès, des meubles de Thomas Dalby, archidiacre de Richmond et chanoine de York.

Brewer (J.-S.), *Letters and Papers*, t. IV, 1re partie, n° 1942 (extraits).

1526

1815. — Inventaire estimatif, après décès, des meubles de Thomas Hart, maître de l'artillerie du roi.

Ibid., t. IV, 2ᵉ part., n° 2743 (extraits).

1526

1816. — Inventaire du mobilier de la première cantarie de Saint-Nicolas de la cathédrale de York [anglais et latin].

Raine (J.), *The Fabric Rolls of York Minster*, p. 298-299.

1526-1527

Inventaire de l'argenterie de quelques cellules de l'abbaye de Saint Albans.

1817. — Belvoir, comté de Lincoln, p. 293.

1818. — Binham, comté de Norfolk, p. 352.

1819. — Hatfield, comté de Herts, p. 297.

1820. — Wallingford, comté de Berks, p. 279.

Monasticon Anglicanum (nouv. édit.), t. III.

1527, 22 juin.

1821. — Inventaire du mobilier de l'église de Wing, comté de Buckingham.

> Ouvry (F.), *Archaeologia*, t. XXXVI (1855), p. 221-223.

1527, 26 juin.

1822. — Inventaire des meubles, argenterie, joyaux, vaisselle, ustensiles, vêtements, tableaux et images de Thomas Cromwell (plus tard ministre d'Henri VIII).

> Brewer (J.-S.), *Letters and Papers*, t. IV, 2ᵉ part., nᵒ 3197 (extraits).

1527, 26 septembre.

1823. — Inventaire du mobilier de l'église d'All Saints de Derby.

> Cox (J.-C.) et Hope (W.-H.-St-John), *The Chronicles of the Free Chapel of All Saints, Derby*, p. 170-173.

1527

1824. — Inventaire du mobilier de la chapelle du roi Henri VIII.

> Brewer (J.-S.), *Letters and Papers*, t. IV, 2ᵉ partie, nᵒ 3085 (extraits).

1527

1825. — Inventaire de pierreries du roi Henri VIII.

> *Ibid.*, nᵒ 3746 (fragment).

1528, 2 janvier.

1826. — Inventaire de la chapelle et de quelques meubles du marquis d'Exeter.

> *Ibid.*, nᵒ 3759.

1528, octobre-novembre (?)

1827. — Inventaire estimatif, après décès, des meubles, vêtements, linge, chapelle, argenterie, vaisselle et livres de William Melton, chancelier de l'église de York.

> Raine (J.), *Testamenta Eboracensia*, t. V, p. 253-259.

Vers 1528, 19 décembre.

1828. — Inventaire du mobilier de l'église de Heybridge, comté d'Essex.

> [Nichols (J.)], *Accompts of Churchwardens*, p. 175-177.

1528

1829. — Inventaire des joyaux provenant de la succession de
Lord Monteagle.

> Brewer (J.-S.), *Letters and Papers*, t. IV, 2ᵉ partie, nᵒ 5105 (extraits).

1528

1830. — Inventaire des joyaux, pierreries et ornements personnels du roi Henri VIII.

> *Ibid.*, nᵒ 5114 (extraits).

1529, 11 décembre.

1831. — Inventaire du mobilier de l'église de Long Melford,
comté de Suffolk.

[Argenterie et joyaux, vêtements d'images, vêtements sacerdotaux, parements d'autel, livres d'église, chandeliers, bahuts,
bannières.]

> Neale (J.-P.), *Views of the most interesting collegiate and parochial
> Churches in Great Britain. With historical and architectural descriptions*
> (London, Longman, Hurst, Rees, 1825, in-4°), t. II, § *Church of the Holy
> Trinity, Melford*, p. 15-20. — Parker (W.), *The History of Long
> Melford* (London, Wyman and Son, 1873, in-4°), p. 77-87.

1529

1832. — Inventaire des vêtements sacerdotaux de l'église de Kirton in Lindsey, comté de Lincoln.

> Peacock (E.), *English Church Furniture at the period of the Refor-
> mation*, p. 231-232 (en note).

1529

1833. — Inventaire des livres de chant de la chapelle de Kings
College, à Cambridge, avec le nom des compositeurs.

> Williams (G.), *The Ecclesiologist*, t. XXIV (1863), p. 102.

1530, 4 octobre

1834. — Inventaire des meubles de Thomas Scarisbrick, à son
manoir de Scarisbrick.

> Piccope (G.-J.), *Lancashire and Cheshire Wills and Inventories
> from the Ecclesiastical Court, Chester* [t. XXXIII *Chetham Society*],
> (Manchester, 1857, in-4°), t. I, p. 187.

1530

1835. — Inventaire des joyaux, orfèvrerie, pierreries et ornements personnels du roi Henri VIII.

> Brewer (J.-S.), *Letters and Papers*, t. IV, 3ᵉ part., nᵒ 6789 (extraits).

1530

1836. — Inventaire du mobilier du cardinal Wolsey.

[Tentures, lits, tapis, coussins, meubles, chapelle, argenterie.]

Ibid., n°ˢ 6184 et 6186 (extraits).

1530

1837. — Inventaire de l'argenterie faite pour le cardinal Wolsey, de l'argenterie de chapelle de son collège d'Ipswich, de l'argenterie du monastère de Saint Albans et du mobilier de son château de Cawood.

Gutch (J.), *Collectanea curiosa; or Miscellaneous Tracts relating the History and Antiquities of England and Wales*, t. II, p. 283-346 (texte complet de l'argenterie). — Brewer (J.-S.), *Letters and Papers*, t. IV, 3ᵉ partie, n° 6748 (extraits).

Vers 1530.

1838. — Inventaire du mobilier de la chapelle de Thorp, dans la paroisse de Norton, comté de Northampton.

Baker (G.), *The History and Antiquities of the County of Northampton* (London, J.-B. Nichols and Son, 1822-1830, in-f°), t. I, p. 425.

Vers 1530(?)

1839. — Inventaire estimatif du mobilier de la chapelle fondée par William Swayne, dans l'église de Saint-Thomas de Salisbury.

Hoare (R.-C.), *The History of Modern Wiltshire. Old and New Sarum*, t. VI, p. 264-265.

1531, 12 janvier.

1840. — Inventaire estimatif, après décès, de meubles de maison et de ferme de John Sayer, gentilhomme.

Raine (J.), *Wills and Inventories*, t. I, p. 109 (extraits).

1531, 30 septembre.

1841. — Inventaire des meubles de John Withers, de Londres.

Gairdner (J.), *Letters and Papers of Henry VIII*, (continuation de l'ouvrage), t. V, n° 456 (extraits).

1531, 6 octobre.

1842. — Inventaire d'un grand vaisseau de guerre [anglais].

Strutt (Jos.), *Horda Angel-cynan; a compleat view of the manners, customs, etc. of the inhabitants of England* (London, Walter Shropshire, 1776, in-4°), t. III, p. 51-53. — Lindsay (W.-S.), *History of Merchant*

Shipping (London, Sampson Low, 1874-1876, in-8°), t. II, p. 557-559.
— Gairdner (J.), *Letters and Papers*, t. V, n° 469 (extraits).

1531, 11 décembre.

1843. — Inventaire estimatif, après décès, de Robert Locksmith, tailleur, à York.

> Raine (J.), *Testamenta Eboracensia*, t. V, p. 324 (extraits).

1532, 1er mai.

1844. — Inventaire du mobilier du manoir de Crowle, comté de Worcester, maison de campagne du prieur de Worcester.

> Noake (J.), *The Monastery and Cathedral of Worcester* (London, Longman and C°; Worcester, J. Noake, 1866, in-12), p. 157.

1532, juin et juillet.

1845. — Inventaire du trésor du roi Henri VIII.

[Couronnes, tables, colliers, chaînes, images, crucifix, coupes, chandeliers, salières, cuillères, bassins, verres.]

> Palgrave (Fr.), *Kalendars and Inventories*, t. II, p. 259-298 (texte complet des objets en or). — Gairdner (J.), *Letters and Papers*, t. V, n° 1799 (extraits).

1532, décembre.

1846. — Inventaire de l'argenterie donnée par le roi Henri VIII à Anne Boleyn.

> Gairdner (J.), *Letters and Papers*, t. V, n° 1685 (extraits).

1532

1847. — Inventaire anonyme d'« *ex voto* », en or, argent et pierreries.

> *Ibid.*, n° 1712 (extraits).

1532

1848. — Inventaire, après décès, de l'argenterie, des lits, tentures, tapis et linge de Sir Henry Guldeford, contrôleur de la maison du roi, à Londres et à son château de Leeds, comté de Kent.

> Robertson (W.-A.-Scott), *Archaeologia Cantiana*, t. XV (1883), p. 382-385. — Gairdner (J.), *Letters and Papers*, t. V, n°⁵ 1063 et 1064 (extraits).

1533, 21 mars.

1849. — Inventaire des meubles de Lord Berners, reçus dans l'Echiquier.

[Argenterie, vêtements.]

> Gairdner (J.), *Letters and Papers*, t. VI, append., n° 2 (extraits).

1533, 13 avril.

1850. — Inventaire des vaisselles d'or et d'argent, vases sacrés et
autres objets, destinés à la fonte par ordre du roi Henri VIII.
Gairdner (J.), *Letters and Papers,* t. VI, n° 338 (extraits).

1533, 4 juin.

1851. — Inventaire, après décès, des meubles de Nicholas West,
évêque d'Ely.
Ibid., n° 625 (extraits).

1533, 6 octobre (?)

1852. — Inventaire des vaisselles d'or et d'argent, joyaux et pierreries (dont une partie avait appartenu au cardinal Wolsey)
et de l'argenterie de chapelle du trésor du roi Henri VIII.
Ibid., n° 339 (abrégé).

1533, 4 décembre.

1853. — Inventaire estimatif, après décès, des meubles de Sir
William Pennington, chevalier.
Raine (J.), *Richmondshire Wills,* p. 10-11.

1533

1854. — Inventaire des objets d'or et d'argent, assignés à la reine
Catherine d'Aragon, après le divorce du roi Henri VIII, pour
sa chapelle et sa maison.
Gairdner (J.), *The Gentleman's Magazine,* nouv. sér., t. XLII (1854),
p. 574, t. XLIII (1855), p. 498-499. — Gairdner (J.), *Letters and Papers,*
t. VI, n° 340 (abrégé). — *The Reliquary,* nouv. sér., t. V (1891), p. 113-115.

1533

1855. — Inventaire du mobilier d'église et de maison du prieuré
de Lindisfarne.
Raine (J.), *North Durham,* p. 125-127 (traduction anglaise).

1533 (?)

1856. — Inventaire du mobilier des autels de Saint Laurent et
des Saints Gilles et Julien dans l'église Saint-Jacques, à Lynn,
comté de Norfolk; de l'argenterie et de la vaisselle de la gilde
des Saints Gilles et Julien, et du mobilier de leur hôpital.
Richards (William), *The History of Lynn* (Lynn, W.-G. Whittingham,
1812, in-8°), t. I, p. 431, 432-435. — Taylor (William), *The Antiquities
of Kings Lynn, Norfolk* (Lynn, J. Thew, 1844, in-8°), p. 131-133.

1534, 16 février.

1857. — Inventaire estimatif des meubles d'Élisabeth Barton, religieuse bénédictine, la « sainte Pucelle de Kent ».

Wright (Tho.), *Three chapters of letters relating to the Suppression of the Monasteries [Camden Society]*, (London, John Bowyer Nichols and Son, 1843, in-4°), p. 26. — Gairdner (J.), *Letters and Papers*, t. VII, n° 192 (extraits).

1534, 27 mars.

1858. — Inventaire estimatif, après décès, des meubles, chapelle, vins, armes et vêtements de lord Berners.

Gairdner (J.), *Letters and Papers*, t. VII, n° 336 (extraits).

1534, 19 avril.

1859. — Inventaire des meubles d'Edward Thwaytes, exécuté comme complice de la sainte Pucelle de Kent.

Ibid., n° 515 (extraits).

1534, 20 avril.

1860. — Inventaire des meubles de Richard Master, curé d'Aldington, exécuté comme complice de la sainte Pucelle de Kent.

Ibid., n° 521 (extraits).

1534, 27 avril.

1861. — Inventaire des meubles du palais épiscopal du bienheureux John Fisher, à Rochester.

Ibid., n° 557.

1534, 11 mai.

1862. — Inventaire des meubles de Sir Christopher Dacres, à Carlisle.

Ibid., n° 646 (extraits).

1534, 16 mai.

1863. — Inventaire des meubles du château de lord Dacre, à Naworth.

Ibid., n° 676 (extraits).

1534, 2 juillet.

1864. — Inventaire des meubles de la gilde de la Sainte-Vierge, à Boston, comté de Lincoln.

Thompson (P.), *The History and Antiquities of Boston* (Boston, J. Noble, 1856, in-f°), p. 141-144 (extraits). — Peacock (E.), *English Church Furniture at the period of the Reformation*, p. 185-212 (complet; mais quelques articles donnés dans le texte précédent paraissent manquer au commencement).

1534, 6 décembre.

1865. — Inventaire de l'argenterie confiée aux marguilliers de l'église paroissiale de Hadleigh, comté de Suffolk.

Pigot (H.), *Proceedings of the Suffolk Institute of Archaeology*, t. III (1863), p. 263.

1534

1866. — Inventaire du mobilier de l'église paroissiale de Huntingfield, comté de Suffolk.

Woodward (B.-B.), *Proceedings of the Society of Antiquaries of London* (London, J.-B. Nichols and Sons, s. d.), 2e sér., t. I, p. 117-118.

1535, 23 janvier.

1867. — Inventaire du mobilier de la sacristie, de la maison et de la ferme de l'Hôpital de Sainte-Marie, ou Maison-Dieu, à Douvres.

Walcott (M.-E.), *Archaeologia Cantiana*, t. VII (1868), p. 274-280. — Gairdner (J.), *Letters and Papers*, t. VIII, n° 96 (sommaire).

1535, 14 février.

1868. — Inventaire de la garde-robe de la reine Catherine d'Aragon, femme de Henri VIII, à Baynards Castle, à Londres.

[Tentures, coussins, lits, linge, quelques livres, tableaux et menus objets.]

The Camden Miscellany [*Camden Society*], (London, 1855, in-4°), t. III, 4e part., p. 23-41. — Gairdner, *Letters and Papers*, t. VIII, n° 209 (extraits).

1535, 30 juin.

1869. — Inventaire estimatif, après décès, des meubles de John Baron.

Raine (J.), *Richmondshire Wills*, p. 12.

1535, 31 octobre.

1870. — Inventaire du mobilier de la sacristie et de la maison du prieuré de Saint-Martin, à Douvres.

Monasticon Anglicanum, nouv. édit. et édit. de 1846, t. IV, p. 541-543. — Walcott (M.-E.-C.), *Archaeologia Cantiana*, t. VII (1868), p. 281-287. — Gairdner (J.), *Letters and Papers*, t. IX, n° 717 (extraits).

1535 (?)

1871. — Inventaire des ustensiles de cuisine, reliques et reliquaires, livres de musique d'église, meubles, vaisselle et argenterie,

vêtements sacerdotaux, ustensiles de ferme du prieuré et
cathédrale de Worcester.

Green (V.), *The History of Antiquities of the City and Suburbs of Worcester* (London, G. Nicol, 1796, in-4°), t. II, append., p. vi-ix. — Walcott
(M.-E.-C.), *Reports and Papers of the Associated Architectural Societies*, t. XI (1871-72), p. 302-306. — Gairdner (J.), *Letters and Papers*,
t. IX, n° 297.

1535-1536.

1872. — Inventaire sommaire du mobilier religieux et séculier
de l'abbaye de Langley, comté de Norfolk.

The Reliquary, nouv. sér., t. IV, (1890), p. 158-159.

Vers 1535-1536 (?)

1873. — Inventaire du trésor et de la sacristie de la cathédrale
du prieuré de Winchester, remis à Cromwell, vicaire général
du roi Henri VIII.

[Autel d'or, croix, vases sacrés d'or, d'argent, de cristal,
images, colliers, reliquaires, mitres et ornements pontificaux,
crosses d'argent, cor d'unicorne, vêtements sacerdotaux et
argenterie de maison.]

Strype (J.), *Memorials of Thomas Crammer, sometime Lord Archbishop
of Canterbury* (London, Richard Chiswell, 1694, in-f°), append. n° xvi,
p. 24-28. — *Ibid., nouv. edit., avec additions* (Oxford, Clarendon
Press, 1812, in-8°), t. II, p. 709-714. — Stevens (J.), *The History of
antient Abbeys, Monasteries, Hospitals, etc. Being two additional
volumes to Sir William Dugdale's Monasticon Anglicanum* (London,
Tho. Taylor, 1722, in-f°), t. I, p. 222-224. — *Monasticon Anglicanum*,
nouv. édit. et édit. de 1846, t. I, p. 201-203.

1536, 8 janvier.

1874. — Inventaire du mobilier dé la chapelle de Saint Thomas,
appartenant à la gilde des cardeurs, dans l'église paroissiale de
Saint-Michel de Coventry.

Sharp (Thomas), *Illustrative Papers on the History and Antiquities of
Coventry, reprinted by W. G. Fretton*, p. 30.

1536, 7 mars.

1875. — Inventaire estimatif, après décès, des meubles de Richard
Rawlins, évêque de Saint-David.

Gairdner (J.), *Letters and Papers*, t. X, n° 431 (extraits).

1536, 27 mars.

1876. — Inventaire du mobilier de l'église, de la sacristie, de la maison et de la ferme du prieuré des Bénédictines, à Minster, comté de Kent.

Walcott (M.-E.-C.), *Archaeologia Cantiana*, t. VII (1868), p. 290-304. — Gairdner (J.), *Letters and Papers of Henry VIII*, t. X, n° 562.

1536, 11 mai.

1877. — Inventaire de la sacristie et de la maison du prieuré des Bénédictines, à Kilburn, près de Londres.

Park (J.-J.), *The Topography and Natural History of Hampstead in the County of Middlesex* (London, Nichols, Son and Bentley, 1818, in-8°), p. 180-185 (extraits). — *Monasticon Anglicanum*, nouv. édit. et édit. de 1846, t. III, p. 424-425 (extraits).

1536, 30 mai.

1878. — Inventaire de l'argenterie d'église et de maison, des vêtements sacerdotaux, du mobilier d'église et de maison de l'abbaye de Sawtre [avec prix de vente].

Walcott (M.-E.-C.), *Archaeologia*, t. XLIII (1871), p. 238-240.

1536, juin.

1879. — Inventaire du mobilier de chapelle et de maison du prieuré de Hatfield Peverel, comté d'Essex.

Walcott (M.-E.-C.), *Transactions of the Essex Archaeological Society*, nouv. sér., t. I (1878), p. 136-137. — Walcott (M.-E.-C.), *Archaeologia*, t. XLIII (1871), p. 243 (fragment).

1536, 25 juillet.

1880. — Inventaire, après décès, des meubles de Henri, duc de Richmond, fils naturel de Henri VIII.

The Camden Miscellany, t. III, 4° part., p. 1-21. — Gairdner (J.), *Letters and Papers*, t. XI, n° 163.

1536, 2 août.

1881. — Inventaire du mobilier d'église et de maison de l'abbaye de Beauchief, comté de Derby.

Pegge (S.), *An historical account of Beauchief Abbey* (London, John Nichols and Son, 1801, in-4°), p. 228-230. — Addy (S.-O.), *Historical Memorials of Beauchief Abbey* (Oxford and London, James Parker and C°, 1878, in-4°), p. 138-143.

1536, 14 août.

1882. — Inventaire et prisée des meubles du prieuré de Wa-. burne, comté de Norfolk.

Gairdner (J.), *Letters and Papers*, t. XI, appendice, n° 5 (notice sommaire). — Walcott (M.-E.-C.), *Archaeologia*, t. XLIII (1871), p. 245 (fragment).

1536

1883. — Inventaire du trésor de la cathédrale de Salisbury.

[Images et reliquaires, croix, vases et ustensiles sacrés, vêtements sacerdotaux, tentures, textes.]

*Antiquitates Sarisburienses : or, the History and Antiquities of Old
and New Sarum : collected from original records, and early writers*
(Salisbury, E. Easton, 1777, in-8°), p. 187-203. — Dodsworth (Ed.),
*An historical account of the Episcopal See and Cathedral Church of
Sarum, or Salisbury* (Salisbury, Brodie and Dowding, 1814, in-4°),
p. 229-232.

1536

1884. — Inventaire du trésor et de la sacristie de la cathédrale
de Lincoln.

Dugdale (W.), *Monasticon Anglicanum*, t. III, 1ʳᵉ part., p. 272-286.
— *Monasticon Anglicanum*, nouv. édit. et édit. de 1846, t. VIII,
p. 1278-1286.

1536

1885. — Inventaire de l'argenterie d'église et de maison de
l'abbaye de Whalley, comté de Lancaster.

Whitaker (T.-D.), *An History of the original Parish of Whalley and
Honor of Clitheroe*, 3ᵉ édit. (London, Nichols, Son and Bentley, 1818,
in-4°), p. 141. — *Ibid.*, 4ᵉ édit. (London, George Routledge and Sons,
1872, in-4°), t. I, p. 189.

1536

1886. — Inventaire du mobilier d'église de l'abbaye d'Osul-
veston, comté de Leicester [avec prix de vente].

Nichols (John), *The History and Antiquities of the County of Leicester*
(London, John Nichols, 1795, in-f°), t. I, p. cxxxvii-cxxxviii. — Walcott
(M.-E.-C.), *Reports and Papers read at the Meetings of the Associated
Architectural Societies*, t. X (1870), p. 337-339.

1336

1887. — Inventaire des vêtements sacerdotaux, mobilier d'église,
des vaisselles et ustensiles de maison du prieuré de Kirkby
Bellers, comté de Leicester [avec prix de vente].

Nichols (John), *The History and Antiquities of the County of Leicester*, t. I, p. cxxxviii.

1536

1888. — Inventaire du mobilier des autels de l'église, des meubles et ustensiles divers de maison de l'abbaye de Garendon,
comté de Leicester [avec prix de vente].

Ibid., p. cxxxviii-cxxxix. — *Ibid.*, t. III, p. 797-798.

Vers 1536?

1889.— Inventaire des joyaux, images, vases et vêtements sacrés, donnés par l'évêque Sherborne à son église cathédrale de Chichester [avec prix].

Walcott (M.-E.-C.), *The Gentleman's Magazine*, 3ᵉ sér., t. XVIII (1865), p. 767-768.

1536-1537 (?)

1890. — Inventaire du mobilier de l'église et de l'abbaye de Cokersand, comté de Lancaster.

Roper (W.-O.), *Local Gleanings relating to Lancashire and Cheshire, edited by J.-P. Earwaker. Reprinted from the « Manchester Courier »* (Manchester, J.-E. Cornish, 1879, in-4°), t. II, p. 243-244 (abrégé).

1536-1538

1891. — Extraits ou fragments d'inventaires de maisons religieuses supprimées.

Sopwell, p. 234. — Flamsted, p. 234. — Wymondley, p. 234. — Royston, p. 234-235. — Cheshunt, p. 235. — Chacombe, p. 241. — Fyneshed, p. 241. — Catesby, p. 241. — Ashby Canons, p. 241. — Rothwell, p. 241. — Studley, p. 242. — Heningham, p. 242. — Colne, p. 242. — Bileigh, p. 242-243. — Threnhall, p. 243. — Hatfield Regis, p. 243. — Berden Leighs, p. 243. — Dunmow, p. 244. — Stratford, p, 244. — Cokisford, p. 245. — Redlingfield, p. 245. — Brusyard, p. 245. — Gloucester, Carmes, p. 246. — Shrewsbury, Ermites de St. Augustin, p. 246. —Winchester, Franciscains, p. 246.

Walcott (M.-E.-C.), *Archeologia,* t. XLIII (1871).

1536 (?) ou 1539 (?)

1892.—Inventaire des argenteries et joyaux d'église et de maison de l'abbaye de Fountains [avec prix].

Burton (J.), *Monasticon Eboracense : and the Ecclesiastical History of Yorkshire* (York, N. Nickson, 1758, in-f°), p. 143-145. — *Monasticon Anglicanum*, nouv. édit. et édit. de 1846, t. V, p. 290-291. — Walbran (J.-R.), *Memorials of the Abbey of St Mary of Fountains* [t. XLII *Surtees Society*], (Durham, Andrews and Cᵒ, 1863, in-8°), p. 288-294 (texte plus complet avec les vêtements sacerdotaux).

1537, 24 mars.

1893. — Inventaire du mobilier d'église et de maison de l'ab-

baye de Whalley, comté de Lancaster, au moment de sa suppression.

[Argenterie d'église et de maison, meubles, linge, vaisselle,
ustensiles, vêtements sacerdotaux, mitres.]

Hulton (W.-A.), *The Coucher book of Whalley Abbey* [t. XX
Chetham Society], (Manchester, Charles Simm and C°, 1849, in-4°),
t. IV, p. 1255-1265. — Walcott (M.-E.-C.), *Transactions of the Historic
Society of Lancashire and Cheshire* (Liverpool, Adam Holden, in-8°,)
2° sér., t. VII (1867), p. 103-110. — Whitaker (T.-D.), *An History of
Whalley*, 4° édit., p. 185-188.

1537, 2 avril.

1894. — Inventaire du mobilier de l'église de Bishop's Stortford, comté de Herts.

Glasscock (J.-L.), *The Records of St Michael's Parish Church, Bishop's
Stortford* (London, Elliot Stock, 1882, in-8°), p. 125-128.

1537, 17 avril.

1895. — Inventaire du mobilier du monastère de Stanlaw (cellule de l'abbaye de Whalley), comté de Lancaster.

Walcott (M.-E.-C.), *Transactions of the Historic Society of Lancashire
and Cheshire* 2° sér., t. XII (1872), p. 54-56.

1537, 2 juin.

1896. — Inventaire de reliquaires et de joyaux provenant de divers monastères supprimés et remis à Henri VIII.

Banks (R.-W.), *The Archaeological Journal*, t. XLI (1884), p. 89-91.

1538, 7 avril.

1897. — Inventaire de la sacristie et du mobilier de maison des
Franciscains d'Ipswich.

Wodderspoon (J.), *Memorials of the ancient Town of Ipswich, in the
County of Suffolk* (Ipswich, Pawsey, 1850, in-8°), p. 314-319.

1538, juin.

1898. — Inventaire sommaire de l'argenterie et des bestiaux
appartenant à l'abbaye de Roche, comté de York.

Monasticon Anglicanum, nouv. édit. et édit. en 1846, t. V, p. 506. —
Aveling (J.-H.), *History of Roche Abbey* (London, J.-R. Smith, 1870,
in-f°), p. 88-89.

1538, 28 juillet.

1899. — Inventaire du mobilier d'église et de maison du couvent des Dominicains, à Gloucester.

Palmer (C.-R.-F.), *The Archaeological Journal*, t. XXXIX (1882),
p. 302-303.

1538, juillet.

1900. — Inventaire des Franciscains de Gloucester.

> Davies (W.-H.-S.), *Transactions of the Bristol and Gloucestershire Archaeological Society*, t. XIII (1888-1889), p. 184-186.

1538, juillet.

1901. — Inventaire de l'argenterie d'église du couvent des Dominicains, à Oxford.

> Palmer (C.-R.-F.), *The Reliquary*, t. XXIII (1882-1883), p. 215.

1538, juillet.

1902. — Inventaire du mobilier d'église et de maison du couvent des Dominicains, à Winchester.

> *Ibid.*, nouv. sér., t. III (1889), p. 214-215.

1538, 10 août.

1903. — Inventaire du mobilier d'église et de maison du couvent des Dominicains, à Newcastle-under-Lyme, comté de Stafford.

> *Ibid.*, t. XVII, (1876-1877), p. 132-133.

1538, 16 ou 17 août.

1904. — Inventaire des Dominicains de Rhuddlan, au pays de Galles.

> Walcott (M.-E.-C.), *Archaeologia Cambrensis*, 4ᵉ sér., t. I (1870), p. XLI-XLII. — Palmer (C.-R.-F.), *The Reliquary*, t. XXVI (1885-1886), in-8°, p. 119-120.

1538, 23 août.

1905. — Inventaire des Ermites de Saint-Augustin de Ludlow, comté de Salop.

> Walcott (M.-E.-C.), *Archaeologia*, t. XLIII (1871), p. 245-246.

1538, 25 août.

1906. — Inventaire des Dominicains de Hereford.

> Palmer (C.-R.-F.), *The Reliquary*, t. XXIII (1882-1883), p. 25-26.

1538, août.

1907. — Inventaire des Dominicains de Worcester.

> Walcott (M.-E.-C.), *Reports and Papers of the Associated Architectural Societies*, t. XI (1871-1872), p. 306-307. — Palmer (C.-R.-F.), *The Reliquary*, t. XX (1879-1880), p. 29-30.

1538, août.

1908. — Inventaire des Dominicains de Bangor, au pays de Galles.

> Palmer (C.-R.-F.), *The Reliquary*, t. XXIV (1883-1884), p. 228.

1538, août-septembre.

Inventaires de couvents d'ordres mendiants, au pays de Galles.

1909. — Cardiff, Franciscains, p. xxxviii.

1910. — Carmarthen, Franciscains, p. xxxix-xli.

1911. — Haverfordwest, Dominicains, p. xli.

1912. — Denbigh, Carmes, p. xlii-xliii.

1913. — Llanfais, Franciscains, p. xliii-xliv.

> Walcott (M.-E.-C.), *Archaeologia Cambrensis*, 4ᵉ sér., t. I (1870).

1538, 6 septembre.

1914. — Inventaire des Dominicains de Cardiff, au pays de Galles.

> Walcott (M.-E.-C.), *Archaeologia Cambrensis*, 4ᵉ sér., t. I (1870), p. xxxvii. — Palmer (C.-R.-F.), *The Reliquary*, t. XXIV (1883-1884), p. 166-167.

1538, 6 septembre.

1915. — Inventaire des Carmes de Cambridge.

> [Vases sacrés d'étain].
>
> Searle (W.-G.), *The History of the Queen's College of St Margaret and St Bernard in the University of Cambridge* (Cambridge, Deighton, Bell and Cᵒ, 1867-1871, in-8ᵒ), p. 226-228.

1538, 10 septembre.

1916. — Inventaire des Dominicains de Bristol.

> Palmer (C.-R.-F,), *The Reliquary*, nouv. sér., t. II (1888), p. 80-82.

1538, 12 septembre.

1917. — Inventaire des Dominicains d'Ilchester, comté de Somerset.

> *Ibid.*, t. XXV (1884-85), p. 77-78..

1538, 15 septembre.

1918. — Inventaire du mobilier d'église et de maison du couvent des Dominicains, à Exeter.

> Walcott (M.-E.-C.), *Transactions of the Exeter Diocesan Architectural Society* (Exeter, W. Pollard, in-4ᵒ), 2ᵉ sér., t. II (1872), p. 268-269. — Palmer (C.-R.-F.), t. XXVI (1885-1886), p. 259-261.

1538, 22 septembre.

1919. — Inventaire du mobilier d'église et de maison des Dominicains, à Truro.

> Whitley (H.-M.), *Journal of the Royal Institution of Cornwall* (Truro, Lake and Lake, in-8ᵒ), t. VIII (1886), p. 23-24. — Palmer (C.-R.-F). *The Reliquary*, nouv. sér., t. II (1888), p. 14-15.

1538, 23 septembre.

1920. — Vente des meubles de l'église et de la maison des Franciscains, à Stafford.

Wright (Thom.), *Three chapters of letters relating to the Suppression
of the Monasteries,* p. 267-270.

1538, 23 septembre.

1921. — Vente des meubles de l'église et de la maison des
Ermites de Saint-Augustin, à Stafford.

Ibid., p. 270-274.

1538, septembre.

1922. — Inventaire des Dominicains de Melcombe-Régis, comté
de Dorset.

Ellis (G.-A.), *History and Antiquities of the Borough and Town of
Weymouth and Melcombe Regis* (Weymouth, B. Benson, 1829, in-8°),
p. 262 (joyaux). — Palmer (R.-F.), *The Reliquary,* t. XXI (1880-1881),
p. 75-76 (complet).

1538, septembre (?)

1923. — Inventaire des Franciscains d'Exeter.

Walcott (M.-E.-C.), *Transactions of the Exeter Diocesan Architectural Society,* 2° sér., t. II (1872), p. 268.

1538, septembre. (?)

1924. — Inventaire des Carmes de Plymouth, comté de Devon.

Ibid., p. 267. — Rowe (J.-B.), *The Church of St Andrew, Plymouth*
(Plymouth, W. Brendon and Son, 1875, in-4°), p. 89.

1538, septembre (?)

1925. — Inventaire des Franciscains de Bodmin, comté de
Cornwall.

Whitley (H.-M.), *Journal of the Royal Institution of Cornwall,* t. VIII
(1886), p. 24-26.

1538, 7 octobre.

1926. — Inventaire du mobilier d'église et de maison, vaisselle
et ustensiles du prieuré de Barnwell, comté de Cambridge
[avec prix de vente].

Walcott (M.-E.-C.), *Archaeologia,* t. XLIII (1871), p. 224-227.

1538, octobre.

1927. — Inventaire du mobilier de la maison des religieuses
Bénédictines, à Brewood [avec prix de vente].

Monasticon Anglicanum, nouv. édit. et édit. de 1846, t. IV,
p. 500-501.

1538, 10 octobre.

1928. — Inventaire du mobilier d'église et de maison du couvent des Dominicains, à Guildford.

Palmer (C.-R.-F.), *The Reliquary,* nouv. sér., t. I (1888), p. 17-19.

1538, 15 octobre.

1929. — Inventaire du mobilier de maison de l'abbaye de
Merevale, comté de Warwick [avec prix de vente].

Monasticon Anglicanum, nouv. édit. et édit. de 1846, t. V, p. 484-486.

1538, 18 octobre.

1930. — Inventaire du mobilier d'église et de maison, de la
vaisselle et des ustensiles du prieuré de Saint-Thomas, près
Stafford [avec prix de vente].

Walcott (M.-E.-C.), *Archaeologia,* t. XLIII (1871), p. 211-213.

1538, 21 octobre.

1931. — Inventaire du mobilier d'église et de maison, de la
vaisselle et des ustensiles de l'abbaye de Dieulacres, comté de
Stafford [avec prix de vente].

Ibid., p. 214-217. — Sleigh (J.), *History of the ancient Parish of
Leek* (Leek, R. Nall, 1862, in-8°), p. 60-63.

1538, 24 octobre.

1932. — Inventaire du mobilier d'église et de maison, de la
vaisselle et des ustensiles, de l'abbaye de Darley, comté de
Derby [avec prix de vente].

Walcott (M.-E.-C.), *Archaeologia,* t. XLIII (1871), p. 218-221.

1538, 24 octobre.

1933. — Inventaire du mobilier d'église et de maison, de la
vaisselle et des ustensiles de l'abbaye de Dale, comté de Derby
[avec prix de vente].

Ibid., p. 221-224. — Fox (S.), *The Reliquary,* t. VIII (1867-1868),
p. 201-203, 204-205. — Fox (S.), *The History and Antiquities of the
Parish Church of Saint Matthew, Morley, in the County of Derby*
(London, Bemrose and Sons, 1872, in-4°), p. 33-36, 38.

1538, 26 octobre.

1934. — Inventaire du mobilier d'église et de maison du
prieuré de Repton, comté de Derby [avec prix de vente].

Ashpitel (A.), *The Journal of the British Archaeological Association,*
t. VII (1852), p. 278-282. — Bigsby (R.), *Historical and Topographical*

Description of Repton, in the County of Derby (London, Woodfall and Kinder, 1854, in-4°), p. 86-89. — Hope (W.-H.-St-John), *Journal of the Derbyshire Archaeological and Natural History Society* t. VI (1884), p. 72-82. — Hope (W.-H.-St-John), *The Archaeological Journal,* t. XLI (1884), p. 364-368.

1538, 28 octobre.

1935. — Inventaire des vêtements sacerdotaux et du mobilier d'église et de maison du prieuré de Grace-Dieu, comté de Leicester [avec prix de vente].

Nichols (John), *The History and Antiquities of the County of Leicester*, t. III, p. 653-654.

1538, octobre.

1936. — Inventaire du mobilier de ʋ son du prieuré des Bénédictines, à Brewood, comté de Stafford [avec prix de vente].

Monasticon Anglicanum, nouv, édit. et édit. de 1846, t. IV, p. 500-501.

1538, octobre (?)

1937. — Inventaire estimatif du mobilier d'église et de maison des Carmes, à Marlborough, comté de Wilts.

Walcott (M.-E.-C.), *The Wiltshire Archaeological and Natural History Magazine* (Devizes, H.-F. et E. Bull, in-8°), t. XII (1870), p. 359-360.

1538, octobre (?)

1938. — Inventaire du mobilier d'église et de maison du couvent des Dominicains, à Salisbury.

Ibid., t. XII (1870), p. 360-361. — Palmer (C.-R.-F.), *Ibid.,* t. XVIII (1879), p. 172-174.

1538, octobre (?)

1939. — Inventaire du mobilier d'église et de maison du couvent des Franciscains, à Salisbury.

Walcott (M.-E.-C.), *Wiltshire Archaeological and Natural History Magazine,* t. XII (1870), p. 361-362.

1538, 6 novembre.

1940. — Inventaire du mobilier d'église et de maison de l'abbaye de Pipewell, comté de Northampton [avec prix de vente].

Monasticon Anglicanum, nouv. édit. et édit de 1846, t. V, p. 440-441.

1538, 8 novembre.

1941. — Inventaire du mobilier de l'église paroissiale de Smarden, comté de Kent.

Haslewood (F.), *Archaeologia Cantiana,* t. IX (1874), p. 224-225.

1538, 26 novembre.

1942. — Inventaire du mobilier du couvent et de l'église des
Dominicains, à Pontefract, comté de York.

> Palmer (C.-R.-F.), *The Reliquary*, t. XX (1879-1880), p. 73 (sommaire).

1538, novembre et 1540.

1943. — Inventaire de la sacristie et des autels de l'église de
l'abbaye de Westminster, et extraits de l'inventaire de la
maison.

[Vêtements sacerdotaux, argenterie de maison, vases sacrés
et joyaux, ornements pontificaux, textes, croix, parements
d'autel, livres d'église, tentures, coussins, autels portatifs,
meubles, ustensiles.]

> Walcott (M.-C.-E.), *Transactions of the London and Middlesex
> Archaeological Society*, t. IV (1874), p. 313-364 (cf. *Archaeologia*,
> t. XLIII (1871), p. 246-247).

1538

1944. — Inventaire du mobilier d'église et de maison des Franciscains, à Worcester.

> Walcott (M.-E.-C.), *Reports and Papers of the Associated Architec-
> tural Societies*, t. XI (1871-1872), p. 307-308.

1538

1945. — Inventaire du mobilier d'église et de maison des
Carmes, à Losenham, comté de Kent.

> Robertson (W.-A.-Scott), *Archaeologia Cantiana*, t. XIV (1882),
> p. 311-312.

1538

1946. — Inventaire du mobilier d'église et de maison, de la vaisselle et des ustensiles de l'abbaye de Lilleshull, comté de
Salop [avec prix de vente].

> Walcott (M.-E.-C.), *Archaeologia*, t. XLIII (1871), p. 207-210.

1538

1947. — Inventaire estimatif, après décès, des meubles de Ralph
Peacock, fermier.

[Bestiaux.]

> Raine (J.), *Richmondshire Wills*, p. 15.

1538 (?)

1948. — Inventaire sommaire de la fourniture de l'église, de quelques meubles et ustensiles, après la suppression de l'abbaye de Rievaux.

Atkinson (J.-C.), *Cartularium abbathiae de Rievalle* [t. LXXXII *Surtees Society*], (Durham, Andrews and Cᵒ, 1889, in-8ᵒ), p. 334-343.

1539, janvier.

1949. — Inventaire du mobilier d'église et de maison des Carmes, à Newcastle on Tyne [avec prix de vente].

Hope (W.-H.-St-John), *Archaeologia*, t. LI (1888), p. 71-72.

1539, 20 janvier.

1950. — Inventaire du mobilier et des munitions de guerre du château de Berwick.

Smith (R.), *Archaeologia*, t. XI (1792), p. 438-440.

1539, 18 février.

1951. — Inventaire des meubles de Sir Adrian Fortescue, chevalier, dans sa maison de campagne de Shirburn, comté d'Oxford, et dans sa maison de Londres.

Clermont (Lord), *A History of the Family of Fortescue in all its branches* (London, printed for private distribution, 1869, in-4ᵒ), p. 216-223. — 2ᵒ édit. (London, Ellis and White, 1880, in-4ᵒ), p. 304-311. — Strutt (Jos.), *Horda Angel-cynnan,* t. III, p. 66-67 (extraits).

1539, 28 juillet.

1952. — Inventaire estimatif du mobilier d'église et de maison de l'abbaye de Saint-Osyths, comté d'Essex [avec prix de vente].

Walcott (M.-E.-C.), *Transactions of the Essex Archaeological Society,* t. V (1873), p. 54-67.

1539, 5 octobre.

1953. — Inventaire du mobilier de l'église paroissiale de Bodmin, comté de Cornwall.

[Wallis (J.)], *The Bodmin Register ; or, collections relative to the past and present state of the Parish of Bodmin* (Bodmin, J. Liddell and Son, 1827-1836, in-8ᵒ), p. 38-42. — Whitley (H.-M.), *Journal of the Royal Institution of Cornwall,* t. VII (1883), p. 119-121.

1539, 20 novembre.

1954. — Inventaire de ce qui restait du trésor de la cathédrale d'Ely, après le dépouillement par Henri VIII, lors de la suppression du monastère.

The Gentleman's Magazine (London, E. Newbery, in-8ᵒ), t. LIII (1783), p. 482-483. — [Nichols (J.)], *Accompts of Churchwardens,* p. 137-139. — Bentham (J.), *The History and Antiquities of the Conventual and Cathe-

dral Church of Ely, 2ᵉ édit. (Norwich, Stevenson, Matchett and Stevenson, 1812, in-4°), une feuille non paginée entre les p. 224 et 225.

1539, 30 novembre.

1955. — Inventaire de l'abbaye de Peterborough.

Gunton (S.), *The History of the Church of Peterburgh* (London, Richard Chiswell, 1686, in-f°), p. 58-65. — Stevens (J.), *The History of antient Abbeys, Monasteries, Hospitals, etc.*, t. I, p. 485-488. — *Monasticon Anglicanum*, nouv. édit. et édit. de 1846, t. I, p. 365-367.

1539, décembre (?).

1956. — Inventaire de l'argenterie d'église et de maison et des vêtements sacerdotaux de l'abbaye de Saint Albans, comté de Hertford [avec prix de vente].

Walcott (M.-E.-C.), *The Reliquary*, t. XIV (1873-1874), p. 22-27.

1539

1957. — Inventaire des reliques et notice sommaire des reliquaires de la cathédrale de Coventry.

The Reliquary, nouv. sér., t. IV (1890), p. 103.

1540, janvier.

1958. — Inventaire de l'argenterie de maison du prieuré de Worcester et des objets d'or et d'argent de la sacristie de la cathédrale.

[Salières, cuillères, coupes, encensoirs, chandeliers, ostensoirs, calices, croix, paix, crosses, mitres, images.]

Green (V.), *The History and Antiquities of the City and Suburbs of Worcester*, t. II, append., p. II-VI.

1540, mars.

1959. — Inventaire des ornements sacrés, joyaux et argenteries d'église et de maison et de quelques meubles de l'abbaye de Waltham, comté d'Essex.

Walcott (M.-E.-C.), *Transactions of the Essex Archaeological Society*, t. V (1872), p. 258-264.

1540, 23 septembre.

1960. — Inventaire des meubles de la gilde des vendeurs de cuir de Londres.

[Guirlandes et broches.]

Black (W.-H.), *History of the Worshipful Company of Leathersellers*, p. 104 (extraits).

1540

1961. — Inventaire des munitions de guerre des forts de Gravesend, comté de Kent.

> Cruden (R.-P.), *The History of the Town of Gravesend in the County of Kent, and of the Port of London* (London, William Pickering, 1843, in-8°), p. 165-167.

1540 (?)

1962. — Inventaire du mobilier d'église de la commanderie des chevaliers de Saint-Jean de Jérusalem, à Balsall, comté de Warwick [avec prix de vente].

> Walcott (M.-E.-C.), *Archaeologia*, t. XLIII (1871), p. 232-233.

Vers 1540

1963. — Inventaire du mobilier de l'autel de Saint-Léonard, dans l'église de Sainte-Marguerite de Lynn, comté de Norfolk.

> Taylor (William), *The Antiquities of Kings Lynn*, p. 120.

Vers 1540

1964. — Inventaire du mobilier de la chapelle de Saint-Thomas-le-martyr, à Newport (île de Wight).

> Hearn (J.-H.), *The Journal of the British Archaeological Association*, t. V (1850), p. 352-353.

Vers 1540

1965. — Inventaire de l'argenterie et des joyaux du grand autel de l'église collégiale de Wimborne, comté de Dorset.

> Hutchins (J.), *The History and Antiquities of the County of Dorset*, 2ᵉ édit., t. II, p. 558; 3ᵉ édit., t. III, p. 226 (cf. p. 260-261).

1540 ou 1551

1966. — Inventaire, après décès, des meubles de Richard Fermor, d'Easton-Neston, comté de Northampton.

> Strutt (Jos.), *Horda Angel-cynnan,* t. III, p. 63-65 (extraits).

1541, 7 janvier.

1967. — Inventaire estimatif, après décès, des meubles de Sir Thomas Kytson, mercier, à Londres.

[Objets d'or et d'argent, vêtements, chapelle.]

> Gage (J.), *The History and Antiquities of Hengrave in Suffolk* (London, James Carpenter, 1822, in-4°), p. 115-118 (extraits).

1541, février.

1968. — Inventaire, après décès, des meubles de Lord Sandys, à sa maison de The Vyne, comté de Hants.

[Chapelle, linge, argenterie, armes, vêtements, meubles d'appartements.]

Chute (C.-W.), *A History of The Vyne in Hampshire* (Winchester, Jacob et Johnson; London, Simpkin, Marshall and Cᵒ, 1888, in-4ᵒ), p. 25-27, 51-57, 145, 146, 151, 152, 161-162.

1541, 18 mars.

1969. — Inventaire estimatif des meubles de Léonard Metcalfe, écolier à l'Université de Cambridge.

Cooper (C.-H.), *Annals of the University of Cambridge* (Cambridge, Warwick and Cᵒ, 1842, in-8ᵒ), t. I, p. 398-399.

1541, 24 mai.

1970. — Inventaire estimatif, après décès, de Roger Pele, curé, ci-devant Cistercien.

Raine (J.), *Richmondshire Wills*, p. 21-23.

1541, 7 octobre.

1971. — Inventaire du mobilier du collège de Sainte-Marie, des chanoines réguliers, à Oxford, lors de sa suppression.

Wood (Anthony), *Survey of the Antiquities of the City of Oxford, edited by Andrew Clark, M. A. [Oxford Historical Society]*, (Oxford, Clarendon Press, 1890, in-8ᵒ), t. II, p. 531-532.

1541, 15 novembre.

1972. — Inventaire, après décès, de William Davenport, gentilhomme.

[Meubles et ferme.]

Piccope (G.-J.), *Lancashire and Cheshire Wills and Inventories*, t. I, p. 79-80.

1541

1973. — Inventaire des argenteries, joyaux et chandeliers, de l'église collégiale de Wolverhampton.

Oliver (G.), *Historical and descriptive account of the Collegiate Church of Wolverhampton* (Wolverhampton, B. Simpson, s. d. [1836], in-8ᵒ), p. 127 (extraits).

1541

1974. — Inventaire des meubles de la gilde de Sainte-Catherine et des autres gildes, dans l'église collégiale de Wolverhampton.

Ibid., p. 180-181.

1541

1975. — Inventaire de l'argenterie et des joyaux de l'église
« Great Saint Mary's » de Cambridge.

Sandars (S.), *Notes on Great Saint Mary's Church, Cambridge*,
p. 55-56.

1541

1976. — Inventaire de l'argenterie de l'église paroissiale de Long
Melford, comté de Suffolk.

Parker (W.), *The History of Long Melford*, p. 87-88.

1541

1977. — Inventaire estimatif, après décès, de Thomas Clarke,
dernier abbé et premier doyen de Chester.

Piccope (G.-J.), *Lanscashire and Cheshire Wills and Inventories*, t. I,
p. 126-129.

1541 (?)

1978. — Inventaire, après décès, de John Metcalfe, gentilhomme.

[Meubles, vaisselle, bestiaux.]

Raine (J.), *Richmondshire Wills,* p. 20-21.

1542, 24 avril.

1979. — Inventaire des miroirs, instruments de musique, hor-
loges, objets de verre et de terre, du palais royal de Westminster.

Burtt (J.), *The Archaeological Journal,* t. XVIII (1861), p. 138-145.

1542, 25 juin.

1980. — Inventaire du mobilier de l'église paroissiale de Saint-
Etienne, Coleman Street, de Londres.

Freshfield (E.), *Archaeologia,* t. L (1887), p. 45-48.

1542, 12 décembre.

1981. — Inventaire des joyaux et pierreries de la princesse Marie
Tudor (plus tard reine d'Angleterre).

Madden (Fr.), *Privy Purse Expenses of the Princess Mary* (London,
William Pickering, 1831, in-8°), p. 175-181.

1543, 1er janvier.

1982. — Inventaire de joyaux et pierreries donnés par le roi
Henri VIII à la princesse Marie, sa fille.

Ibid., p. 182-185.

1543, 29 janvier.

1983. — Inventaire estimatif, après décès, d'Isabel Lynschall
[avec prix].

>Raine (J.), *Richmondshire Wills,* p. 27.

1543, 10 mai.

1984. — Inventaire des meubles de John Smyth, gentilhomme,
de Blackmore, comté d'Essex.

>King (H.-W.), *Transactions of the Essex Archaeological Society,*
t. III (1865), p. 59-62.

1543, septembre.

1985. — Inventaire de l'argenterie de la chapelle de Saint-Nicolas de Lynn, comté de Norfolk.

>Taylor (William), *The Antiquities of Kings Lynn,* p. 123-124.

1543

Inventaires estimatifs, après décès.

1986. — Edmund Pereson, tanneur, p. 28-29.

1987. — Thomas Walker, p. 30-31.

1988. — Edward Pickering, p. 35.

1989. — Edward Mansergh, p. 38.

1990. — William Witham, gentilhomme, p. 41-42.

1991. — Alexander Atkinson, forgeron, p. 43-44.

>Raine (J.), *Richmondshire Wills.*

1543

1992. — Inventaire du mobilier des diverses cantaries de la cathédrale de York [comprenant les cantaries de : Tous les Saints,
p. 274-275. — S'-Cuthbert, p. 281-282. — S'-Edouard,
p. 283. — S'°-Frideswide, p. 284. — SS.-Jacques et Catherine,
p. 287. — S'-Jean l'évangéliste, p. 291-292. — S'°-Marie-
Madeleine, p. 284. — SS.-Paulin et Chad, p. 300. — S'-Sau-
veur, p. 300. — S'-Wilfrid, p. 304-305].

>Raine (J.), *The Fabric Rolls of York Minster.*

1544, 20 avril.

1993. — Inventaire des objets d'or et d'argent et des vêtements sacerdotaux, livrés au Roi ou vendus, provenant
de l'abbaye supprimée de Saint-Augustin de Cantorbéry
[avec prix de vente].

Rymer (T.), *Fœdera*, 1re édit. et réimpres. de Holmes, t. XV, p. 35-37.
— *Ibid.*, 3ᵉ édit., t. VI, 3ᵉ part. p. 112-113. — Stevens (J.), *The History
of antient Abbeys*, t. I, p. 336. — *Monasticon Anglicanum*, nouv. édit. et
édit. de 1846, t. I, p. 125.

1544, 27 avril.

1994. — Inventaire estimatif du mobilier du collège de Lingfield,
à l'époque de sa dissolution.

[Argenterie d'église, mobilier de maison et de ferme.]

Leveson Gower (G.), *Surrey Archaeological Collections* [*Surrey Archaeological Society*], t. VII (1880), p. 236-245.

1544

1995. — Inventaire du mobilier de l'église paroissiale de Sherborne, comté de Dorset.

Hutchins (J.), *The History and Antiquities of the County of Dorset*,
2ᵉ édit., t. IV, p. 117-118. — *Ibid.*, 3ᵉ édit., t. IV, p. 262.

1545, 19 mai.

1996. — Inventaire des vêtements sacerdotaux et livres d'église,
existant encore à cette époque, dans la première cathédrale
d'Oxford (ancienne abbaye d'Oseney) [avec prix de vente].

Walcott (M.-E.-C.), *Archaeologia*, t. XLIII (1871), p. 237-238.

1545, 19 mai.

1997. — Inventaire de l'argenterie, des vêtements sacerdotaux,
du linge et des meubles de l'église et des autels, et de l'argenterie de maison du collège de Sainte-Frideswide, à Oxford
[en partie avec prix].

Monasticon Anglicanum, nouv. édit. et édit. de 1846, t. II, p. 166-167.

1545, 3 juin.

1998. — Inventaire du mobilier de Margaret Stytholme.

Records of the Borough of Nottingham, t. III, p. 400.

1545, juillet.

Inventaires estimatifs, après décès.

1999. — John Hymers, p. 114.

2000. — Agnès Horsley, p. 122.

Raine (J.), *Wills and Inventories*, t. I.

1545, 19 août.

2001. — Inventaire des meubles de la gilde de Saint Mary
de West Town, à Yarmouth, vendus lors de sa suppression.

Swinden (H.), *History and Antiquities of Great Yarmouth*, p. 811.

1545, 21 novembre.

2002. — Inventaire et prisée du mobilier d'église, de quelques meubles et de la vaisselle de maison, existant encore à cette époque, dans la ci-devant abbaye de Burton-on-Trent, comté de Stafford [avec prix de vente].

> Walcott (M.-E.-C.), *Archaeologia*, t. XLIII (1871), p. 230-232.

1545, 30 novembre.

2003. — Inventaire du mobilier de l'église de Poole, comté de Dorset.

> Hutchins (J.), *The History and Antiquities of the County of Dorset*, t. I, 3ᵉ édit., p. 57-58. — *Ibid.*, 2ᵉ édit., t. I, p. 22 (*ex-voto* seulement). — Sydenham (J.), *The History of the Town and County of Poole* (Poole, Sydenham, 1839, in-8ᵒ), p. 311-313 (sans les *ex-voto*).

1545, 15 décembre.

2004. — Inventaire estimatif, après décès, d'Arthur Robys, échevin de Winchester.

> *The Reliquary*, t. XII (1871-1872), p. 86-87.

1545

Inventaires estimatifs, après décès.

2005. — Christopher Thomson, curé, p. 52-53.

2006. — William Clowdeslye, vicaire, p. 54-55.

2007. — Matthew Witham, p. 57.

> Raine (J.), *Richmondshire Wills*.

Vers 1545

2008. — Inventaire du mobilier de l'église paroissiale de Beeston-next-Mileham, comté de Norfolk, vers 1545, d'après les souvenirs d'un vieillard de quatre-vingt-quatorze ans, en 1607.

> Carthew (G.-A.), *The Hundred of Launditch* (Norwich, Miller and Leavins, 1877-1879, in-4ᵒ), t. III, p. 28.

1546, 9 février.

2009. — Inventaire des vêtements sacerdotaux et tentures de l'église paroissiale de Hadleigh.

> Pigot (H.), *Proceedings of the Suffolk Institute of Archaeology*, t. III (1863), p. 264-265.

1546, 2 mars.

2010. — Inventaire estimatif des meubles d'église et de maison de l'hôpital de Sainte-Catherine, près de la Tour de Londres.

The Reliquary, nouv. sér., t. IV (1890), p. 151-157. — Walcott (M.-E.-C.), *Archaeologia*, t. XLIII (1871), p. 244 (fragment).

1546, 10 mars.

2011. — Inventaire du mobilier du logement du Maître du collége de Saint-Jean, à Cambridge.

> Willis (R.) et Clark (J.-W.), *Architectural History of the University of Cambridge* (Cambridge, University Press, 1886, in-8), t. III, p. 351-352.

1546, 8 mai.

2012. — Inventaires estimatifs de quelques cantaries de la ville de Durham, [comprenant celles de : SS.-Jean-Baptiste et l'évangéliste, église de Saint-Oswald. — Notre-Dame, dans la paroisse de Saint-Oswald. — Notre-Dame et Saint-Jacques, gilde du *Corpus Christi*, église de Saint-Nicolas].

> Raine (J.), *The Injunctions and other Ecclesiastical Proceedings of Richard Barnes, Bishop of Durham, from 1575 to 1587* [t. XXII Surtees Society], (Durham, G. Andrews, 1850, in-8°), p. XLV-XLVII.

1546, 12 mai.

2013. — Inventaire des joyaux de la châsse du *Corpus Christi* appartenant à la gilde de ce nom, à York.

> Caley (J), *Archaeologia*, t. X (1792), p. 465-472. — Skaife (R.-H.), *The Register of the Guild of Corpus Christi, in the City of York*, p. 296-298.

1546, 21 mai.

2014. — Inventaire estimatif, après décès, des meubles de Robert Tood, fermier, de Bicker, comté de Lincoln.

> *The Reliquary*, t. XII (1871-1872), p. 150-151.

1546, 20 et 24 juillet.

2015. — Inventaire des joyaux et pierreries donnés par le roi Henri VIII à la princesse Marie Tudor, sa fille.

> Madden (Fr.), *Privy Purse Expenses of the Princess Mary*, p. 186-187.

1546

2016. — Inventaires du mobilier de cantaries dans le comté de Lancaster [comprenant celles de : Manchester, collégiale, p. 10-12. — Ormskirk, hôpital de Lathom, p. 107-108. — Eccles, Trinité et de Jésus, p. 130, 138-139. — Croston, chapelle de Rufford, p. 162.]

Raines (F.-R.), *A History of the Chantries within the County Palatine of Lancaster* [t. LIX et LX *Chetham Society*], (Manchester, 1862, in-4°).

1546

2017. — Inventaire des fournitures et munitions de guerre du vaisseau « Harry Grace de Dieu », ou *Great Harry*.

Topham (J.), *Archaeologia*, t. VI (1782), p. 216-217 (cf. Brewer (J.-S.), *Letters and Papers*, t. III, n° 1128). — Lindsay (W.-S.), *History of Merchant Shipping*, t. II, p. 559-560.

1546-1548 (?)

2018. — Inventaire estimatif du mobilier de l'église ci-devant collégiale de Howden, et reste de l'argenterie civile de celle de Lowthorpe, comté de York.

The Reliquary, nouv. sér., t. IV (1890), p. 160-162.

1547, 25 janvier.

2019. — Inventaire des joyaux et pierreries de la princesse Marie Tudor.

Madden (Fr.), *Privy Purse Expenses of the Princess Mary*, p. 190-201.

1547, janvier.

2020. — Inventaire des vêtements et joyaux de Thomas Howard, duc de Norfolk, et de son fils aîné, Henry Howard, comte de Surrey, des tapisseries et des meubles du comte, à Saint Léonards.

Nott (G.-F), *The Works of Henry Howard, Earl of Surrey* (London, Longman, 1815, in-4°), t. I, append., p. cviii-cxxiii (extrait du grand inventaire de leurs meubles, à l'époque de leur emprisonnement dans la Tour de Londres).

1547, 16 février.

2021. — Inventaire de l'artillerie de la ville de Portsmouth.

Wright (H.-P.), *The Story of the « Domus Dei » of Portsmouth* (London, Jas. Parker and C°, 1873, in-8°), p. 188-190.

1547, 16 septembre.

2022. — Inventaires des tentures et du mobilier de chapelle et de maison du duc de Norfolk, à Nonesuch, comté de Surrey.

Kempe (A.-J.), *The Losely Manuscripts* (London, John Murray, 1836, in-8°), p. 150-152 (extraits).

1547 (?), 30 septembre.

2023. — Inventaire du mobilier de la chapelle de Grindlow, comté de Derby [anglais].

The Reliquary, t. XI (1870-1871), p. 3. — Cox (J.-C.), *Notes on the Churches of Derbyshire*, t. II, p. 268.

1547, 11 octobre.

2024. — Inventaire d'ornements appartenant à l'église de High Wycombe.

Fifth Report of the Royal Commission on Historical Manuscripts, p. 555.

1547, 25 octobre.

2025. — Inventaire du mobilier de l'église de Little Bittering, comté de Norfolk, soustrait par les commissaires royaux.

Carthew (G.-A.), *The Hundred of Launditch*, t. II, p. 416.

1547, 8 novembre.

2026. — Inventaire du mobilier de l'église paroissiale de Long Melford.

Parker (W.), *The History of Long Melford*, p. 88-91.

1547

2027. — Inventaire de l'argenterie et des ornements précieux de l'église de Hadleigh, brisés et vendus en vertu d'une commission du roi Édouard VI.

Pigot (H.), *Proceedings of the Suffolk Institute of Archaeology*, t. III (1863), p. 265-267 (sommaire).

1547

2028. — Inventaire, après décès, du roi Henri VIII.

Strutt (Jos.), *Horda Angel-cynnan*, t. III, p. 68-69, 79-80 (lit du roi, chambre à coucher à Hampton Court, vêtements). — Southern (H.) et Nicolas (N.-H.), *The Retrospective Review, and Historical and Antiquarian Magazine* (London, Baldwin, Cradock and Joy, in-8°), 2ᵉ sér., t. I (1827), p. 132-136, 333-336 (meubles des palais royaux, menus objets). — Ellis (H.), *Original Letters illustrative of English History* (London, Harding and Lepard, 1827, in-8°), 2ᵉ série, t. I, p. 272-273 (instruments de musique, extraits). — Kempe (A.-J.), *The Losely Manuscripts*, p. 66-67 (couvertures d'apparat de chevaux en drap d'or et d'argent, velours, broderies). — Scharff (G.), *Archaeological Institute of Great Britain and Ireland. Old London. Papers read at the London Congress, July, 1866* (London, Murray, 1867, in-8°), p. 287-303 (tableaux du palais de Westminster). — Wornum (R.-N.), *Some account of the Life and Works of Hans Holbein* (London, Chapman and Hall, 1867, in-8°), p. 381-394 (tableaux et statuettes de terre cuite peintes). — Dillon (H.-A.), *Archaeologia*, t. LI (1888), p. 262-280 (munitions de guerre, armes et armures de la Tour de Londres). — Dillon (H.-A.), *Proceedings of the Society of Antiquaries of London* (London, Nichols and Sons, in-8°), 2ᵉ sér., t. XII (s. d.), p. 174-176 (cannes et bâtons du roi). — Müntz (Eug.), *Archives des Arts* (Paris, librairie de l'Art, 1890, in-8°), p. 55-67 (extraits relatifs aux tapisseries).

1547

2029. — Inventaire du mobilier de l'église de Saint Martin
Outwich de Londres [avec détails de vente].

Perry (T.-W.), *Lawful Church Ornaments* (London, Jas. Masters and
J.-H. et Jas. Parker, 1857, in-8°), p. 96-101.

1547

2030. — Inventaire estimatif, après décès, des meubles de
Lionel Wall, forgeron.

Raine (J.), *Wills and Inventories*, t. I, p. 128.

1547 (?)

2031. — Inventaire du mobilier de l'église de Holbeach, comté
de Lincoln.

Marrat (W.), *The History of Lincolnshire, topographical, historical and
descriptive* (Boston, sold by the Author, 1814, in-12°), t. II, p. 104-107.
— Peacock (E.), *English Church Furniture at the Period of the Reformation*, p. 237-238.

1547 (?)

2032. — Inventaire du mobilier de la collégiale de Wingham,
comté de Kent.

Walcott (M.-E.-C.), *The Sacristy. A Quarterly Review of Ecclesiastical Art and Literature* (London, J. Hodges, in-4°), t. I (1871), p. 375-
376. — Robertson (W.-A.-Scott), *Archaeologia Cantiana*, t. XIV (1882),
p. 309-311.

1547 (?)

2033. — Inventaire estimatif de la sacristie de la collégiale de
Saint-Étienne (Saint Stephen's Chapel) de Westminster.

Daniel Tyssen (J.-R.), *Transactions of the London and Middlesex
Archaeological Society*, t. IV (1874), p. 365-376.

1548, 3 janvier.

2034. — Inventaire du mobilier de l'église paroissiale de Prestbury, comté de Chester.

Earwaker (J.-P.), *East Cheshire : Past and Present; or, a History
of the Hundred of Macclesfield* (London, Wyman and Sons, 1877-
1880, in-4°), t. II, p. 183-184.

1548, 7 février.

2035. — Inventaire du mobilier de l'église de Saint Margaret
Pattens, de Londres.

Fish (J.-L.), *The Union Review*, t. V (1867), p. 309. — Hope (W.-H.-
St-John), *The Archaeological Journal*, t. XLII (1885), p. 330.

1548, 12 février.

2036. — Inventaire du mobilier de la ci-devant collégiale de Saint-Martin-le-Grand de Londres.

The Reliquary, nouv. sér., t. IV (1890), p. 157-158.

1548, 15 février.

2037. — Inventaire estimatif du mobilier de l'église de Saint Peter per Mountergate de Norwich.

Harrod (H.), *Norfolk Archaeology*, t. V (1859), p. 116-119 (extraits).

1548, 15 février.

2038. — Inventaire du mobilier de l'église de Saint-André de Norwich [avec détails de vente].

L'Estrange (J.), *Norfolk Archaeology*, t. V (1859), p. 109 (extraits). — *Ibid.*, t. VII (1872), p. 47-59.

1548, 15 février.

2039. — Inventaire du mobilier de l'église de Saint Mary Coslany de Norwich [avec détails de vente].

Ibid., t. VII (1872), p. 67-73.

1548, 15 février.

2040. — Inventaire du mobilier de l'église de Saint-Benoit de Norwich [avec prix de vente].

Dombrain (J.), *The East Anglian*, t. IV (1869), p. 37-39.

1548, 19 mars.

2041. — Inventaire du mobilier de l'église paroissiale de Bishop's Stortford, dressé lors d'une enquête des commissaires royaux.

Glasscock (J.-L.), *The Records of St Michael's, Bishop's Stortford*, p. 128-132.

1548, 8 mai.

2042. — Inventaire des vases sacrés, ornements, livres et mobilier de l'église de Sainte-Marguerite de Westminster.

Walcott (M.-E.-C.), *History of the Parish Church of St Margaret in Westminster* (Westminster, W. Blanchard and Sons, 1847, in-8°), p. 68-72.

1548, 20 mai.

2043. — Inventaire de l'argenterie, confisquée par Édouard VI à diverses cantaries de la cathédrale de York.

Raine (J.), *The Fabric Rolls of York Minster*, p. 313-314.

1548, 31 mai.

2044. — Inventaire du mobilier de la chapelle du pont de Rochester [avec prix de vente].

> Walcott (M.-E.-C.), *Archaeologia Cantiana,* t. X (1876), p. 291-292.

1548, 15 juin.

2045. — Inventaires du mobilier des cantaries du comté de Wilts [comprenant les cantaries de Salisbury; église de Saint-Thomas, cantaries de Swayne, Warwick, Godmanston, des tailleurs, p. 320-321 ; église de Saint-Edmond, cantaries de Tudworth, des tisserands, p. 321. — Cathédrale de Salisbury, cantaries de Walter de Hungerford, Robert Hungerford, Halse, Clowne, Blounsdon et des évêques Bridport, Waltham, Audley et Beauchamp, p. 322-324, 325. — Alton, p. 324; Albourne, p. 329; Bradford, p. 327; Calne, p. 327; Chippenham, p. 327, 328; Devizes, p. 328; Enford, p. 329; Escote, p. 327; Malmesbury, p. 329; Marlborough, p. 329; Mere, p. 325-326; Norridge, p. 326; North Bradley, p. 326; Shalbourne, p. 328; Trowbridge, p. 326] [avec prix de vente].

> Jackson (J.-E.), *The Wiltshire Archaeological and Natural History Magazine,* t. XXII (1885).

1548, 20 juillet.

2046. — Inventaire des objets du culte, laissés par les commissaires royaux pour le service divin dans l'église collégiale de Tamworth, comté de Stafford.

> Palmer (C.-F.-R.), *History and Antiquities of the Collegiate Church of Tamworth* (Tamworth, J. Thompson, 1871, in-8°), p. 50.

1548, 2 septembre.

2047. — Inventaire de Mendham Hall, comté de Suffolk, lors de l'arrivée de la princesse Marie Tudor, pour y habiter.

> Fitch (W.-S.), *Proceedings of the Suffolk Institute of Archaeology,* t. II (1859), p. 243-247.

1548, 2 et 17 septembre.

2048. — Inventaire de l'argenterie de l'église de Maidstone, comté de Kent.

> Newton (W.), *The History and Antiquities of Maidstone* (London, J. and P. Knapton, 1741, in-8°), p. 49-51.

1548, 4 novembre.

2049. — Inventaire des joyaux, argenterie et robes de Lady Margaret Long, veuve de Sir Thomas Kytson, au moment de son mariage avec le comte de Bath.

> Gage (J.), *The History and Antiquities of Hengrave in Suffolk*, p. 124-130.

1548

2050. — Inventaire des tableaux du palais de Saint James, près de Londres.

> Scharff (G.), *Archaeological Institute of Great Britain and Ireland. Old London. Papers read at the London Congress, July, 1866*, p. 304-307.

1548

2051. — Inventaire du mobilier de cantaries du comté de Northumberland.

> Raine (J.), *Injunctions and Ecclesiastical Proceedings of Richard Barnes, Bishop of Durham*, p. xc-xciv.

1548

2052. — Inventaire des joyaux et ornements du vestiaire de la cathédrale de Lincoln.

> *Old Lincolnshire. A Pictorial Quarterly Magazine, edited by George H. Barton* (Stamford, Old Lincolnshire Press; London, W. Reeves, in-4°), t. I (1883-1884), p. 52-56, 101-106, 138-141, 147-149 (extraits).

1548 (?)

2053. — Inventaire estimatif, après décès, des meubles de George Gregory, prêtre.

> Piccope (G.-J.), *Lancashire and Cheshire Wills and Inventories*, t. II, p. 201.

Vers 1548.

2054. — Inventaire des objets d'or et d'argent, joyaux et vêtements sacerdotaux de la cathédrale de York.

> Dugdale (W.), *The History of St Paul's Cathedral in London from its foundation. Whereunto is added. . an historical account of the Northern Cathedrals, and chief Collegiate Churches in the Province of York. Publish'd by Edward Maynard, D. D.* (London, George James, Jonah Bowyer, 1716, in-folio), p. 21-29 de la troisième pagination. — Croft (J.), *Excerpta antiqua, or, a collection of original manuscripts* (York, William Blanchard, 1797, in-8°), p. 92-110. — Raine (J.), *The Fabric Rolls of York Minster*, p. 306-313.

1549, 20-22 janvier.

2055. — Inventaire du manoir de Cheseworth, résidence du
comte de Surrey, et des forges de Sheffield et Worth, comté de
Sussex.

Ellis (H.), *Sussex Archaeological Collections* [*Sussex Archaeological
Society*], t. XIII (1861), p. 120-131.

1549, 21 et 26 février.

2056. — Inventaire du mobilier de l'église de Saint-Sauveur
de Southwark [avec détail de vente].

Daniel Tyssen (J.-R.), *Surrey Archaeological Collections* [*Surrey
Archaeological Society*], t. IV (1869), p. 81-90.

1549, 2 et 3 mars.

Inventaires du mobilier d'églises du comté de York, lors de l'enquête des commissaires royaux.

2057. — Healaugh, p. 243.

2058. — Bishopthorpe, p. 246.

2059. — Rufforth, p. 246.

Peacock (E.), *English Church Furniture at the period of the Reformation*.

1549, 3 mars.

2060. — Inventaire, après décès, de James Duffield.

Raine (J.), *Richmondshire Wills,* p. 61.

1549, 9 mars.

2061. — Inventaire du mobilier de l'église d'Alderley, comté de
Chester, lors de l'enquête des commissaires royaux.

Earwaker (J.-P.), *East Cheshire,* t. II, p. 627.

1549, 10-12 mars.

Inventaires du mobilier d'églises du comté de Middlesex, lors
de l'enquête des commissaires royaux.

2062. — Chelsea.

Faulkner (T.), *An historical and topographical description of Chelsea*
(Chelsea, T. Faulkner, 1829, in-8°), p. 191-200.

2063. — Ealing.

Faulkner (T.), *The History and Antiquities of Brentford. Ealing and
Chiswick,* p. 184-187.

2064. — Chiswick.

Ibid, p. 301-303.

2065. — Londres, Saint Pancras.

The Church Review (London, « *Church Review* » Office, in-f°), année 1866, p. 889.

2066. — Fulham.

Faulkner (T.), *An historical and topographical account of Fulham* (London, T. Egerton, 1813, in-4°), p. 57-60.

2067. — Kensington.

Faulkner (T.), *The History and Antiquities of Kensington* (London, T. Egerton, 1820, in-4°), p. 153-155.

1549, 10-16 mars.

Inventaires d'églises du comté de Kent, lors de l'enquête des commissaires royaux.

2068. — Alkham, p. 101.

2069. — Capel, p. 127.

2070. — Egerton, p. 146.

Walcott (M.-E.-C.), Coates (R.-P.), Robertson (W.-A.-Scott), *Archaeologia Cantiana*, t. VIII (1872).

2071. — Selling.

Ibid., t. XI (1877), p. 409.

1549, 12 mars-24 avril

Inventaires d'églises du comté de Cornwall, lors de l'enquête des commissaires royaux.

2072. — Gluvias, p. 126.

2073. — Gunwalloe, p. 126.

2074. — Germoe, p. 127.

2075. — St Martin in Meneage, p. 127.

2076. — St Cury, p. 128.

2077. — Breage, p. 128.

2078. — Mullion, p. 129.

2079. — Landewednack, p. 129.

2080. — Sithney, p. 130.

2081. — Helston, p. 130.

2082. — St Wendron, p. 131.

2083. — Mawnan, p. 131.

2084. — Perrianarworthal, p. 131.

2085. — Ruan Major, p. 132.

2086. — Ruan Minor, p. 132.

2087. — Mabe, p. 133.

2088. — Budock, p. 133.

2089. — Glasney (?), p. 133.

Whitley (H.-M.), *Journal of the Royal Institution of Cornwall*, t. VII (1883). — Green (M.-A.-E.), *Calendar of State Papers, Domestic Series, of the Reign of Elizabeth, 1601-1603 ; with Addenda, 1547-1565 [Calendars of State Papers]*, (London, Longman and C°, 1870, in-8°), p. 398 (sommaire).

1549, 14-15 mars.

Inventaires d'églises du comté de Nottingham, lors de l'enquête des commissaires royaux.

2090. — Langar, p. 976.

2091. — Barnstone, p. 976.

2092. — Willoughby - on - the wolds, p. 976.

The Church Review, année 1866.

1549, 19-23 mars.

Inventaires du mobilier d'églises du comté de Surrey, lors de l'enquête des commissaires royaux.

2093. — Bletchingley, p. 99.
2094. — Caterham, p. 107.
2095. — Chelsham, p. 108.
2096. — Farley, p. 110.
2097. — Godstone, p. 111.
2098. — Horne, p. 112.
2099. — Limpsfield, p. 113.

2100. — Lingfield, p. 114.
2101. — Oxted, p. 119.
2102. — Tandridge, p. 127.
2103. — Titsey, p. 129.
2104. — Waldingham, p. 129.
2105. — Warlingham, p. 133.

> Daniel Tyssen (J.-R.), *Surrey Archaeological Collections* [*Surrey Archaeological Society*], t. IV, (1869).

1549, 27 mars.

2106. — Inventaire du mobilier de l'église de Swansea, comté de Glamorgan, pris lors de l'enquête des commissaires royaux.

> Dillwyn (L.-W.), *Contributions towards a History of Swansea* (Swansea, Murray and Rees, 1840, in-8°), p. 40. — *Archaeologia Cambrensis*, t. I (1846), p. 95.

1549, avril.

Inventaires du mobilier d'églises du comté de Hants, lors de la même enquête.

2107. — Alverstoke, p. 80.
2108. — Ringwood, p. 80.
2109. — Southwick, p. 81.

2110. — Tichfield, p. 81.
2111. — Hordle, p. 770.

> *The Church Review*, année 1856.

2112. — Fordingbridge.

> *Ibid.*, année 1869, p. 1266-1267.

1549, 4 mai.

2113. — Inventaire du mobilier de l'église de Tibenham, comté de Norfolk, pris lors de la même enquête.

> Rye (W.), *Norfolk Archaeology*, t. VII (1872), p. 34-35

1549

2114. — Inventaire du mobilier de l'église de Bishop's Stortford, comté de Berks, confisqué et vendu au profit du roi.

> Glasscock (J.-L.), *The Records of St Michael's, Bishop's Stortford*, p. 132-134.

1549

2115. — Inventaire des meubles de l'église de Boston, comté de Lincoln (vendus avant 1552).

Peacock (E.), *English Church Furniture at the period of the Reformation*, p. 218-220.

1549

2116. — Inventaire estimatif et sommaire, après décès, des meubles d'Andrew Barton, gentilhomme.

Piccope (G.-J.), *Lancashire and Cheshire Wills and Inventories*, t. II, p. 102.

1549 (?)

2117. — Inventaire du mobilier du château de Powys, au pays de Galles, appartenant à Edward Grey, baron de Powys.

[Meubles, vêtements, argenterie, quelques vêtements sacerdotaux.]

King (H.-W.), *Collections historical and archaeological, relating to Montgomeryshire and its borders. Issued by the Powysland Club for the use of its members* (London, Whiting and C°, in-8°), t. XVIII (1885), p. 344-355.

1550, 7 janvier.

2118. — Inventaire, des meubles de Ralph Blakiston, prêtre.

Raine (J.), *Wills and Inventories*, t. I, p. 131.

1550, 16 mars.

2119. — Inventaire estimatif sommaire, après décès, des meubles du Dr Nicholas Harpesfield, curé de Wyke, près de Winchester.

Baigent (F.-J.), *Journal of the British Archaeological Association*, t. XIX (1863), p. 197-198.

1550

2120. — Inventaire estimatif des meubles de la gilde de Saint-Georges, à Norwich.

[Armes, robes, bannières.]

Norfolk Archaeology, t. III (1852), p. 342-343.

Vers 1550

2121. — Inventaire du mobilier de Wollaton Hall, comté de Nottingham, appartenant à la famille de Willoughby.

[Vêtements sacerdotaux, linge de maison, meubles d'appartements, armes, ustensiles.]

Stevenson (W.-H.), *Reports and Papers of the Associated Architectural Societies*, t. XIX (1887-1888), p. 76-87.

1551, 1er février.

2122. — Inventaire du mobilier de l'église de Calne, comté de Wilts.

> *The Wiltshire Archaeological and Natural History Magazine*, t. IV (1858), p. 208.

1551, 6 avril.

2123. — Inventaire estimatif, après décès, de William Bee, ancien Chartreux.

> Raine (J.), *Wills and Inventories*, t. I, p. 136.

1551, 21 mai.

2124. — Inventaire du mobilier de l'église de Barking, comté d'Essex.

> King (H.-W.), *Transactions of the Essex Archaeological Society*, nouv. sér., t. II (1884), p. 248-249.

1551, 12 juin.

2125. — Inventaire du mobilier de l'église de Bishop's Stortford [avec prix de vente].

> Glasscock (J.-L.), *The Records of St Michael's, Bishop's Stortford*, p. 135-137.

1551, 28 décembre.

2126. — Inventaire estimatif, après décès, des meubles d'Anne Radcliffe.

> Earwaker (J.-P.), *Lancashire and Cheshire Wills and Inventories*, p. 17-18.

1551

2127. — Inventaire estimatif, après décès, de William Lawson, marchand.

> Raine (J.), *Wills and Inventories*, t. I, p. 133-134.

1551 (?)

2128. — Inventaire estimatif, après décès, de Joan Harkey, ci-devant religieuse.

> Raine (J.), *Richmondshire Wills*, p. 70.

1552, 15 février.

2129. — Inventaire de l'argenterie de Sir Thomas Arundell, chevalier (décapité le 26 février).

> Whitley (H.-M.), *Journal of the Royal Institution of Cornwall*, t. VIII (1886), p. 216-217.

1552, 24 avril.

2130. — Inventaire du mobilier de l'église de High Wycombe.

> F.,.h Report of the Royal Commission on Historical Manuscripts, p. 555-556.

1552, 21 juillet.

2131. — Inventaire des vases sacrés, joyaux et vêtements sacerdotaux de la chapelle de Saint-Georges, à Windsor, lors de l'enquête des commissaires royaux.

[Avec la liste des objets précieux vendus ou dérobés depuis 1548, et de ceux livrés au roi en 1552.]

> Townsend (G.-F.). *Archaeologia*, t. XLII (1869), p. 79-81, 83-84, 87-88, 89-90, 92, 95-96, 97-98.

1552, 3 octobre.

2132. — Inventaire de l'argenterie et des vêtements sacerdotaux de la cathédrale de Winchester, lors de la nouvelle enquête générale des commissaires royaux.

> Perry (T.-W.), *Lawful Church Ornaments*, p. 105-108. — Walcott (M.-E.-C.), *Archaeologia*, t. XLIII (1871), p. 235-237.

1552

2133. — Inventaire du mobilier de la cathédrale d'Exeter, lors de l'enquête des commissaires royaux.

[Cloches, argenterie, vêtements sacerdotaux, parements d'autel, bannières.]

> *The Ecclesiologist*, t. XXIX (1868), p. 42-44.

1552

2134. — Inventaire du mobilier de la cathédrale de Saint-Paul de Londres, lors de l'enquête des commissaires royaux.

[Images, croix, vases sacrés, ornements pontificaux, textes, et nombreux vêtements sacerdotaux.]

> *Ibid.*, t. XVII (1856), p. 197-205. — *The East Anglian*, t. II (1866), p. 287-290 (extraits).

1552 (?)

2135. — Inventaire du mobilier de la cathédrale de Durham.

> Raine (J.), *The Injunctions and Ecclesiastical Proceedings of Richard Barnes, Bishop of Durham*, p. xli-xliv. — Walcott (M.-E.-C.), *Archaeologia*, t. XLIII (1871), p. 247-249.

1552, 1 à 6 août.

Inventaires du mobilier d'églises du comté de Berks, lors de la
nouvelle enquête générale des commissaires royaux.

2136. — Newbury, p. 1.
2137. — Aldermaston, p. 3.
2138. — Aldworth, p. 4.
2139. — Avington, p. 5.
2140. — Beedon, p. 5.
2141. — Boxford, p. 6.
2142. — Bright Waltham, p. 7.
2143. — Brimpton, p. 8.
2144. — Brightwell, p. 9.
2145. — Bucklebury, p. 9.
2146. — Burghfield, p. 10.
2147. — Chaddleworth, p. 11.
2148. — Chieveley, p. 12.
2149. — Coleshill, p. 12.
2150. — Enborne, p. 12.
2151. — Englefield, p. 13.
2152. — East Garston, p. 14.
2153. — Farnborough, p. 15.
2154. — North Fawley, p. 16.
2155. — Frilsham, p. 16.
2156. — Finchampstead, p. 17.
2157. — Greenham Chapel, p. 17.
2158. — Hampstead Marshall, p. 18.
2159. — Hampstead Norris, p. 19.
2160. — Hungerford, p. 21.
2161. — Hurley, p. 21.
2162. — East Ilsley, p. 22.
2163. — West Ilsley, p. 23.
2164. — Inkpen, p. 24.
2165. — Kintbury, p. 25.
2166. — Lambourn, p. 26.
2167. — Eastbury Chapel, p. 26.
2168. — Leckhampstead, p. 27.
2169. — Lockinge, p. 27.
2170. — Marlston, p. 28.
2171. — Midgham, p. 28.
2172. — Moulsford, p. 28.
2173. — Oare, p. 29.
2174. — Peasemore, p. 30.
2175. — Sandhurst, p. 31.
2176. — Shalbourn, p. 31.
2177. — Shaw, p. 33.
2178. — Shefford Magna, p. 34.
2179. — Little Shefford, p. 35.
2180. — Shinfield, p. 35.
2181. — Shottesbrooke, p. 36.
2182. — Sunninghill, p. 37.
2183. — Sotwell, p. 37.
2184. — Speen, p. 38.
2185. — Stanford Dingley, p. 38.
2186. — Sulham, p. 39.
2187. — Sulhampstead Abbots, p. 40.
2188. — Ufton, p. 41.
2189. — Welford, p. 41.
2190. — Wallingford, All Saints, p. 42.
2191. — Wallingford, St-Léonard, p. 42.
2192. — Wallingford, Ste-Marie, p. 43.
2193. — Wallingford, Saint-Pierre, p. 44.
2194. — Warfield, p. 44.
2195. — Wasing, p. 45.

2196. — Wickham, p. 45.
2197. — Woolhampton, p. 46.
2198. — Winterbourn, p. 46.
2199. — Yattendon, p. 46.

Money (W.), *Parish Church Goods in Berkshire, A. D. 1552. Inventories of Furniture and Ornaments remaining in certain of the Parish Churches of Berks in the last year of the reign of king Edward the Sixth* (Oxford and London, James Parker and Cᵒ, 1879, in-12ᵒ).

1552, 13 à 26 juillet.

Inventaires du mobilier d'églises du comté de Buckingham, lors de la nouvelle enquête générale des commissaires royaux.

2200. — Upton, p. 926.
2201. — Olney, p. 926.
2202. — Buckingham, p. 941.
2203. — Edlesborough, p. 941.

The Church Review, année 1865.

2204. — Datchet, p. 688.
2205. — Chalfont St Peter, p. 688.
2206. — Hughenden, p. 689.
2207. — Broughton, p. 689.
2208. — Aston Clinton, p. 689.
2209. — Hartwell, p. 689.
2210. — Wingrave, p. 689.
2211. — Wing, p. 687.
2212. — Murseley, p. 689.
2213. — Missenden Parva, p. 689.
2214. — Pitstone, p. 689.
2215. — Woolstone Parva, p. 689.
2216. — Cublington, p. 689.
2217. — Linslade, p. 689.

Ibid., année 1866.

1552, juillet et août.

Inventaires du mobilier d'églises du comté de Cambridge, lors de la nouvelle enquête générale des commissaires royaux.

2218. — Tydd St-Gilles, p. 720.
2219. — Doddington, p. 720.
2220. — Stretham, p. 720.
2221. — Stuntney, p. 375, 720.
2222. — Hildersham, p. 720.

Ibid., année 1866.

2223. — Waterbeach.

Clay (W.-K.), *History of the Parish of Waterbeach*, p. 42-43.

2224. — Milton.

Clay (W.-K.), *History of the Parish of Milton*, p. 40-41.

2225. — Bottisham.

Hailstone (E.), *History and Antiquities of the Parish of Bottisham*, p. 31-32.

2226. — Landbeach.

Clay (W.-K.), *A History, of the Parish of Landbeach* (Cambridge, Deighton, Bell and Cᵒ, 1861, in-8ᵒ), p. 75-76.

2227. — Whittlesey, Ste-Marie, p. 101.
2228. — Whittlesey, St-André, p. 109.

Sweeting (W.-D.), *Historical and Architectural Notices of the Churches in and around Peterborough* (Peterborough, E.-F. Hamblin, 1868, in-8°).

1552, 27 et 28 mai.

Inventaires d'objets remis par les commissaires royaux aux églises de Chester, pour l'exercice du culte.

2229. — Cathédrale, p. 173-174.

2230. — St Oswald, p. 174.

2231. — St John's Without, p. 174.

2232. — St Mary at Hill, p. 174.

2233. — Ste-Trinité, p. 175.

2234. — St-Pierre, p. 175.

2235. — Ste-Brigitte, p. 175.

2236. — St-Michel, p. 175.

2237. — St-Martin, p. 176.

2238. — St-Olave, p. 176.

2239. — Hôpital de St-Gilles, p. 176.

2240. — Hôpital de St John without Northgate, p. 176.

Walcott (M.-E.-C.), *Transactions of the Historic Society of Lancashire and Cheshire,* nouv. série, t. XI (1871).

1552, automne (?)

Inventaires du mobilier d'églises du comté de Cumberland, lors de la nouvelle enquête générale des commissaires royaux.

2241. — Anonymes (3), p. 193.

2242. — Burgh-by-Sands, p 193.

2243. — Bowness, p. 193.

2244. — Orton, p. 193.

2245. — Kirk Bampton, p. 193.

2246. — Thursby, p. 193.

2247. — Beaumont, p. 193.

2248. — Dalston, p. 193.

2249. — Carlisle, cathédrale (?), p. 194.

2250. — Skelton, p. 194.

2251. — Castle Sowerby, p. 194.

2252. — Edenhall, p. 194.

2253. — Ousby, p. 195.

2254. — Addingham, p. 195.

2255. — Anonymes (8), p. 195.

2256. — Stapleton, p. 195.

2257. — Arthuret, p. 195.

2258. — Cumwhitton, p. 195.

2259. — Scaleby, p. 195.

2260. — Cumrew, p. 196.

2261. — Brampton, p. 196.

2262. — Farlam, p. 196.

2263. — Nether Denton, p. 196.

2264. — Irthington, p. 196.

2265. — Anonymes (8), p. 196.

2266. — Waberthwaite, p. 196.

2267. — Bothel, p. 196.

2268. — Nether Wasdale, p. 197.

2269. — Eskdale, p. 197.

2270. — Whitbeck, p. 197.

2271. — Whitcham, p. 197.

2272. — Wasdale Head, p. 197.

2273. — Corney, p. 197.

2274. — Anonymes (6), p. 197.

2275. — Beckermet St Johns, p. 197.

2276. — Brigham, p. 198.

2277. — Loweswater, p. 198.

2278. — Lorton, p. 198.

2279. — Wythop, p. 198.

2280. — Embleton, p. 198.

2281. — Anonymes (6), p. 198.

2282. — Distington, p. 199.

2283. — Moresby, p. 199.

2284. — St Bees, p. 199.

2285. — Arlecdon, p. 199.

2286. — Cleator, p. 199.

2287. — Egremont, p. 199.

2288. — Anonymes (5), p. 199.

2289. — Anonyme, p. 200.

2290. — Bolton, p. 200.

2291. — Plumbland, p. 200.

2292. — Cammerton, p. 200.

2293. — Cross Canonby, p. 200.

2294. — Dearham, p. 200.

2295. — Crosthwaite, p. 200.

2296. — Anonymes (2), p. 200.

2297. — Anonymes (2), p. 201.

2298. — Isell, p. 201.

2299. — Holme Cultram, p. 201.

2300. — Newton Arlosh (?), p. 201.

2301. — « Chapel of St Cuthbert », p. 201.

2302. — Bridekirk, p. 201.

2303. — Anonyme (1), p. 201.

2304. — Dacre, p. 201.

2305. — Anonymes (3), p. 202.

2306. — Melmerby, p. 202.

2307. — Hutton-in-the-Forest, p. 202.

2308. — Lazonby, p. 202.

2309. — Kirkoswald, p. 202.

2310. — Greystoke, p. 202.

2311. — Penrith, p. 203.

2312. — Anonyme, p. 203.

Sous la rubrique « anonyme » sont compris les inventaires dont les noms d'églises ont disparu par suite de la mutilation du document original.

Whitehead (H.). *Transactions of the Cumberland and Westmorland Antiquarian and Archaeological Society,* t. VIII (1886).

1552, septembre-octobre.

Inventaires du mobilier d'églises du comté de Derby, lors de la nouvelle enquête générale des commissaires royaux.

	The Reliquary, t. XI.	Cox, *Derbyshire.*
2313. — Alvaston. . . . . p. 9		t. IV, 140.
2314. — Aston-on-Trent.		IV, 5.
2315. — Alsop-en-le-Dale. . . . 11		II, 404.
2316. — Allestree. 11		IV, 293.
2317. — Atlow. 11		II, 437.
2318. — Ashbourne. 12		II, 371.
2319. — Bretby. 4		III, 441.
2320. — Breaston. 8		IV, 406.

	The Reliquary, t. XI.	Cox, *Derbyshire.*
2321. — Barrow-on-Trent.	9	IV, 19.
2322. — Brassington.	10	II, 443.
2323. — Boulton.	11	IV, 157.
2324. — Bonsall.	11	II, 418.
2325. — Ballidon.	12	II, 441.
2326. — Bradbourne.	12	II, 430.
2327. — Calke.	4	
2328. — Catton.	4	III, 364.
2329. — Caldwell.	4	III, 481.
2330. — Chellaston.	5	III, 409.
2331. — Coton-in-the-Elms.	5	III, 391.
2332. — Croxall.	6	III, 358.
2333. — Crich.	8	IV, 50.
2334. — Carsington.	10	II, 457.
2335. — Cromford.	12	II, 572
2336. — Denby.	9	IV, 249.
2337. — Eaton, Long.	7	IV, 395.
2338. — » Little.	8	
2339. — Egginton.	8	IV, 188.
2340. — Elvaston.	10	IV, 197.
2341. — Elton.	10	II, 347.
2342. — Foremark.	5	III, 443.
2343. — Findern.	8	IV, 312.
2344. — Gresley.	6	III, 372.
2345. — Hartshorne.	6	III, 382-383.
2346. — Horsley.	6	IV, 243.
2347. — Heanor.	7	IV, 236.
2348. — Hallam, West.	7	IV, 222.
2349. — » Kirk.	9	IV, 212.
2350. — Hognaston.	10	II, 485-490.
2351. — Hartington.	11	II, 476.
2352. — Ingleby.	5	III, 443.
2353. — Ilkeston.	7	IV, 258.
2354. — Ireton, Kirk.	10	II, 495-496.
2355. — Kniveton.	11	II, 506.
2356. — Lullington.	5	III, 389.
2357. — Langley, Kirk.	7	IV, 269-270.

	The Reliquary, t. XI.	Cox, *Derbyshire.*
2358. — Littleover.	9	IV, 309.
2359. — Measham.	3	III, 446.
2360. — Melbourn.	5	III, 406-407.
2361. — Morley.	7	IV, 322.
2362. — Mackworth.	10	IV, 285.
2363. — Matlock.	10	II, 518.
2364. — Mapleton.	11	II, 512.
2365. — Mickleover.	11	IV, 304.
2366. — Newton Solney.	4	III, 450.
2367. — » Kings.	5	III, 408.
2368. — Osmaston-by-Derby.	5	IV, 166.
2369. — Ockbrook.	9	IV, 206.
2370. — Pentrich.	7	IV, 357.
2371. — Parwich.	11	II, 407.
2372. — Quarndon.	10	IV, 107.
2373. — Ravenston.	4	III, 419.
2374. — Repton.	4	III, 432.
2375. — Rosliston.	6	III, 514.
2376. — Risley.	8	IV, 405.
2377. — Sneicton.	3	III, 248.
2378. — Stanton-by-Bridge.	3	III, 467.
2379. — Smisby.	3	III, 455.
2380. — Swarkeston.	4	III, 496.
2381. — Stretton-en-le-Field.	5	III, 488.
2382. — Stapenhill.	6	III, 477.
2383. — Smalley.	6	IV, 348.
2384. — Sawley.	8	IV, 384.
2385. — Sandiacre.	8	IV, 368-369.
2386. — Stanton-by-Dale.	9	IV, 415.
2387. — Sterndale.	10	II, 485.
2388. — Tickenhall.	4	III, 460.
2389. — Thorpe.	12	II, 532.
2390. — Tissington.	12	II, 448.
2391. — Walton-on-Trent.	5	III, 512.
2392. — Willesley.	6	III, 519.
2393. — Willington.	7	IV, 436.
2394. — Wilne.	8	IV, 398.

The Reliquary, t. XI.   Cox, Derbyshire.

2395. — Weston-on-Trent. . . . 9   IV, 424.

2396. — Wirksworth. 12   II, 542.

Walcott (M.-E.-C.), *The Reliquary*, t. XI (1870-1871). — Cox (J.-C.), *Notes on the Churches of Derbyshire.*

1552

Inventaires du mobilier des églises d'Exeter, comté de Devon, lors de la nouvelle enquête générale des commissaires royaux, avec les listes des objets remis par eux aux églises pour l'exercice du culte.

2397. — Exeter, St Petrock.

2398. —   »   St-Paul.

2399. —   »   Saint Mary Arches.

2400. —   »   St Pancras.

2401. —   »   All Hallows on the Wall.

2402. — Exeter, St-Martin.

2403. —   »   Ste-Trinité.

2404. —   »   Saint John's Bowe.

2405. —   »   St-Olave.

The Church Review, année 1866, p. 1152-1153. — Walcott (M.-E.-C.), *Transactions of the Exeter Diocesan Architectural Society*, 2° série, t. II, (1872), p. 276-279.

1552

Inventaires du mobilier d'églises du comté de Dorset, lors de la nouvelle enquête générale des commissaires royaux.

2406. — Shapwick, t. III, p. 174.

2407. — Woolland, t. IV, p. 420.

Hutchins (J.), *The History and Antiquities of the County of Dorset*, 3° édit.

2408. — Stour Provost.

The Church Review, année 1865, p. 1098.

1552, septembre-octobre

Inventaires du mobilier d'églises du comté d'Essex, lors de la nouvelle enquête générale des commissaires royaux, avec les listes des objets remis par eux aux églises pour l'exercice du culte.

2409. — Ashingdon, p. 215.

2410. — Barling, p. 216.

2411. — Canewdon, p. 217.

2412. — Eastwood, p. 218.

2413. — South Fambridge, p. 220.

2414. — Foulness, p. 221.

2415. — Hadleigh Castle, p. 222.

2416. — Hackwell, p. 224.

2417. — Hockley, p. 225.

2418. — Leigh, p. 228.

2419. — Paglesham, p. 230.

2420. — Prittlewell, p. 232.

King (H.-W.), *Transactions of the Essex Archaeological Society*, t. IV (1869).

2421. — Ardleigh, p. 6.
2422. — Beaumont, p. 7.
2423. — Little Bentley, p. 8.
2424. — Bromley, Great, p. 10.
2425. — Brightlingsea, p. 12.
2426. — Clacton, Great, p. 16.
2427. — Holland, Great, p. 17.
2428. — Little Holland, p. 18.
2429. — Mose, p. 18.

2430. — Much Oakley, p. 19.
2431. — Little Oakley, p. 20.
2432. — Tendring, p. 21.
2433. — Thorington, p. 22.
2434. — Thorpe le Soken, p. 24.
2435. — Wrabness, p. 25.
2436. — Wix, p. 26.
2437. — Weeley, p. 27.
2438. — Chich St Osyth, p. 28.

Ibid. nouv. sér., t. I (1878).

2439. — Aveley, p. 167.
2440. — Childerditch, p. 170.
2441. — Cranham, p. 171.
2442. — Rainham, p. 172.
2443. — Stifford, p. 174.
2444. — Thurrock, West, p. 175.
2445. — Thurrock, Grays, p. 176.
2446. — Upminster, p. 177.
2447. — Warley, Little, p. 178.
2448. — Warley, Much, p. 180.
2449. — Weald, South, p. 181.
2450. — Brentwood, p. 183.
2451. — Wennington, p. 184.
2452. — Ockendon, North, p. 185.
2453. —   » South, p. 186.
2454. — Stanford Rivers, p. 227.
2455. — Laver, High, p. 228.
2456. — Laver Magdalen, p. 229.

2457. — Moreton, p. 230.
2458. — Bobbingworth, p. 231.
2459. — Roding Abbots, p. 231.
2460. — Kelvedon Hatch, p. 232.
2461. — Laver, Little, p. 233.
2462. — Shelley, p. 233.
2463. — Chigwell, p. 234.
2464. — Lambourne, p. 235.
2465. — Theydon Bois, p. 236.
2466. — Greenstead, p. 236.
2467. — Lindsell, p. 237.
2468. — Chickney, p. 238.
2469. — Leyton, p. 239.
2470. — Ilford, Little, p. 239.
2471. — Ham, East, p. 241.
2472. — Wanstead, p. 245.
2473. — Walthamstow, p. 246.
2474. — Woodford, p. 247.
2475. — Ham, West, p. 248.
2476. — Dagenham, p. 248.

Ibid., nouv. sér., t. II (1884).

2477. — Romford, p. 38.

2478. — Hornchurch, p. 41.

2479. — Havering Bower, p. 43.

2480. — Aldham, p. 44.

2481. — Horkesley, Much, p. 46.

2482. — Messing, p. 47.

2483. — Feering, p. 48.

2484. — Dedham, p. 50.

2485. — Pontisbright, p. 52.

2486. — Bentley, Much, p. 53.

2487. — Wivenhoe, p. 54.

2488. — Tey, Great, p. 56.

2489. — Dovercourt, p. 57.

2490. — Mistley, p. 58.

2491. — Sandon, p. 59.

Ibid., nouv. sér., t. III (1889).

2492. — Colne Engaine.

Ibid., p. 50. — *The East Anglian* (Ipswich, Pawsey and Hayes, in-8°), nouv. sér., t. I (1885-1886), p. 160 (les deux textes se complètent).

2493. — Saffron Walden.

Morant (P.), *The History and Antiquities of the County of Essex* (London, P. Osborne, 1768, in-f°), t. I, p. xxiii. — *Transactions of the Essex Archaeological Society*, nouv. sér., t. III (1889), p. 60-62.

2494. — Great Birch, p. 129, 142-143.

2495. — Little Birch, p. 143.

2496. — Copford, p. 161.

2497. — Earls Colne, p. 207.

2498. — Fordham Magna, p. 234.

2499. — Easthorpe, p. 305.

2500. — Much Horkesley, p. 323.

2501. — Inworth, p. 354.

2502. — Langham, p. 363.

The East Anglian, nouv. sér., t. I (1885-1886).

2503. — White Colne.

Ibid., t. III (1889-1890), p. 27.

1552, 11-16 juillet.

Inventaires du mobilier d'églises du comté de Gloucester, lors de la nouvelle enquête générale des commissaires royaux.

2504. — Begworth, p. 76.

2505. — Down Hatherley, p. 77.

2506. — Gloucester, All Saints, p. 78.

2507. — Gloucester, St-Ouen, p. 79.

Maclean (J.), *Transactions of the Bristol and Gloucestershire Archaeological Society*, t. XII (1888).

1552, juillet-août.

Inventaires du mobilier d'églises du comté de Hants et de l'île de Wight, lors de la nouvelle enquête générale des commissaires royaux.

2508. — Fordingbridge, p. 81.

2509. — Hambledon, p. 81.

2510. — Havant (?), p. 81.

2511. — Ringwood, p. 113.

2512. — Soberton, p. 113.

2513. — Tichfield, p. 172.

2514. — Winchester, Saint-Pierre, p. 770.

2515. — Hordle, p. 770.

2516. — Southwick, p. 172, 770.

2517. — Newchurch, p. 770.

2518. — Shanklin, p. 770.

2519. — Brading, p. 770-771.

> *The Church Review,* année 1866.

2520. — Chalton.

> *Ibid.,* p. 770. — Ussher (R.), *The Reliquary,* t. XXIII (1882-1883), p. 64.

1552, 10 septembre.

2521. — Inventaire de l'église de Kington, comté de Hereford, lors de la nouvelle enquête générale des commissaires royaux.

> *The Church Review,* année 1866, p. 817.

1552, octobre-novembre.

Inventaires du mobilier d'églises du comté de Hertford, lors de la nouvelle enquête générale des commissaires royaux, avec indication d'objets remis par eux aux églises pour l'exercice du culte.

2522. — Sarratt, p. 23.

2523. — St Peter's (St Albans), p. 25.

2524. — Sandridge, p. 26.

2525. — Chipping Barnet, p. 27.

2526. — St Stephen's (St Albans), p. 29.

2527. — Hexton, p. 30.

2528. — Rickmansworth, p. 31.

2529. — Newnham, p. 32.

2530. — Norton, p. 32.

2531. — East Barnet, p. 33.

2532. — Elstree, p. 33.

2533. — St Paul's Walden, p. 34.

2534. — Puttenham, p. 35.

2535. — Redbourn, p. 36.

2536. — St Michael's (St Albans), p. 36.

2537. — Northaw, p. 37.

2538. — Abbots Langley, p. 37.

2539. — Aldenham, p. 38.

2540. — Codicote, p. 40.

2541. — Watford, p. 41.

2542. — Bramfield, p. 43.

2543. — Ridge, p. 43.

2544. — Great Berkhampstead, p. 44.

2545. — North Mimms, p. 45.

2546. — Wheathampstead, p. 47.

2547. — Aldbury, p. 48.

2548. — Bovingdon, p. 48.

2617. — Pelham Furneaux, p. 93.
2618. — Barley, p. 93.
2619. — Reed, p. 95.
2620. — Albury, p. 95.
2621. — Meesden, p. 96.
2622. — Layston, p. 97.
2623. — Little Hadham, p. 97.
2624. — Rushden, p. 97.
2625. — Cottered, p. 98.
2626. — Tewin, p. 99.
2627. — Broxbourne, p. 100.
2628. — Hertford, St-Nicolas, p. 101.
2629. — Bengeo, p. 101.
2630. — Wormley, p. 102.
2631. — Stapleford, p. 102.
2632. — Little Berkhampstead, p. 103.
2633. — Cheshunt, p. 104.
2634. — Amwell, p. 106.
2635. — Hertingfordbury, p. 106.
2636. — Essendon, p. 107.
2637. — Hertford, All Saints, p. 108.
2638. — Hertford, St-André, p. 110,
2639. — Bayford, p. 111.
2640. — Widford, p. 112.
2641. — Eastwick, p. 113.
2642. — Braughing, p. 113.
2643. — Stanstead Abbots, p. 114.
2644. — Hunsdon, p. 114.
2645. — Thundridge, p. 115.
2646. — Sawbridgeworth, p. 116.
2647. — Standon, p. 118.
2648. — Westmill, p. 119.
2649. — Bishop's Stortford, p. 119.
2650. — Thorley, p. 120.
2651. — Gilston, p. 120.

Cussans (J.-E.), *Inventory of Furniture and Ornaments in the Parish Churches of Hertfordshire.*

2652. — Saint Albans.

Ibid., p. 40. — Walcott (M.-E.-C.), *The Reliquary,* t. XIV (1873-1874), p. 27.

2653. — Ware.

The Ecclesiologist, t. XXVII (1866), p. 149. — Cussans (J.-E.), *Inventory of Furniture and Ornaments,* p. 121-123.

1552, 16 juillet.

Inventaires du mobilier d'églises du comté de Huntingdon, lors de la nouvelle enquête générale des commissaires royaux.

2654. — Huntingdon, Saint-Benoît.

The Church Review, année 1866, p. 817-818.

2655. — Ramsey.

Sweeting (W.-D.), *Historical and Architectural Notices of the Churches in and around Peterborough,* p. 176.

1552, juillet, septembre, novembre et décembre.

Inventaires du mobilier d'églises du comté de Kent, lors de la nouvelle enquête générale des commissaires royaux, avec les listes des objets remis à quelques églises pour l'exercice du culte.

2656. — Farnborough, p. 99 et 153.

2657. — Acrise, p. 100.

2658. — Aldington, p. 101.

2659. — Ashford, p. 102.

2660. — Ash (Dartford), p. 104.

2661. — Beckenham, p. 105.

2662. — Bethersden, p. 106.

2663. — Bexley, p. 107.

2664. — Bilsington, p. 108.

2665. — Bircholt, p. 108.

2666. — Bonnington, p. 109.

2667. — Boughton Aluph, p. 109.

2668. — Brabourne, p. 110.

2669. — Brenzett, p. 110.

2670. — Brook, p. 111.

2671. — Brookland, p. 111.

2672. — Bromley, p. 112.

2673. — Burmarsh, p. 114.

2674. — Cantorbery, All Saints, p. 115.

2675. — Cantorbery, St-Elphège, p. 116.

2676. — Cantorbery, Sainte-Croix, p. 118.

2677. — Cantorbery, St-Martin, p. 119.

2678. — Cantorbery, Sainte-Marguerite, p. 120.

2679. — Cantorbery, Saint Mary Bredin, p. 121.

2680. — Cantorbery, Notre-Dame de Northgate, p. 122.

2681. — Cantorbery, St-Paul, p. 123.

2682. — Cantorbery, Ste-Mildred (?), p. 124.

2683. — Cantorbery, Hôpital d'Eastbridge, p. 125.

2684. — Cantorbery, Hôpital de St-Jean, p. 126.

2685. — Challock, p. 127.

2686. — Charing, p. 128.

2687. — Charlton, p. 129.

2688. — Chartham, p. 129.

2689. — Chelsfield, p. 130.

2690. — Cheriton, p. 131.

2691. — Chislehurst, p. 131.

2692. — Chilham, p. 132.

2693. — Cudham, p. 134.

2694. — Crayford, p. 135.

2695. — Crundall, p. 137.

2696. — Darenth, p. 137.

2697. — Darenth, chapelle de Ste-Marguerite, p. 138.

2698. — Dartford, p. 139.

2699. — Deptford, p. 141.

2700. — Downe, p. 142.

2701. — Dymchurch, p. 143.

2702. — Eastwell, p. 144.

2703. — East Wickham, p. 144.

2704. — Ebony, p. 145.

2705. — Elham, p. 146.

2706. — Elmsted, p. 147.

2707. — Eltham, p. 148.

2708. — Erith, p. 150.

2709. — Eynsford, p. 152.
2710. — Fairfield, p. 152.
2711. — Farningham, p. 154.
2712. — Fawkham, p. 155.
2713. — Footscray, p. 156.
2714. — Godmersham, p. 157.
2715. — Great Chart, p. 158.
2716. — Greenwich, p. 159.

Walcott (M.-E.-C.), Coates (R.-P.), Robertson (W.-A.-Scott), *Archaeologia Cantiana*, t. VIII (1872).

2717. — Hartley, p. 266.
2718. — Hastingleigh, p. 268.
2719. — Hawkinge, p. 268.
2720. — Hayes, p. 268.
2721. — Hope in Romney Marsh, p. 269.
2722. — Horton, Monks, p. 270.
2723. — Horton Kirby, p. 270.
2724. — Hothfield, p. 271.
2725. — Hinxhill, p. 272.
2726. — Ightham, p. 273.
2727. — Ivychurch, p. 274.
2728. — Kennington, p. 275.
2729. — Kingsnorth, p. 276.
2730. — Kingsdown (Dartford), p. 277.
2731. — Knockholt, p. 277.
2732. — Lee, p. 277.
2733. — Lewisham, p. 279.
2734. — Little Chart, p. 280.
2735. — Longfield, p. 281.
2736. — Lullingstone, p. 282.
2737. — Lydden, p. 283.
2738. — Lympne, p. 283.
2739. — Lyminge, p. 284.

Ibid., t. IX (1874).

2740. — Maplescombe, p. 282.
2741. — Mersham, p. 282.
2742. — Molash, p. 283.
2743. — Midley, p. 284.
2744. — Newchurch, p. 284.
2745. — Newington next Hythe, p. 285.
2746. — Northcray, p. 285.
2747. — Orlestone, p. 286.
2748. — Orpington, p. 287.
2749. — Paddlesworth, p. 287.
2750. — ˮ ul's Cray, p. 288.
2751. — Puckley, p. 289.
2752. — Plumstead, p. 289.
2753. — Postling, p. 290.
2754. — Rochester, Ste-Marguerite, p. 292.
2755. — Rochester, St-Nicolas, p. 293.
2756. — Ruckynge, p. 294.
2757. — Ruxley, p. 295.
2758. — Ridley, p. 295.
2759. — St Mary Cray, p. 295.
2760. — St Mary's in the Marsh, p. 296.
2761. — Saltwood, p. 297.

Ibid., t. X (1876).

2762. — Sevington, p. 410.
2763. — Shadoxhurst, p. 410.
2764. — Smarden, p. 411.
2765. — Smeeth, p. 411.

2766. — Snargate, p. 412.
2767. — Snave, p. 413.
2768. — Southfleet, p. 413.
2769. — Stanford, p. 415.

2770. — Stone (près Rye),
p. 415.
2771. — Stone next Dartford,
p. 290 et 416.

Ibid., t. XI (1877).

2772. — Strood, p. 290.
2773. — Sutton at Hone,
p. 292.
2774. — Swanscombe, p. 294.
2775. — Swingfield, p. 295.
2776. — Teston, p. 295.
2777. — ? (nom mutilé), p. 296.
2778. — Warehorne, p. 296.
2779. — Westwell, p. 298.

2780. — West Wickham,
p. 298.
2781. — Willesborough,
p. 299.
2782. — Wittersham, p. 301.
2783. — Wilmington, p. 302.
2784. — Wouldham, p. 303.
2785. — Woolwich, p. 304.
2786. — Wye, p. 305.

Ibid., t. XIV (1882).

1552, septembre-octobre.

Inventaires du mobilier d'églises du comté de Lancaster, lors de la nouvelle enquête générale des commissaires royaux.

2787. — Manchester, p. 4.
2788. — Flixton, p. 10.
2789. — Middleton, p. 12.
2790. — Ashton under Lyne,
p. 16.
2791. — Radcliffe, p. 19.
2792. — Eccles, p. 21.
2793. — Bolton, p. 23.
2794. — Dean, p. 26.

2795. — Houghton, p. 27.
2796. — Horwich, p. 27.
2797. — Blackrod, p. 31.
2798. — Rivington, p. 38.
2799. — Prestwich, p. 41.
2800. — Oldham, p. 43.
2801. — Bury, p. 46.
2802. — Rochdale, p, 49.
2803 — Saddleworth, p. 53.

Bailey (J.-C.), *Inventories of Goods in the Churches and Chapels of Lancashire, taken in the year A. D. 1552.* Part. I [t. CVII *Chetham Society*], (Manchester, 1879, in-4°).

2804. — Wigan.

Bridgeman (G.-P.-O.), *History of the Church and Manor of Wigan* [nouv. sér., t. XV *Chetham Society*], (Manchester, 1888, in-4°), p. 122-123.

1552, juillet.

Inventaires du mobilier d'églises du comté de Leicester, lors de la nouvelle enquête générale des commissaires royaux.

2805. — Loughborough.
2806. — Marefield.
2807. — Rothley.
2808. — Ashby de la Zouche.
2809. — Wanlip.
2810. — Belton.
2811. — Lockington.
2812. — Long Whatton.
2813. — Castle Donington.
2814. — Kegworth.
2815. — Worthington.
2816. — Swepston.
2817. — Thurcaston.
2818. — Diseworth.
2819. — Quorndon.
2820. — Breedon on the Hill.

2821. — Sheepshed.
2822. — Anstey.
2823. — Osgathorpe.
2824. — Woodhouse.
2825. — Newton Linford.
2826. — Seal.
2827. — Hathern.
2828. — Isley Walton.
2829. — Cotes.
2830. — Packington.
2831. — Abbey Gate (Leicester).
2832. — Birstall.
2833. — Whitwick.
2834. — Mountsorrell.

Nichols (J.), *The History and Antiquities of the County of Leicester*, t. III, p. *5-*6.—Trollope (A.), *An Inventory of the Church Plate of Leicestershire* (Leicester, Clarke and Hodgson, 1890, in-4°), p. 438-440.

2835. — Eaton.
2836. — Freeby.
2837. — Wyfordby.
2838. — Welby.
2839. — Walton on the Wolds.
2840. — Ab-Kettleby.
2841. — Saxby.
2842. — Cold Overton.
2843. — Long Clawson.
2844. — Burton Lazars.
2845. — Little Dalby.
2846. — Coston.
2847. — Somerby.
2848. — Edmondthorpe.
2849. — Goadby Marwood.
2850. — Buckminster.
2851. — Knipton.
2852. — Redmile.
2853. — Stathern.

2854. — Eastwell.
2855. — Barkestone.
2856. — Harby.
2857. — Muston.
2858. — Melton Mowbray.
2859. — Sproxton.
2860. — Hose.
2861. — Withcote.
2862. — Plungar.
2863. — Stonesby.
2864. — Wymondham.
2865. — Thorpe Arnold.
2866. — Scalford.
2867. — Garthorpe.
2868. — Stapleford.
2869. — Croxton Keyrial.
2870. — Sysonby.
2871. — Brentingby.
2872. — Kirkby Bellers.

2873. — Saltby. | 2875. — Staunton-Wyville.
2874. — Bottesford.

> Walcott (M.-E.-C.), *Reports and Papers of the Associated Architectu-*
> *ral Societies*, t. XII (1873-1874), p. 133-139. — Trollope (A.), *An Inven-*
> *tory of the Church Plate of Leicestershire*, p. 434-437.

1552, 17 août.

2876. — Inventaire du mobilier de l'église de Boston, comté
de Lincoln, lors de la nouvelle enquête générale des commissaires royaux.

> Thompson (P.), *The History and Antiquities of Boston*, p. 163
> (abrégé).

1552, juillet-septembre.

Inventaires du mobilier d'églises du comté de Middlesex, lors de
la nouvelle enquête générale des commissaires royaux.

2877. — Londres, Saint Mary Somerset [avec liste d'objets
vendus].

> Milbourn (T.), *Transactions of the London and Middlesex Archaeolo-*
> *gical Society*, t. III (1870), p. 257-261.

2878. — Londres, Saint Dionis Backchurch [avec liste d'objets
vendus].

> Cooper (W.-D.), *Ibid.*, t. IV (1874), p. 203-210.

2879. — Londres, Saint Martin Outwich.

> Perry (T.-W.), *Lawful Church Ornaments*, p. 94-95.

2880. — Londres, Saint Mildred Poultry [avec liste d'objets
vendus].

> Milbourn (T.), *History of the Church of Saint Mildred the Virgin,*
> *Poultry* (London, J.-R. Smith, 1872, in-8°), p. 6-8.

2881. — Londres, Saint Mary Colechurch [avec liste d'objets
vendus].

> *Ibid.*, p. 41-45.

2882. — Londres, Saint Nicholas Cole Abbey.

> *The Ecclesiologist*, t. XVII (1856), p. 124-125 (abrégé). — *The Church*
> *Review*, année 1865, p. 990-991 (abrégé).

2883. — Londres, Saint Ethelburga Bishopsgate [avec liste
d'objets vendus].

> *The Church Review*, année 1867, p. 56-57.

2884. — Londres, All Hallows, Lombard Street.

> *Ibid.*, année 1868, p. 19.

2885. — Londres, St Pancras, | 2887. — Stratford at Bow,
p. 889. | p. 889.
2886. — Hampstead, p. 889. | 2888. — Willesden, p. 914.

2889. — Acton, p. 914. | 2890. — Tottenham, p. 914.
>   *Ibid.*, année 1866.

2891. — Pinner.
>   Hind (W.-M.), *Transactions of the London and Middlesex Archaeological Society*, t. III (1870), p. 176-177.

2892. — Monken Hadley.
>   Cass (F.-C.), *Ibid.*, t. IV (1874), p. 281-283. — Cass (F.-C.), *Monken Hadley* (Westminster, J.-B. Nichols and Sons, 1880, in-4°), p. 121-123.

2893. — South Mimms.
>   Cass (F.-C.), *South Mimms* (Westminster, Nichols and Sons, 1877, in-4°), p. 47-48.

1552, août-septembre.

Inventaires du mobilier d'églises du comté de Norfolk, lors de la nouvelle enquête générale des commissaires royaux, avec les listes des objets remis par eux aux églises pour l'exercice du culte.

2894. — South Lynn, All Saints, p. 78.

2895. — South Lynn, St-Nicolas, p. 80.

2896. — South Lynn, St-Jacques, p. 81.

2897. — South Lynn, Ste-Marguerite p. 83.

2898. — Irstead, p. 85.

2899. — Bacton, p. 86.

2900. — Barton, p. 88.

2901. — Neatisherd, p. 89.

>   Turner (D.), *Norfolk Archaeology*, t. I (1847).

2902. — Hunworth, p. 35.

2903. — Wighton, p. 36.

2904. — Walsingham, Great, p. 38.

2905. — Walsingham, Little, p. 40.

2906. — Cromer, p. 42.

2907. — Norwich, St-André, p. 65.

2908. — Norwich, St Mary Coslany, p. 76.

2909. — Randworth, p. 196.

>   *Ibid.*, t. VII (1872).

2910. — Ketteringham.
>   Hunter (J.), *The History and Topography of Ketteringham* (Norwich, C. Muskett, 1851, in-4°), p. 59-61.

2911. — Saxthorpe, p. 937.

2912. — Hemsby, p. 937.

2913. — Hempstead, p. 937.

2914. — Kilverstone, p. 937-938.

>   *The Church Review*, année 1866.

2915. — Hunstanton, p. 26.

2916. — Sedgeford, p. 52.

2917. — Holme next the Sea, p. 83.

2918. — Heacham, p. 352.

The East Anglian, t. II (1866).

2919. — Hardwick.
Ibid., t. III (1867), p. 25.

2920. — Norwich, St-Benoit.
Ibid., t. IV (1869), p. 41.

1552, septembre.

Inventaires du mobilier d'églises du comté de Northampton, lors de la nouvelle enquête générale des commissaires royaux.

2921. — Marholm, p. 3.

2922. — Castor, p. 13.

2923. — Peterborough, Saint-Jean-Baptiste, p. 28.

2924. — Longthorpe, p. 37.

2925. — Peakirk, p. 65.

2926. — Glinton, p. 72.

2927. — Paston, p. 77.

2928. — Werrington, p. 84.

2929. — Eye, p. 89.

2930. — Helpston, p. 92.

Sweeting (W.-D.), *Historical and Architectural Notices of the Churches in and around Peterborough.*

2931. — Maxey.
The Church Review, année 1866, p. 938.

2932. — Much Houghton.
Ibid., année 1867, p. 579.

1552, août-septembre.

Inventaires du mobilier d'églises du comté de Northumberland, lors de la nouvelle enquête générale des commissaires royaux.

2933. — Heddon.

2934. — Framlington.

2935. — Felton.

2936. — Whitfield.

2937. — Ovingham.

2938. — Morpeth.

2939. — Ponteland.

2940. — Bywell Peter.

2941. — Stainton in the Street.

2942. — Corbridge.

2943. — Brinkburn.

2944. — Bedlington.

2945. — Bywell Andrew.

2946. — Chipchase.

2947. — Chollerton.

2948. — Colwell (Chollerton).

2949. — Gunnerton.

2950. — Church Hetton.

2951. — Birtley.

2952. — Bothal.

2953. — Lilburn.

Raine (J.), *The Injunctions and Ecclesiastical Proceedings of Richard Barnes, Bishop of Durham*, p. XLVIII-XLIX.

1552, septembre.

Inventaires du mobilier d'églises du comté de Nottingham, lors de la nouvelle enquête générale des commissaires royaux.

2954. — Mansfield, p. 975.

2955. — North Muskham, p. 975.

2956. — Owthorpe, p. 975.

2957. — Epperstone, p. 975.

2958. — South Leverton, p. 975.

2959. — Cottam, p. 976.

2960. — Orston, p. 976.

2961. — Thoroton, p. 976.

2962. — Ruddington, p. 976.

2963. — Whatton-cum-Aslacton, p. 976.

The Church Review, année 1866.

2964. — Lambley, p. 578.

2965. — Holme Pierrepont, p. 579.

Ibid., année 1867.

2966. — Southwell.

Livett (G.-M.), *Southwell Minster* (Southwell, J. Whittingham, 1883, in-12°), p. 35-36. — *The Reliquary*, nouv. sér., t. IV (1890), p. 109.

1552, juillet.

Inventaires du mobilier d'églises du comté d'Oxford, lors de la nouvelle enquête générale des commissaires royaux.

2967. — Henley-on-Thames.

Burn (J.-S.), *History of Henley-on-Thames,* p. 210-211.

2968. — Iffley.

Marshall (E.), *An Account of the Township of Iffley* (Oxford and London, James Parker and C°, 1874, in-8°), p. 122-123.

2969. — South Leigh.

The Church Review, année 1866, p. 1018.

1552, août-octobre.

Inventaires du mobilier d'églises du comté de Salop, lors de la nouvelle enquête générale des commissaires royaux.

2970. — Shrewsbury, St Alkmund.

2971. — Shrewsbury, Ste-Croix.

2972. — Shrewsbury, St-Julien.

2973. — Shrewsbury, Ste-Marie.

2974. — Shrewsbury, St Chad.

Hunter (Jos.), *The Archaeological Journal*, t. XII (1855), p. 269-271. — *Transactions of the Shropshire Archaeological and Natural History Society,* t. X (1887), p. 399-403.

2975. — Much Wenlock, | 2976. — Cherbury, p. 553 et
p. 553. | 1018.

The Church Review, année 1866.

1552

Inventaires du mobilier d'églises du comté de Stafford, lors de l'enquête des commissaires royaux.

2977. — Swinnerton.

Ibid., année 1866, p. 1080.

2978. — Tamworth.

Ibid., année 1867, p. 1266.

2979. — Elford.

Paget (F.-E.), *Some Account of Elford Church* (Lichfield, F.-G. Lomax, s. d., in-12°), p. 23.

1552

Inventaires d'églises du comté de Suffolk, lors de la nouvelle enquête générale des commissaires royaux.

2980. — Ipswich, St Mary Tower, p. 7.

2981. — Ipswich, St-Laurent, p. 8.

2982. — Ipswich, Ste-Marguerite, p. 24.

2983. — Ipswich, St Mary Quay, p. 25.

2984. — Ipswich, St-Pierre, p. 26.

2985. — Ipswich, St-Clément, p. 26.

2986. — Ipswich, St-Etienne, p. 24.

2987. — Ipswich, St-Nicolas, p. 42.

2988. — Ipswich, St-Mathieu, p. 43.

2989. — Ipswich, St Mary at Elms, p. 43.

2990. — Ipswich, St Mary Stoke, p. 44.

2991. — Westerfield, p. 44.

2992. — Boxstead, p. 103.

The East Anglian. nouv. série, t. I (1885-1886). — Wodderspoon (J.), *Memorials of Ipswich*, p. 365, 384, 388, 389-390 (extraits).

1552, septembre-décembre.

Inventaires du mobilier d'églises du comté de Surrey, lors de la nouvelle enquête générale des commissaires royaux, avec les listes des objets remis par eux aux églises, en mai 1553, pour l'exercice du culte.

2993. — Dorking, p. 11.

2994. — Capel, p. 12.

2995. — Wotton, p. 12.

2996. — Abinger, p. 13.

2997. — Ockley, p. 13.

2998. — Compton, p. 14.

2999. — Hambledon, p. 14.

3000. — Chiddingfold, p. 15.

3061. — Waldingham, p. 55, 188.

3062. — Warlingham, p. 56, 188.

3063. — Farley, p. 56, 187.

3064. — Tatsfield, p. 57, 187.

3065. — Titsey, p. 57, 186.

3066. — Limpsfield, p. 58, 185.

3067. — Godstone, p. 59, 183.

3068. — Tandridge, p. 60, 183.

3069. — Oxted, p. 61, 186.

3070. — Chaldon, p. 62, 149.

3071. — Addington, p. 62, 63, 64, 151.

3072. — Sanderstead, p. 65, 150.

3073. — Woodmansterne, p. 66, 149.

3074. — Cheam, p. 66, 147.

3075. — Morden, p. 68, 148.

3076. — Sutton, p. 69, 147.

3077. — Carshalton, p. 70-72, 146.

3078. — Mitcham, p. 72-74, 148.

3079. — Beddington, p. 74, 145.

3080. — Coulsdon, p. 76, 150.

3081. — Kingston upon Thames, p. 76, 167.

3082. — East Molesey, p. 76, 163.

3083. — Southwark, Saint-Olave, p. 78-81.

3084. — Saint-Sauveur, p. 90-91.

3085. — Croydon, p. 144.

Daniel-Tyssen (J.-R.), *Surrey Archaeological Collections* [*Surrey Archaeological Society*], t. IV (1869).

3086. — Bermondsey.

Ibid., p. 52, 96, 160. — Kempe (A.-J.), *The Losely Manuscripts*, p. 166-171.

1552

Inventaires du mobilier d'églises du comté de Warwick, lors de la nouvelle enquête générale des commissaires royaux.

3087. — Kenilworth, p. 154.

3088. — Stoneleigh, p. 155.

3089. — Newnham Regis, p. 156.

3090. — Hillmorton, p. 156.

3091. — Brownsover, p. 157.

3092. — Stretton upon Dunsmore, p. 157.

3093. — Arley, p. 157.

3094. — Shilton, p. 158.

3095. — Binley, p. 158.

3096. — Wolvey, p. 159.

3097. — Bourton and Draycot, p. 159.

3098. — Burton Hastings, p. 159.

3099. — Withybrook, p. 160.

3100. — Rugby, p. 160.

3101. — Bilton, p. 161.

3102. — Ryton on Dunsmore, p. 161.

3103. — Bulkington, p. 161.

3104. — Churchover, p. 162.

3105. — Sowe, p. 162.

3106. — Dunchurch, p. 163.
3107. — Leamington Hastings, p. 163.
3108. — Wolston, p. 164.
3109. — Bubbenhall, p. 164.
3110. — Allesley, p. 164.
3111. — Long Itchington, p. 165.
3112. — Church Lawford, p. 165.
3113. — Bedworth, p. 165.
3114. — Milverton, p. 166.
3115. — Leek Wootton and Hill Wootton, p. 166.
3116. — Newbold upon Avon, p. 166.
3117. — Baginton, p. 167.
3118. — Ufton, p. 167.
3119: — Bishops Itchington, p. 168.
3120. — Leamington Priors, p. 168.
3121. — Brinklow, p. 168.
3122. — Wappenbury, p. 169.
3123. — Marton, p. 169.
3124. — Lodbrook, p. 169.
3125. — Harbury, p. 170.
3126. — Ashow, p. 170.
3127. — Wolfhamcote, p. 171.
3128. — Grandborough, p. 171.
3129. — Hunningham, p. 171.
3130. — Over Shuckburgh, p. 172.
3131. — Lillington, p. 172.
3132. — Birdingbury, p. 173.
3133. — Cubbington, p. 173.
3134. — Willoughby, p. 174.
3135. — Willey, p. 174.

3136. — Napton, p. 174.
3137. — Offchurch, p. 174.
3138. — Southam, p. 175.
3139. — Frankton, p. 175.
3140. — Whitnash, p. 176.
3141. — Harborough Magna, p. 176.
3142. — Stockton, p. 176.
3143. — Radford, p. 177.
3144. — Clifton, p. 178.
3145. — Packington Magna, p. 241.
3146. — Grendon, p. 241.
3147. — Bickenhill, p. 241.
3148. — Shustoke and Bentley Chapel, p. 242.
3149. — Maxstoke, p. 242.
3150. — Birmingham, p. 242.
3151. — Hampton in Arden, p. 242.
3152. — Lea Marston, p. 243.
3153. — Packington Parva, p. 243.
3154. — Wishaw, p. 243.
3155. — Over Whitacre, p. 244.
3156. — Sutton Coldfield, p. 244.
3157. — Baddesley Clinton, p. 244.
3158. — Allestree, p. 245.
3159. — Baxterly, p. 245.
3160. — Curdworth, p. 245.
3161. — Nether Whitacre, p. 245.
3162. — Seckington, p. 246.
3163. — Shuttington, p. 246.
3164. — Meriden, p. 246.
3165. — Corley, p. 247.

3230. — Wasperton, p. 267.
3231. — Cumbroke, p. 268.
3232. — Over Pillerton, p. 268.
3233. — Lapworth, p. 268.
3234. — Tanworth, p. 269.
3235. — Packwood, p. 269.
3236. — Whichford, p. 269.
3237. — Walton, p. 269.
3238. — Idlicote, p. 270.
3239. — Whatcote, p. 270.
3240. — Avon Dassett, p. 270.
3241. — Ratley, p. 270.
3242. — Brailes, p. 271.
3243. — Kineton, p. 271.
3244. — Priors Marston, p. 271.
3245. — Priors Hardwick, p. 272.
3246. — Stretton upon Fosse, p. 272.
3247. — Newbold Pacy, p. 272.
3248. — Ilmington, p. 272.
3249. — Burmington, p. 272.
3250. — Wormleighton, p. 272.
3251. — Whitchurch, p. 272.
3252. — Barcheston, p. 272.

3253. — Radway, p. 274.
3254. — Fenny Compton, p. 274.
3255. — Lighthorne, p. 274.
3256. — Halford, p. 275.
3257. — Chadshunt, p. 275.
3258. — Long Compton, p. 275.
3259. — Pillerton Hersey, p. 276.
3260. — Shotteswell, p. 276.
3261. — Burton Dassett, p. 276.
3262. — Tachbrook Bishops, p. 277.
3263. — Barford, p. 277.
3264. — Tysoe, p. 277.
3265. — Morton, p. 278.
3266. — Warwick, Sainte-Marie, p. 278.
3267. — Warwick, Saint-Nicolas, p. 278.
3268. — Cherington, p. 279.
3269. — Oxhill, p. 279.
3270. — Warmington, p. 279.

The Warwickshire Antiquarian Magazine (Warwick, H.-F. Cooke and Son, 1859-1877, in-8°).

1552, août-octobre.

Inventaires du mobilier d'églises du comté de Worcester, lors de la nouvelle enquête générale des commissaires royaux.

3271. — Abberton, p. 310.
3272. — Alderminster, p. 310.
3273. — Awston in Overbury, p. 310.
3274. — Beoley p. 310.
3275. — Belbroughton, p. 311.
3276. — Berrow, p. 311.
3277. — Besford, p. 311.

3278. — Bishampton, p. 311.
3279. — Blockley, p. 312.
3280. — Bewdley, p. 312.
3281. — Birlingham, p. 312.
3282. — Broadway, p. 312.
3283. — Bransford, p. 312.
3284. — Bredicote, Saint-Jean, p. 312.

3406. — Whittington, p. 337.
3407. — Wick, p. 337.
3408. — Witley Magna, p. 337.
3409. — Wolverley, p. 337.
3410. — Worcester, All Saints, p. 337.
3411. — Worcester, Saint-Alban, p. 338.
3412. — Worcester, Saint-André, p. 338.
3413. — Worcester, Saint-Clément, p. 339.
3414. — Worcester, Sainte-Hélène, p. 339.
3415. — Worcester, Saint-Jean, p. 340.

3416. — Worcester, Saint-Martin, p. 340.
3417. — Worcester, Saint-Michel, p. 340.
3418. — Worcester, Saint-Nicolas, p. 340.
3419. — Worcester, Saint-Pierre, p. 341.
3420. — Worcester, Saint Swithun, p. 341.
3421. — Wickhamford, p. 342.
3422. — Wire Piddle, p. 342.
3423. — Witley Parva, p. 342.
3424. — Yardley, p. 342.

Walcott (M.-E.-C.), *Reports and Papers of the Associated Architectural Societies*, t. XI (1871-1872).

1552, août.

Inventaires d'églises du comté d'York (East Riding), lors de la nouvelle enquête générale des commissaires royaux.

3425. — East Lutton, p. 196.
3426. — Kirby - Grindalythe, p. 196.
3427. — Thirkleby Chapel, p. 196.
3428. — Duggleby Chapel, p. 196.
3429. — Weaverthorpe, p. 196.
3430. — Wintringham, p. 196.
3431. — Auburn, p. 196.
3432. — Kirby Underdale, p. 196.
3433. — West Lutton, p. 196.
3434. — Skirpenbeck (« Skeltrenbeke »), p. 196.
3435. — Helperthorpe, p. 197.
3436. — « Flymmey », p. 197.

3437. — Yedingham, p. 197.
3438. — Birdsall, p. 197.
3439. — Langton, p. 197.
3440. — Wharram Percy, p. 197.
3441. — Scrayingham, p. 197.
3442. — Norton, p. 197.
3443. — Wetwang, p. 197.
3444. — Heslerton, p. 197.
3445. — Sledmere, p. 197.
3446. — North Grimston, p. 197.
3447. — Fridaythorpe, p. 197.
3448. — Wharram - le - Street, p. 197.
3449. — Cowlam, p. 197.
3450. — Settrington, p. 197.

3451. — Scagglethorpe (?), p. 197.
3452. — Burythorpe, p. 198.
3453. — Sherburn (Buckrose), p. 198.
3454. — Buckthorpe, p. 198.
3455. — Leppington (?), p. 198.
3456. — Thorpe Bassett, p. 198.
3457. — Kirkham, p. 198.
3458. — Rillington, p. 198.
3459. — Westow, p. 198.
3460. — Flamborough, p. 198.
3461. — Hunmanby, p. 198.
3462. — Filey (?), p. 198.
3463. — Ganton, p. 198.
3464. — Cloughton, p. 198.
3465. — Foxholes, p. 198.
3466. — Lowthorpe, p. 198.
3467. — Scalby, p. 199.
3468. — Garton, p. 199.
3469. — « Wauld Newton », p. 199.
3470. — Muston, p. 199.

3471. — Killom, p. 199.
3472. — Langtoft, p. 199.
3473. — Cottam, p. 199.
3474. — Folkton, p. 199.
3475. — Butterwick, p. 199.
3476. — Foston-on-the-Wolds, p. 199.
3477. — Burton Fleming, p. 199.
3478. — Auburne Chapel, p. 199.
3479. — Carnaby, p. 199.
3480. — Fraisthorpe, p. 199.
3481. — Argam, p. 199.
3482. — « Gattone », p. 199.
3483. — Bainton, p. 199.
3484. — Burton Agnes, p. 200.
3485. — Willerby, p. 200.
3486. — Bempton, p. 200.
3487. — Nafferton, p. 200.
3488. — Rudston, p. 200.
3489. — Bridlington, p. 200.
3490. — Seamer, p. 200.

Walcott (M.-E.-C.), *The Reliquary*, t. XII (1871-1872).

3491. — Harpham, p. 49.
3492. — Bessingby, p. 49.
3493. — Rowlston, p. 49.
3494. — Grindall, p. 49.
3495. — Reighton, p. 49.
3496. — Thwing, p. 49.
3497. — Tunstall, p. 49.
3498. — Marton (Skirlaugh ?), p. 49.
3499. — Ottringham, p. 49.
3500. — Skirlaugh, p. 49.
3501. — Skeckling, p. 49.
3502. — Garton, p. 49.

3503. — Easington, p. 49.
3504. — « Awbright », p. 50.
3505. — Winestead, p. 50.
3506. — Hedon, p. 50.
3507. — Sproatley, p. 50.
3508. — Out Newton, p. 50.
3509. — Rise, p. 50.
3510. — Kilnesey, p. 50.
3511. — Harsham, p. 50.
3512. — Drypool, p. 50.
3513. — Elstronwick, p. 50.
3514. — Wawne, p. 50.
3515. — « ... rtonne », p. 50.

3516. — « Pichburtone », p. 5o.

3517. — Sutton - in - Holder - ness, p. 5o.

3518. — Leven, p. 51.

3519. — Owthorne, p. 51.

3520. — Withernsea, p. 51.

3521. — Thorngumbald, p. 51.

3522. — Brandesburton, p. 51.

3523. — Bilton, p. 51.

3524. — Kayingham, p. 51.

3525. — Marfleet, p. 51.

3526. — Roos, p. 51.

3527. — Skeffling, p. 51.

3528. — Hempton, p. 51.

3529. — Swine, p. 51.

353o. — Preston, p. 51.

3531. — Humbleton, p. 52.

3532. — Hilston, p. 52.

3533. — Hollym, p. 52.

3534. — Welwick, p. 52.

3535. — Patrington, p. 52.

3536. — Paull, p. 52.

3537. — Hornsea, p. 52.

3538. — Dunnington, p. 52.

3539. — Routh, p. 52.

354o. — Nunkeeling, p. 52.

3541. — Arram (Atwick), p. 52.

3542. — Beeford, p. 52.

3543. — Atwick, p. 105.

3544. — Barmston, p. 105.

3545. — Wansford, p. 105.

3546. — Skipsea, p. 105.

3547. — Hornsea, p. 105.

3548. — Halfield, p. 105.

3549. — Lisset, p. 105.

3550. — Catwick, p. 105.

3551. — « Silstone » (Siggles-thorne ?), p. 105.

3552. — « Buston » (Riston ?), p. 105.

3553. — Mappleton, p. 105.

3554. — Frodingham, p. 106.

3555. — Goxhill, p. 106.

3556. — Withernwick, p. 106.

3557. — Cottingham, p. 106.

3558. — Beverley, Sainte-Marie, p. 106.

3559. — Beverley, Saint-Nicolas, p. 106.

356o. — Newbald, p. 106.

3561. — South Dalton (?), p. 106.

3562. — Lockington, p. 106.

3563. — Warter, p. 106.

3564. — Pocklington, p. 106.

3565. — Brantingham, p. 106.

3566. — Ellerker, p. 107.

3567. — Sancton, p. 107.

3568. — Walkington, p. 107.

3569. — Welton, p. 107.

3570. — Rowley, p. 107.

3571. — Skidby, p. 107.

3572. — Etton, p. 107.

3573. — South Cave, p. 107.

3574. — Cherryburton, p. 107.

3575. — Scorborough (?), p. 107.

3576. — Southburton, p. 107.

3577. — « Elingtone », p. 107.

3578. — Hotham, p. 107.

3579. — Leconfield, p. 107.

358o. — Beverley, Saint-Jean, p. 163.

3581. — North Cave, p. 163.

3582. — South Cliff Chapel, p. 163.

3583. — Lathom, p. 163.

3584. — Willington, p. 163.

3585. — Ellerton, p. 163.

3586. — Bubwith, p. 163.

3587. — Goodmanham, p. 163.

3588. — Blacktoft, p. 163.

3589. — Eastrington, p. 163.

3590. — Hayton, p. 163.

3591. — Seaton, p. 163.

3592. — Yapham, p. 163.

3593. — Thornton, p. 163.

3594. — Allerthorpe, p. 164.

3595. — Beswick, p. 164.

3596. — Little Driffield, p. 164.

3597. — Nunburnholme, p. 164.

3598. — Hipton, p. 164.

3599. — Londesborough, p. 164.

3600. — Hutton Cranswick, p. 164.

3601. — Bainton, p. 164.

3602. — Kilnwick Percy, p. 164.

3603. — North Dalton, p. 416.

3604. — Hemingborough, p. 164.

3605. — Kirkburn, p. 164.

3606. — Watton, p. 164.

3607. — Skerne, p. 164.

3608. — [Midd]leton, p. 164.

3609. — Givendale, p. 164.

3610. — Kilnwick, p. 164.

3611. — Holme-on-Spalding Moor, p. 164.

3612. — Wold (?), p. 164.

3613. — Howden, p. 165.

3614. — Skipwith, p. 165.

3615. — Barmby-on-the-Moor, p. 155.

3616. — Fangfoss Chapel, p. 165.

3617. — Bishop Burton, p. 165.

3618. — Stillingfleet, p. 165.

3619. — Elvington, p. 165.

Walcott (M.-E.-C.), *The Reliquary*, t. XIII (1872-1873).

1553, 16 janvier.

3620. — Inventaire estimatif des meubles, ustensiles, linge, argenterie, chapelle et ferme de Margaret Pudsey, veuve, de Barford, comté de Durham.

Raine (J.), *Archaeologia Aeliana*, nouv. sér., t. II (1858), p. 179-183.

1553, vers le 11 mai.

3621. — Inventaire du mobilier de l'église paroissiale de Stanford-in-the-Vale, comté de Berks, confisqué et vendu par Édouard VI; du mobilier laissé dans l'église et des meubles réintégrés après le rétablissement du culte catholique par la reine Marie Tudor (additions jusqu'en 1556).

Perry (T.-W.), *Lawful Church Ornaments*, p. 89-92. — Maine (L.-G.),
A Berkshire Village, its History and Antiquities (Oxford and London,
James Parker and C°, 1866, in-8°), p. 98-103. — *The Ecclesiologist*,
t. XXVII (1866), p. 328-331.

1553, 18 mai.

3622. — Inventaire des objets existant encore à cette époque
dans la sacristie de la cathédrale de Lincoln.

Dugdale (W.), *Monasticon Anglicanum*, t. III, 1re part., p. 288-293. —
Monasticon Anglicanum, nouv. édit. et édit. de 1846, t. VIII, p. 1287-1289.

1553, 26 mai.

3623. — Inventaire du mobilier de l'église paroissiale de Boston, comté de Lincoln [avec prix de vente].

Peacock (E.), *English Church Furniture at the period of the Reformation*, p. 222-223 (cf. p. 220-221).

1553, mai.

3624. — Inventaire de l'argenterie et des vêtements sacerdotaux
de l'église paroissiale de Long Melford, remis aux commissaires royaux d'Édouard VI.

Parker (W.), *The History of Long Melford*, p. 97-101.

1553

3625. — Inventaire du mobilier laissé par les commissaires
royaux d'Édouard VI à la cathédrale de Saint-Paul de Londres, pour les besoins du culte.

Dugdale (W.), *Monasticon Anglicanum*, t. III, 1re part., p. 357-358. —
Dugdale (W.), *The History of St Paul's Cathedral in London from its
Foundation untill these Times*, p. 274. — *Ibid.*, 2e édit. (1716), append.,
p. 58. — *Ibid.*, 3e édit. (1818), p. 391.

1553

3626. — Inventaire de ce qui restait du mobilier de l'église paroissiale de Saint Mary Hill de Londres, lors de l'enquête des
commissaires royaux d'Édouard VI, et des objets remis à l'é-
glise par la reine Marie Tudor.

Malcolm (J.-P.), *Londinium redivivum*, t. IV, p. 423-424.

1553

3627. — Inventaire du mobilier de l'église paroissiale de Long
Melford, après le rétablissement du culte catholique.

Parker (W.), *The History of Long Melford*, p. 101-104.

Sans date, mais vers 1553.

3628. — Inventaire du mobilier de l'église paroissiale de Stratton, comté de Cornwall, et du mobilier de la « maison de l'église ».

Peacock (E.), *Archaeologia*, t. XLVI (1881), p. 231.— Whitley (H.-M), *Journal of the Royal Institution of Cornwall*, t. VII (1883), p. 115-116.

1554, 30 janvier.

3629. — Inventaire estimatif des armes de guerre et des armures de Sir Thomas Cawarden, chevalier.

Kempe (A.-J.), *The Losely Manuscripts*, p. 134-139.

1554, 4 juillet.

3630. — Inventaire estimatif, après décès, du mobilier de Thurstan Tyldesley, gentilhomme.

Piccope (G.-J.), *Lancashire and Cheshire Wills and Inventories*, t. I, p. 105-114.

1554 (?)

3631. — Inventaire de l'argenterie de William Langford, mercier, à Ludlow, comté de Salop.

Hopper (Ed.-C.), *The Journal of the British Archaeological Association*, t. XXIV (1868), p. 269-270.

1555-1581

Inventaires estimatifs, après décès.

1556, 5 mars.	1557, 6 décembre.
3632. — Richard Gurnell, drapier [son magasin], p. 86.	3636. — William Knyvett, gentilhomme [linge, vêtements, ferme], p. 98-102.
1557, 15 janvier.	1558, 14 février.
3633. — Roger Laton [ferme], p. 88.	3637. — Anne Nicolson [meubles, vêtements], p. 107.
30 avril.	30 mai.
3634. — William Conyers, gentilhomme [chevaux, argenterie], p. 94.	3638. — Henry Slinger (extraits), p. 110.
12 mai.	12 juillet.
3635. — William Westbye, gentilhomme, p. 91-93.	3639. — Matthew Phillip [argenterie], p. 104.

1558, 18 octobre.

3640. — Anne Duckett [vête-
ments], p. 122.

Sans date.

3641. — John Laton [argente-
rie, ferme], p. 109.

1559, 21 janvier.

3642. — James Willinson, mercier [son magasin], p. 126-
127.

25 février.

3643. — Alice Conyers [orfè-
vrerie et argenterie], p. 128.

5 juin.

3644. — Francis Wandisford,
gentilhomme, p. 132-136.

29 décembre.

3645. — Richard Crosby [ar-
mes], p. 141.

Sans date.

3646. — William Wyllye, curé,
p. 129.

1560, 11 mars.

3647. — Anne Lademan, ci-
devant religieuse [joyaux,
crucifix, vaisselle, vêtements],
p. 143-144.

18 octobre.

3648. — Leonard Loftus [mi-
néraux], p. 145.

3 décembre.

3649. — Alice Pearson [vête-
ments], p. 146-147.

1561, 29 août.

3650. — Thomas Ackrigge,
prêtre [vêtements, argente-
rie], p. 149.

1562, 13 août.

3651. — Lord Ogle [linge, cui-
sine], p. 154-155.

29 août.

3652. — Robert Storey, p. 152-
153.

15 octobre.

3653. — Robert Dodding,
p. 156.

22 décembre.

3654. — Ralph Cleasby, gentilhomme [objets en argent],
p. 166-167.

Sans date.

3655. — Joan Wycliffe [argen-
terie, linge], p. 161-164.

3656. — John Townley (ex-
traits), p. 152.

1563, 18 novembre.

3657. — Matthew Dixon, fermier, p. 169.

1564, 18 avril.

3658. — Thomas Middleton,
gentilhomme [argenterie, vêtements, chevaux], p. 170-
171.

Juillet.

3659. — Thomas Premitt, prêtre, p. 172.

28 novembre.

3660. — Michael Clerkson
[vaisselle, vêtements], p. 173-
174.

1565, 13 novembre.

3661. — John Burnand, gentilhomme [argenterie, vête-
ments], p. 178-180.

1565, 26 novembre.

3662. — George Lambe, curé [vêtements, argenterie], p. 176.

1566, 16 avril.

3663. — Jane Fulthorpe [vaisselle, vêtements], p. 183-184.

23 octobre.

3664. — Christopher Philipson, p. 189.

1567, 7 janvier.

3665. — Christiana Burgh, ci-devant prieure [vaisselle, vêtements], p. 193.

31 mai.

3666. — Ralph Gower, fils de gentilhomme et épicier [argenterie, vêtements, son magasin], p. 196-198.

4 août.

3667. — Thomas Rokeby, gentilhomme [argenterie, linge, ferme], p. 200-204.

4 octobre,

3668. — George Neville, curé [argenterie, vêtements, ferme], p. 209-211.

1569, 3 février.

3669. — William Benson, p. 224.

28 mars.

3670. — John Rolandson, fermier [ferme], p. 225-226.

27 avril.

3671. — Walter Strickland, gentilhomme [argenterie, linge, ferme], p. 218-223.

1570, 21 janvier.

3672. — William Jackson, curé [vêtements], p. 227.

17 avril.

3673. — Christopher Hodgkinson, fermier, p. 228-229.

22 septembre.

3674. — Richard Cook, fermier, p. 229-230.

1572, 10 juillet.

3675. — Henry Kighley, p. 199.

1574, 11 janvier.

3676. — John Wilkinson, p. 242.

13 janvier.

3677. — Cuthbert Thomson, curé, p. 241.

12 octobre.

3678. — John Cornforth, boucher, p. 248-249.

16 décembre.

3679. — Roger Burgh, gentilhomme [argenterie, vaisselle, vêtements et ferme], p. 246-248.

1575, 17 mars.

3680. — Reginald Hyndmer, curé, p. 252-254.

11 mai.

3681. — Galfrid Calvert [vêtements, ferme], p. 254-256.

4 juin.

3682. — Richard Thompson, mercier [son magasin], p. 233.

14 octobre.

3683. — Edmund Smithson, curé, p. 259.

1576, 12 avril.

3684. — John Casse [son magasin], p. 260.

1578, 8 février.

3685. — Thomas Pasmore [son magasin], p. 268-270.

24 avril.

3686. — Edward Kirklands, p. 274.

20 mai.

3687. — John Laton, gentilhomme, p. 263.

20 septembre.

3688. — John Backhouse [son magasin], p. 275-281.

1578, 5 novembre.

3689. — Henry Fisher [vêtements, argenterie], p. 281-282.

1579, 19 juin.

3690. — Allan Bellingham, gentilhomme [argenterie], p. 284-286.

10 juillet.

3691. — William Braithwaite, marchand de vin [argenterie, vêtements, vins], p. 286-287.

1581, 7 octobre.

3692. — Robert Wythes, gentilhomme, p. 275.

Raine (J.), *Richmondshire Wills.*

1555-1581

Inventaires estimatifs, après décès.

1555, 25 avril.

3693. — Sir Robert Bowes, chevalier [vêtements, armures], p. 145.

Sans date.

3694. — Clément Reed, fermier [bestiaux], p. 147.

1556

3695. — Ralph Claxton, gentilhomme [bestiaux], p. 151-152.

1557, 6 juillet.

3696. — Robert Goodchild, p. 154.

16 juillet.

3697. — Jane Lawson, ancienne prieure, p. 158-159.

1558, 31 août.

3698. — Robert Hyndmer, curé [vaisselle, ferme], p. 161-164.

Sans date.

3699. — John Emson, curé [vêtements, ferme], p. 170-171.

1559, 23 mars.

3700. — Henry Anderson, marchand [argenterie, son magasin, fer, plomb, savon, gingembre], p. 166-168.

24 avril.

3701. — Sir Thomas Hilton, chevalier, p. 181-184.

1560 (?).

3702. — John Hartburne, fermier, p. 187.

1562 (?)

3703. — William Hilton, gentilhomme [argenterie], p. 203.

3704. — John Richardson [argenterie, vêtements], p. 204.

1562 (?)

3705. — Bartholomew Lilburne, fermier, p. 193-194.

3706. — Nicholas Blaxton [ferme], p. 206.

Sans date.

3707. — Allison Fletam, veuve de fermier [meubles, bestiaux], p. 199.

1563, 11 janvier.

3708. — Robert Prat, forgeron et fermier, p. 206-208.

25 janvier.

3709. — Robert Lynton [mercerie], p. 199.

24 mai.

3710. — Robert Conyers [vaisseaux, argenterie], p. 209.

Sans date.

3711. — Michael Trotter [armure], p. 199.

3712. — Ralph Hutton [vaisselle, ferme], p. 209-210.

3713. — Robert Lampton [ferme], p. 212.

1564, 25 mai.

3714. — Lionel Emerson [vêtements], p. 226.

8 juin.

3715. — Margaret Cottom [vêtements], p. 223-224.

19 octobre.

3716. — John Cokeson, cordonnier, p. 225.

8 novembre.

3717. — Robert Midford [vêtements], p. 226.

1565, 26 février.

3718. — John Coplane [vêtements, bestiaux], p. 255.

20 juin.

3719. — John Bynley, prêtre [meubles, vêtements], p. 220-221.

21 juin.

3720. — Robert Tempest, gentilhomme [ferme], p. 242.

5 juillet.

3721. — Richard Rothwell, p. 233.

18 décembre.

3722. — Rowland Pratt, curé [vêtements], p. 226.

24 décembre.

3723. — Richard Atkinson, pêcheur, p. 247.

Sans date.

3724. — Cuthbert Richardson, fermier, p. 243.

3725. — Thomas Wrangham, curé [bestiaux], p. 245.

1566, 23 janvier.

3726. — Margaret Burdon [ferme et vêtements], p. 240.

6 février.

3727. — Edward Athey, ministre [vêtements, meubles], p. 241.

12 février.

3728. — Sir Ralph Hedworth, chevalier, p. 227.

29 avril.

3729. — Ralph Bayles, vicaire [vaisselle, vêtements], p. 260.

1566, 16 mai.

3730. — Thomas Swinburne, gentilhomme [vêtements, ferme], p. 237.

10 juin.

3731. — Margaret Hilton, veuve de gentilhomme [armure], p. 266.

26 juin.

3732. — John Bowmaker, pêcheur [argenterie, poissons], p. 264.

7 juillet.

3733. — Ralph Bowman, marchand de vin (?) [vins], p. 264.

23 octobre.

3734. — Edward Strangways, gentilhomme, p. 263.

Octobre.

3735. — William Walton, mercier [son magasin], p. 256-258.

Sans date.

3736. — John Selby, gentilhomme [meubles, vaisselle], p. 236.

3737. — Stephen Teisdale [vêtements, ornements personnels], p. 262.

1567, 12 janvier.

3738. — John Hutton, gentilhomme [armes], p. 235.

3 avril.

3739. — William Egleston, fermier [argenterie], p. 274.

27 avril.

3740. — John Welles, prêtre [meubles], p. 274.

1567, 12 juillet.

3741. — Edward Parkinson, gentilhomme, p. 271-272.

11 septembre.

3742. — Jane Haule, veuve, p. 278-279.

22 octobre.

3743. — Sir George Conyers, chevalier [argenterie, armes], p. 266-268.

20 décembre.

3744. — Christopher Todd, fermier [ferme], p. 271.

Sans date.

3745. — Elizabeth Hutton, veuve de gentilhomme, p. 249-251.

3746. — William Claxton, gentilhomme, p. 252-253.

1568, 24 mars.

3747. — Margaret Gascoigne [robes], p. 273.

3 août.

3748. — Lady Hedworth, p. 281-283.

Sans date.

3749. — Alexander Woodmons, prêtre, p. 284.

3750. — John Bayles, marchand [son magasin de mercerie et d'épicerie], p. 293-294.

1569, 15 août.

3751. — Thomas Johnes [son magasin, vêtements d'hommes], p. 310.

1569, 3 novembre.

3752. — John Tedcastle, coutelier, p. 302.

9 novembre.

3753. — Nicholas Lawes, tanneur, p. 307-308.

27 novembre.

3754. — Bartram Robson [vêtements], p. 308.

1570, 16 mars.

3755. — Margery Trollope, p. 303-304.

20 novembre.

3756. — Robert Betson. marin [argenterie, patenôtres], p. 332.

27 novembre.

3757. — John Foster, curé, p. 313.

Sans date.

3758. — Robert Estbye, curé, p. 342.

3759. — Marion Randall, p. 343.

1571, 26 janvier.

3760. — William Heron, gentilhomme [bestiaux, blés]. p. 335.

29 et 30 janvier.

3761. — Anthony Place, gentilhomme [meubles, bestiaux], p. 317-319.

8 février.

3762. — William Dagg, p. 333-334.

8 février.

3763. — John Heworth, p. 354.

1571, 12 février.

3764. — Thomas Nevell (meunier), p. 331.

16 février.

3765. — Gérard Salvin, gentilhomme, p. 347-350.

20 février.

3766. — John Widdrington, gentilhomme, p. 322.

17 mars.

3767. — Bertram Anderson, marchand, p. 335-342.

2 mai.

3768. — Thomas Gray [ferme], p. 366.

4 mai.

3769. — John Wilkinson, marchand [meubles, son magasin], p. 359-365.

25 juillet.

3770. — George Smith [vêtements], p. 330.

Sans date.

3771. — Lionel Snawdon, paysan [bestiaux], p. 330-331.

1572, 27 avril.

3772. — Roger Widdrington, gentilhomme, p. 374-375.

6 mai.

3773. — Sir John Delavall, chevalier [bestiaux], p. 377.

Juillet.

3774. — Thomas Sparke, évêque [argenterie, vêtements], p. 379-381 (cf. 1572, 1er juillet, no 3859.)

1572, sans date.

3775. — Ranold Carnaby [ferme], p. 367-368.

3776. — Thomas Swinburne, gentilhomme, p. 372.

3777. — Anthony Mitford, gentilhomme, p. 374.

1573, 19 mai.

3778. — Thomas Dawson, prêtre [bestiaux, vêtements], p. 378-379.

14 août.

3779. — William Anesley, gentilhomme [vêtements], p. 392-393.

Sans date.

3780. — Richard Salvin, prêtre, p. 393.

1574, 11 février.

3781. — Margery Bratingham, servante [vêtements], p. 395.

24 mai.

3782. — David Taylor, curé [bestiaux, blés], p. 394.

16 juillet.

3783. — Francis Armorar, p. 404.

24 septembre.

3784. — Richard Harbottell, gentilhomme [argenterie, vêtements], p. 400-401.

Sans date.

3785. — Nicholas Ridley, gentilhomme [bestiaux]. p. 399.

1575, 15 mai.

3786. — William Fenwick, fermier [ferme], p. 405-406.

1575, sans date.

3787. — John Mitford, fermier (?) [ferme], p. 400.

3788. — John Fenwick [argenterie], p. 407.

1576, 24 août.

3789. — Gawyne Swinburne. gentilhomme [vaisselle, ferme], p. 410-411.

2 octobre.

3790. — Richard Swinburne. gentilhomme (?), p. 409.

Sans date.

3791. — Sir George Heron, chevalier [vêtements, ferme]. p. 411-412.

1577, 26 février.

3792. — George Harbottell, gentilhomme [ferme]. p. 408.

7 juillet.

3793. — Thomas Liddell, marchand, p. 413-416.

1578, 10 janvier.

3794. — John Billingham, gentilhomme [linge, ferme], p. 417-419.

12 février.

3795. — Léonard Timperley, gentilhomme, p. 420-423.

1579, 21 mai.

3796. — Francis Trollope, curé, p. 427.

1580, 11 novembre.

3797. — Edward Conyers, fermier, p. 428.

Sans date.

3798. — Christopher Cooke,

gentilhomme [argenterie, armes]. p. 430.

1581, 26 janvier.

3799. — Ralph Conyers, gentilhomme [ferme], p. 430.

29 janvier.

3800. — Cuthbert Ellison, marchand, p. 434-437.

1581, 27 février.

3801. — Laurence Rookbye, marchand [vêtements, argenterie], p. 429.

Sans date.

3802. — John Ironside, fermier [ferme], p. 438.

Raine (J.), *Wills and Inventories,* t. I.

1556, 9 mai.

3803. — Inventaire estimatif, après décès, de Robert Bryddocke, prêtre.

Piccope (G.-J.), *Lancashire and Cheshire Wills and Inventories from the Ecclesiastical Court, Chester* [t. LIV *Chetham Society*], (Manchester, 1861, in-4°), t. III, p. 143.

1556, 31 mai.

3804. — Inventaire des meubles de la gilde des quincailliers de Londres.

Nicholl (J.), *Some Account of the Worshipful Company of Ironmongers* (London, J.-G. Nichols and R.-C. Nichols, 1866, in-4°), p. 428 (extraits).

1556, 2 juin.

3805. — Inventaire du mobilier de l'église paroissiale de Saint-Grégoire de Norwich.

Muskett (J.-J.), *The East Anglian,* nouv. sér., t. I (1885-1886), p. 289-290.

1556, 20 août.

3806. — Inventaire estimatif des meubles, livres, verres, petits objets très divers de William More, gentilhomme, de Losely, comté de Surrey.

Evans (J.), *Archaeologia,* t. XXXVI (1855), p. 288-293.

1556, 17 octobre.

3807. — Inventaire estimatif, après décès, des meubles de Hugh Reynolds, de Stratford-on-Avon.

The Warwickshire Antiquarian Magazine, p. 334-339.

1556, 2 novembre.

3808. — Inventaire du mobilier de l'église paroissiale de Hunstanton, comté de Norfolk.

Ninth Report of the Royal Commission on Historical Manuscripts,
Part I (London, Eyre and Spottiswoode, 1883, in-f°), p. 358. — *Pro-*
ceedings of the Society of Antiquaries of London, 2ᵉ sér., t. X (s. d.),
p. 109.

1556 (?)

3809. — Inventaire estimatif, après décès, de Thomas Tyldesley, gentilhomme.

> Earwaker (J.-P.), *Lancashire and Cheshire Wills and Inventories,*
> t. IV, p. 13-15.

1557

3810. — Inventaire de la sacristie de la cathédrale de Lincoln.

> Dugdale (W.), *Monasticon Anglicanum,* t. III, 1ʳᵉ part., p. 293-297.
> — *Monasticon Anglicanum,* nouv. édit. et édit. de 1846, t. VIII, p. 1289-
> 1292.

1557-1558

3811. — Inventaire du mobilier de la maison de la gilde des
libraires (Stationers' Company) de Londres.

> [Nichols (J.)], *Accompts of Churchwardens,* p. 226-228. — Nichols (J.),
> *Literary Anecdotes of the Eighteenth Century* (London, Nichols, Son
> and Bentley, 1812, in-8°), t. III, p. 556-559. — Allen (Th.), *The History
> and Antiquities of London, Westminster, Southwark, and parts adja-
> cent,* t. III, p. 598-600. — Arber (E.), *A Transcript of the Registers
> of the Company of Stationers of London, 1554-1640* (London, privately
> printed, 1875, in-4°), t. I, p. 87-89.

1558, 23 juillet.

3812. — Inventaire du mobilier de l'église paroissiale de Sainte-
Trinité de Guildford, comté de Surrey.

> *The History of Guildford, the County Town of Surrey* (Guildford,
> J. and S. Russell, 1801, in-8°), p. 70*-72*. — Brayley (E.-W.), *A
> topographical History of Surrey* (Dorking, Robert Best Ede : Lon-
> don, Tilt and Bogue, 1841, in-4°), t. I, p. 348-349.

1558, 16 octobre.

3813. — Inventaire du mobilier de l'église paroissiale de Saint-
Olave de Southwark, comté de Surrey.

> *The Gentleman's Magazine,* nouv. sér., t. VII (1837), p. 489-493.

1558, 2 novembre.

3814. — Inventaire, après décès, des meubles, chapelle, bibliothèque, armes, vêtements, argenterie, joyaux, pierreries,
vaisselle et ustensiles de Richard Brereton, gentilhomme.

> Piccope (G.-J.), *Lancashire and Cheshire Wills and Inventories,* t. I,
> p. 170-183.

1558, 15 novembre.

3815. — Inventaire estimatif, après décès, des meubles, vêtements, vaisselle, ustensiles, linge, argenterie et ferme de Sir
William Fairfax, chevalier, de Steton, comté de York.

> Croft (J.), *Excerpta antiqua ; or, a collection of original manuscripts*,
> p. 22-29.

1558, 12 décembre.

3816. — Inventaire de l'argenterie de William More, gentilhomme, de Losely, comté de Surrey.

> Evans (J.), *Archaeologia*, t. XXXVI (1855), p. 293.

1558, 13 décembre.

3817. — Inventaire du mobilier de l'église paroissiale de Saint
Stephen Walbrook de Londres.

[Vases sacrés, tableaux.]

> Milbourn (T.), *Transactions of the London and Middlesex Archaeo-
> logical Society*, t. V (1881), p. 337 (extraits).

1558

3818. — Inventaire du mobilier de l'église paroissiale de Hadleigh, comté de Suffolk.

> Pigot (H.), *Proceedings of the Suffolk Institute of Archaeology*, t. III
> (1863), p. 67.

1558 (?)

3819. — Inventaire estimatif, après décès, du mobilier de
George Collier, prêtre, prévôt de l'église collégiale de Manchester.

> Earwaker (J.-P.), *Lancashire and Cheshire Wills and Inventories*, t. IV,
> p. 18-22.

Sans date, mais vers 1558.

3820. — Inventaire du mobilier de l'église paroissiale de Stratton, comté de Cornwall.

> Peacock (E.), *Archaeologia*, t. XLVI (1881), p. 231-232. — Whitley
> (H.-M.), *Journal of the Royal Institution of Cornwall*, t. VII (1883),
> p. 115.

1559, 12 mars.

3821. — Inventaire estimatif et vente, après décès, des bestiaux,
vaisselle, ustensiles et vêtements de Thomas Clifton, gentilhomme.

> Piccope (G.-J.), *Lancashire and Cheshire Wills and Inventories*, t. III,
> p. 74-76, 78-80.

1559, 24 juillet.

3822. — Inventaire du mobilier de l'église paroissiale de Saint Christopher-le-Stocks de Londres.

Freshfield (E.), *Archaeologia*, t. XLV (1880), p. 121-122.

1559, 25 novembre.

3823. — Inventaire estimatif, après décès, du mobilier de Sir Peter Frethevile, de Staveley, comté de Derby.

[Nichols (J.)], *Accompts of Churchwardens*, p. 233-234.

1559, 28 novembre.

3824. — Inventaire du mobilier de l'église paroissiale de Poole, comté de Dorset.

Sydenham (J.), *The History of the Town and County of Poole*, p. 314-315. — Hutchins (J.), *The History of Dorset*, 3e édit., p. 58.

1559

3825. — Inventaire de la maison de la gilde des libraires de Londres.

Arber (E.), *A Transcript of the Registers of the Company of Stationers*, t. I, p. 139-142.

1559

3826. — Inventaire du mobilier de l'église paroissiale de Long Melford (moins les vêtements sacerdotaux).

Parker (W.), *The History of Long Melford*, p. 107-109.

1560, 4 février.

3827. — Inventaire du mobilier de l'église paroissiale d'Eltham, comté de Kent.

Corner (G.-R.), *Archaeologia*, t. XXXIV (1852), p. 55-56.

1560 (?), 5 février.

3828. — Inventaire estimatif, après décès, du mobilier de Sir John Holcroft, chevalier.

[Bestiaux, argenterie et vaisselle, quelques meubles.]

Piccope (G.-J.), *Lancashire and Cheshire Wills and Inventories*, t. I, p. 155-157 (extraits).

1560, 1er mai.

3829. — Inventaire du mobilier de l'église paroissiale de Landulph, comté de Cornwall.

A Complete Parochial History of the County of Cornwall (Truro, William Lake : London, John Camden Hotten, 1868, in-8°), t. II, p. 408.

1560, 31 juillet.

3830. — Inventaire du mobilier de l'église paroissiale de Chelmsford, comté d'Essex.

[Vêtements sacerdotaux, chandeliers, linge, livres, vaisselle.]
Mildmay, *Transactions of the Essex Archaeological Society*, t. II (1863), p. 215-217.

1560

3831. — Inventaire du mobilier du réfectoire de Trinity College, à Cambridge.
Willis (R.) et Clark (J.-W.), *The Architectural History of the University of Cambridge*, t. III, p. 361.

Sans date, vers 1560.

3832. — Inventaire de l'argenterie de la gilde des libraires de Londres.
Rivington (C.-R.), *Transactions of the London and Middlesex Archaeological Society*, t. VI (1890), p. 289-290.

1561, 16 février.

3833. — Inventaire du mobilier de l'église paroissiale de Saint-Benoit, Gracechurch, de Londres.
Malcolm (J.-P.), *Londinium redivivum*, t. I, p. 315. — Allen (Th.), *The History and Antiquities of London, Westminster, Southwark and parts adjacent,* t. III, p. 183-184.

1561, 2 mai.

3834. — Inventaire du mobilier de l'église paroissiale de Saint Christopher-le-Stocks de Londres.
Freshfield (E.), *Archaeologia,* t. XLV (1880), p. 122-123.

1561, 4 décembre.

3835. — Inventaire estimatif, après décès, des meubles, linge, vaisselle, ustensiles et ferme de Robert Bingham, gentilhomme, de Bingham's Melcombe, comté de Dorset.
Bingham (W.), *The Archaeological Journal,* t. XVII (1860), p. 153-156.

1561

3836. — Inventaire du mobilier de l'église d'All Saints de Derby.
Cox (J.-C.) et Hope (W.-H.-St John), *The Chronicles of the Free Chapel of All Saints, Derby,* p. 173.

1561 (?)

3837. — Inventaire estimatif, après décès, des meubles, vaisselle, ustensiles et bestiaux de Robert Holte, gentilhomme.

Piccope (G.-J.), *Lancashire and Cheshire Wills and Inventories*, t. II, p. 173-174.

1562, 28 décembre.

3838. — Inventaire estimatif, après décès, des meubles de William Aspinwall, ci-devant chanoine régulier du prieuré de Burscough.

Piccope (G.-J.), *Lancashire and Cheshire Wills and Inventories*, t. II, p. 55.

1562

3839. — Inventaire des robes et vêtements existant encore à cette époque, dans l'église paroissiale de Chelmsford, pour la représentation des mystères.

Mildmay, *Transactions of the Essex Archaeological Society*, t. II (1863), p. 225-226.

1562

3840. — Inventaire des ornements et joyaux de l'église paroissiale de Sainte-Marguerite de Westminster.

[Nichols (J.)], *Accompts of Churchwardens*, p. 16. — Walcott (M.-E.-C.), *History of the Parish Church of St Margaret in Westminster*, p. 60.

1563, 9 janvier.

3841. — Inventaire estimatif, après décès, du mobilier de Dame Cicely Delves, veuve.

[Meubles, coussins et tapis, linge, vaisselle et ustensiles de ferme.]

Piccope (G.-J.), *Lancashire and Cheshire Wills and Inventories*, t. II, p. 29-35.

1563 (?)

3842. — Inventaire, après décès, de l'argenterie de Richard Halsall, curé.

Ibid., t. II, p. 39 (extraits).

1563 (?)

3843. — Inventaire estimatif, après décès, du mobilier de Sir Philip Egerton, chevalier.

Ibid., t. I, p. 146-148.

1563-1564

3844. — Inventaire du mobilier de l'église d'All Saints de Derby.

Cox (J.-C.) et Hope (W.-H.-St John), *The Chronicles of the Free Chapel of All Saints, Derby*, p. 174.

1564, 25 août.

3845. — Inventaire estimatif, après décès, des meubles de William Heynes, drapier de Worcester.

Noake (J.), *Worcestershire Relics* (London, Longman and C⁰, 1877, in-16), p. 11-13.

1564, 30 novembre.

3846. — Inventaire du mobilier de l'église paroissiale de Windsor.

Tighe (R.-R.) et Davis (J.-E.), *Annals of Windsor*, p. 618.

1564

3847. — Inventaire estimatif, après décès, des meubles de Thomas Leyland, gentilhomme.

[Meubles, ustensiles, linge, vêtements, argenterie, chaine d'or.]

Piccope (G.-J.). *Lancashire and Cheshire Wills and Inventories*, t. I, p. 166-167.

1564 (?)

3848. — Inventaire estimatif, après décès, des meubles de Thomas Border, drapier de Worcester.

Noake (J.), *Worcestershire Relics*, p. 9-11.

1565

3849. — Inventaire du mobilier de l'église paroissiale de Christ Church de Bristol.

Nicholls (J.-F.) et Taylor (J.), *Bristol Past and Present*, t. II, p. 176.

1565

3850. — Inventaire de vêtements sacerdotaux de la chapelle de Saint-Nicolas de Lynn, comté de Norfolk.

[Chapes avec clochettes.]

Taylor (William), *The Antiquities of Kings Lynn*, p. 124.

1565

3851. — Inventaire des vêtements pour le mystère du *Paradis*, joué par la gilde des épiciers de la ville de Norwich.

Fitch (R.). *Norfolk Archaeology*, t. V (1859), p. 30.

1566, 6 octobre.

3852. — Inventaire du mobilier de l'église paroissiale de Bodmin, comté de Cornwall.

Maclean (J.), *Parochial and Family History of the Deanery of Trigg*

Minor, in the County of Cornwall (London, Nichols and Sons ; Bodmin, Liddell and Son, 1878, in-4°, t. I, p. 341. — Whitley (H.-M.), *Journal of the Royal Institution of Cornwall*, t. VII (1883), p. 121-122.

1566, 30 novembre.

3853. — Inventaire du mobilier de l'église paroissiale de Saint-Dunstan de Cantorbéri.

Cowper (J.-M.), *Archaeologia Cantiana*, t. XVII (1887), p. 119-121.

1568, 16 juin.

3854. — Inventaire estimatif, après décès, des meubles, linge, vaisselle et ustensiles, livres et alambic de John Ace, prêtre, de Wimborne, comté de Dorset.

Hutchins (J.), *The History and Antiquities of the County of Dorset.* 3ᵉ édit., t. III, p. 261.

1569, 20 novembre.

3855. — Inventaire estimatif, après décès, des meubles de Henry Plombar, curé.

Raine (J.), *Injunctions and Ecclesiastical Proceedings of Richard Barnes, Bishop of Durham*, p. cvii.

1569, 10 décembre.

3856. — Inventaire estimatif, après décès, des meubles de John Reddish, gentilhomme [sommaire].

Earwaker (J.-P.), *Lancashire and Cheshire Wills and Inventories*, t. IV, p. 35-36.

1570, 25 mai.

3857. — Inventaire estimatif, après décès, des meubles de Richard Farrow, curé.

Raine (J.), *Injunctions and Ecclesiastical Proceedings of Richard Barnes, Bishop of Durham*, p. cix-cx.

1570

3858. — Inventaire des meubles de la gilde des tonneliers de Londres.

Firth (J.-F.), *Coopers Company, London. Historical Memoranda from the Records of the Corporation, 1396-1848* (London, Arthur Taylor, 1848, in-8°), p. 124.

1572, 1ᵉʳ juillet.

3859. — Inventaire estimatif, après décès, de Thomas Sparke, ci-devant évêque suffragant de Berwick.

Raine (J.), *North Durham*, p. 129 (extraits; cf. n° 3774).

1572, 12 septembre.

3860. — Inventaire estimatif, après décès, des meubles de Thomas Lee, de Morton, comté de Buckingham.

> Lee (J.), *The Journal of the British Archaeological Association*, t. XII (1856), p. 170-174.

1572

3861. — Inventaire estimatif, après décès, de Henry Clifford, deuxième comte de Cumberland, et du mobilier du château de Skipton, comté de York.

> [Vêtements, meubles, tapisseries, argenterie, armes, vêtements sacerdotaux.]

> Whitaker (T.-D.), *The History and Antiquities of the Deanery of Craven, in the County of York* (London, Nichols and Son, 1805, in-4°), p. 285-296, 354-355 (extraits), — *Ibid.*, 2° édit. (London, J. Nichols and Son, 1812, in-4°), p. 325-336, 416. — *Ibid.*, 3° édit., *with many additions and corrections, edited by A.-W. Morant* (Leeds, Joseph Dodgson; London, Cassell, Petter and Galpin, 1878, in-4°), p. 398-405, 481.

1573, 21 mai.

3862. — Inventaire estimatif, après décès, de Dame Anne Langton, veuve.

> Piccope (G.-J.), *Lancashire and Cheshire Wills and Inventories*, t. III, p. 59-62.

1573, 8 décembre.

3863. — Inventaire estimatif, après décès, des meubles et ferme de John Chetham, gentilhomme.

> Earwaker (J.-P.), *Ibid.*, t. IV, p. 60-65.

1575, 25 février.

3864. — Inventaire estimatif, après décès, des meubles de John Richmond, gentilhomme, de Highhead, comté de Cumberland.

> [Bestiaux, argenterie, vaisselle, ustensiles, lits].

> Jackson (W.), *Transactions of the Cumberland and Westmoreland Archaeological Society*, t. II (1876), p. 124-125.

1575, 31 mai.

3865. — Inventaire estimatif, après décès, des meubles de Matthew Parker, premier archevêque protestant de Cantorbéri, à Lambeth et à Croydon.

[Meubles, tentures, tableaux et cartes, vêtements, linge,
vaisselle, argenterie.]

Sandys (W.), *Archaeologia*, t. XXX (1844), p. 7-30.

1576, 30 avril.

3866. — Inventaire des orfèvreries et joyaux (avec description des
sujets) de John Mabbe, orfèvre de Londres.

Rymer (T.), *Fœdera*, 1re édit. et réimpression de Holmes, t. XV,
p. 757-759. — *Ibid.*, 3e édit., t. VI. 4e part., p. 168-169.

1576, 8 novembre.

3867. — Inventaire estimatif, après décès, des meubles de Marmaduke Elderkar.

Fowler (J.-T.), *Acts of Chapter of the Collegiate Church of SS. Peter
and Wilfrid, Ripon*, p. 377-378.

1576, 3 décembre.

3868. — Inventaire du mobilier de la cathédrale de Worcester.
[Quelques restes d'argenterie de maison et de vêtements
pour la représentation des mystères.]

Noake (J.), *The Monastery and Cathedral of Worcester*, p. 545-546.

1577

3869. — Inventaire du mobilier de l'église paroissiale de Re-
denhall, comté de Norfolk.

Rayson (G.), *The East Anglian*, t. IV (1869), p. 54.

1578

3870. — Inventaire des armures, harnais et meubles divers
appartenant à la ville de Worcester.

Noake (J), *Worcestershire Relics*, p. 96.

1579, 22 octobre.

3871. — Inventaire estimatif, après décès, des meubles de Sir
Thomas Butler, chevalier.
[Argenterie, linge, meubles, vaisselle et ustensiles, vête-
ments et armes, chevaux et ferme.]

Piccope (G.-J.), *Lancashire and Cheshire Wills and Inventories*, t. II,
p. 121-126.

1580-1599

Inventaires estimatifs, après décès.

1580, 21 juillet.

3872. — John Lawson, gentilhomme [vaisselle], p. 20-21.

1581, 30 mars.

3873. — Richard Marshall, notaire public, p. 26-28.

3 mai.

3874. — James Forrest, p. 28,

Vers juin.

3875. — William Blenkinsopp, gentilhomme [bestiaux], p. 29-30.

9 août.

3876. — John Fenwick, gentilhomme [bestiaux, argenterie], p. 35.

20 octobre.

3877. — Thomas Gaile, gentilhomme, p. 43.

13 décembre.

3878. — Lady Isabel Gray, veuve [bestiaux]. p. 53-54.

1582, 4 mai.

3879. — William Lee, gentilhomme [ferme], p. 43-47.

3 juillet.

3880. — John Sotheren, marchand, p. 68-70.

6 décembre.

3881. — Isabella Rood, veuve de chanoine [vêtements], p. 65-66.

Sans date.

3882. — John Stowt, p. 55.

1583, 4 janvier.

3883. — Lancelot Thirlewell [ferme], p. 76-77.

30 janvier.

3884. — Robert Clavering, gentilhomme [ferme], p. 58-60.

19 février.

3885. — Thomas Craw, marchand [son magasin de mercerie], p. 67-68.

19 mars.

3886. — William Preston, ancien soldat [argenterie, armes], p. 61.

23 septembre.

3887. — James Cole, forgeron, p. 67.

7 octobre.

3888. — Philip Grene, p. 82-83.

21 octobre.

3889. — John Tunstall, gentilhomme, p. 80.

5 novembre.

3890. — John Thompson, fermier [ferme], p. 77-79.

Sans date.

3891. — Robert Lambton, gentilhomme [ferme], p. 63-64.

3892. — Thomas Morton, marchand, p. 71-72.

3893. — Harry Strowther, soldat [vêtements, armes], p. 73.

3894. — Marion Chapman, veuve de marchand [vête-

ments, linge, argenterie].
p. 73-75.

1584, 8 février.

3895. — William Emerson [armes], p. 99.

21 mai.

3896. — Tristram Heron, musicien, p. 94-95.

17 octobre.

3897. — Robert Tunstall [sommaire], p. 104-105.

Sans date.

3898. — John Hudson, marchand, p. 102-103.

3899. — Ralph Willey, gentilhomme [ferme]. p. 98.

1585, 27 avril.

3900. — Ralph Richardson, marchand, p. 109-110.

12 mai.

3901. — Ralph Cole, marchand [meubles, mercerie], p. 134-135.

30 juin.

3902. — James Shaftow, forgeron, p. 112.

15 novembre.

3903. — William Grey, meunier [vêtements], p. 113-114.

1586, 20 janvier.

3904. — John Ogle, gentilhomme [ferme], p. 131-133.

9 février.

3905. — Robert Lambe, marchand [vêtements, argenterie, son magasin, objets très divers], p. 119-121.

1586, 12 février.

3906. — Christopher Wilson, bedeau de la ville (?) [meubles, vaisselle], p. 123.

Février.

3907. — Thomas Brickwell, gentilhomme, p. 128-129.

7 mars.

3908. — Nicholas Ridley, gentilhomme, p. 121-122.

30 mars.

3909. — Richard Brisco, gentilhomme, p. 125.

15 juillet.

3910. — Odinel Selby, gentilhomme, p. 137.

18 novembre.

3911. — Mary Thornell [vêtements], p. 137-138.

Sans date.

3912. — Richard Wallas, p. 126.

1587, 9 janvier.

3913. — Elizabeth Kirkhouse, veuve [argenterie, vaisselle, linge], p. 308-310.

9 mars.

3914. — Matthew White, gentilhomme, p. 138-140.

3915. — Léonard Trollope, fermier (?), p. 148.

22 avril.

3916. — Ralph Eure, gentilhomme, p. 149-151.

1587, 10 juillet.

3917. — William Clavering, gentilhomme [bestiaux], p. 152.

15 juillet.

3918. — George Walton, mercier [son magasin], p. 289-292.

24 juillet.

3919. — William Jenison, marchand, p. 153-159.

24 août.

3920. — Thomas Weetwood, gentilhomme [ferme], p. 160.

7 septembre.

3921. — Ralph Surtees, fermier [ferme], p. 161.

22 septembre.

3922. — Margaret Belasyse, veuve, p. 316-318.

25 septembre.

3923. — John Carr, marchand [vêtements], p. 298-299.

9 octobre.

3924. — Robert Claxton, gentilhomme, p. 296.

16 octobre.

3925. — Juliana Mitford, veuve, p. 299-300.

1er novembre.

3926. — Thomas Forster, gentilhomme [vêtements, armes, vaisselle, ferme], p. 303-304.

Sans date.

3927. — Robert Muschamp, gentilhomme, p. 305.

3928. — Ralph Hedworth, gentilhomme, p. 311.

1588, 15 février.

3929. — William Massie, curé [linge, vaisselle, livres], p. 311-312.

28 mars.

3930. — Richard Marshall, curé (depuis 50 ans), p. 321-322.

5 juin.

3931. — Sir George Ratcliffe, chevalier, p. 325.

7 juin.

3932. — John Eden, gentilhomme, p. 328-330.

Sans date.

3933. — Thomas Hall, mercier, p. 162-164.

1590, 4 février.

3934. — Henry Brickwell, gentilhomme, p. 168-170.

Sans date.

3935. — Robert Barker, marchand, p. 178-181.

3936. — John Lawson, gentilhomme [ferme], p. 184-185.

1591, 10 mars.

3937. — John March, marchand, p. 193-195.

8 juin.

3938. — Thomas Blakiston, curé [vêtements, linge], p. 202-203.

1592, 20 avril.

3939. — Robert Booth, gentilhomme, p. 208-209.

15 juin.

3940. — Henry Robinson, p. 252-253.

1592, 15 juin.

3941. — James Tenand, forgeron [sa forge], p. 210.

4 décembre.

3942. — Robert Mitford, marchand, p. 215-217.

Sans date.

3943. — John Johnson, marchand [son magasin, étoffes et mercerie, épicerie], p. 210-212.

3944. — Humphrey Brack, p. 214.

1593, 13 mars.

3945. — Ellinor Widdrington, veuve, p. 220-221.

22 mars.

3946. — Richard Conyers, p. 222.

25 mars.

3947. — William Carey, gentilhomme [vêtements, armes], p. 231-232.

6 avril.

3948. — Thomas Bowes, marchand [argenterie, son magasin, objets très divers], p. 236-237.

24 avril.

3949. — Sir Henry Widdrington, chevalier, p. 226-229.

7 mai.

3950. — Thomas Philipson, cordonnier, p. 229-231.

15 mai.

3951. — Hector Widdrington, officier de cavalerie, p. 233-234.

1593, 11 décembre.

3952. — Thomas Radclyffe, gentilhomme, p. 239-242.

Sans date.

3953. — Katherine Muschamp, p. 305.

1594, 10 janvier.

3954. — Ralph Lambton, gentilhomme, p. 243-246.

Sans date.

3955. — Marmaduke Fenwick, gentilhomme [ferme], p. 248.

1595, 17 janvier.

3956. — Thomas Swinhoe [vêtements], p. 251.

1596, 13 février.

3957. — Sir John Selby, chevalier, p. 257-258.

11 octobre.

3958. — Robert Atkinson, marchand, p, 259-264.

12 octobre.

3959. — Ambrose Mason, teinturier [armes, ustensiles, étoffes], p. 258-259.

30 décembre.

3960. — Sir Cuthbert Collingwood, chevalier, p. 270-272.

1597, 28 février.

3961. — Willliam Greenwell, marchand, p. 266-267.

15 juin.

3962. — Ralph Billingham, gentilhomme [vêtements], p. 279.

21 novembre.

3963. — John Farbeck, mer-

cier [son magasin. livres].
p. 281-283.

1598, 10 octobre.

3964. — Robert Widdrington,
gentilhomme, p. 286-288.

1599, 22 août.

3965. — William Ridley, gentilhomme, p. 335-336.

27 octobre.

3966. — Anne Neville, p. 337.

> Greenwell (W.), *Wills and Inventories from the Registry at Durham, Part II* [t. XXXVIII *Surtees Society*], (Durham, G. Andrews, 1860, in-8°).

1581, 16 mars.

3967. — Inventaire estimatif, après décès, des meubles d'Elizabeth, Lady Byron.

> Piccope (G.-J.), *Lancashire and Cheshire Wills and Inventories*, t. II, p. 162.

1581, 28 juillet.

3968. — Inventaire estimatif, après décès, des meubles de Philip Hatherley, curé.

> Raine (J.), *Injunctions and Ecclesiastical Proceedings of Richard Barnes. Bishop of Durham*, p. cxiv-cxv.

1582, 12 janvier à 28 février.

3969. — Inventaire estimatif, après décès, des meubles de Sir Thomas Boynton, chevalier, de Barmston, comté de York.
[Vêtements, linge, vaisselle et ustensiles, fermes.]

> Poulson (G.), *The History and Antiquities of the Seigniory of Holderness in the East Riding of the County of York* (Hull, Robert Brown ; London, W. Pickering, 1840, in-4°), t. I, p. 215-224.

1582, 17 février.

3970. — Inventaire estimatif, après décès, des meubles, linge, argenterie, vaisselle et bestiaux de Peter Freteville, gentilhomme, de Staveley, comté de Derby.

> [Nichols (J.)], *Accompts of Churchwardens*, p. 235-238.

1582, 20 février.

3971. — Inventaire estimatif, après décès, des meubles de Richard Best, gentilhomme.

> Robinson (C.-B.), *Rural Economy in Yorkshire in 1641, being the*

Farming and Account Books of Henry Best [t. XXXII *Surtees Society*], (Durham, George Andrews, 1857, in-8°), p. 171-172.

1582, 18 juin.

3972. — Inventaire du mobilier du château et du manoir de Sheffield, appartenant au comte de Shrewsbury, lieu de détention de Marie Stuart de 1570 à 1584.

[Tentures, lits, meubles, armes, ustensiles, meubles du comte pour la Reine et ses domestiques].

Tucker (S.-J.), *The Journal of the British Archaeological Association*, t. XXX (1874), p. 251-263.

1582

3973. — Inventaire estimatif, après décès, des meubles d'Arthur Shaftoe, curé.

Raine (J.), *Injunctions and Ecclesiastical Proceedings of Richard Barnes, Bishop of Durham*, p. cxvi.

1583, 17 juin.

3974. — Inventaire estimatif, après décès, des meubles de Ralph Ripley.

Fowler (J.-T.), *Acts of Chapter of the Collegiate Church of SS. Peter and Wilfrid, Ripon*, p. 379-381.

1583, 5 décembre.

3975. — Inventaire des meubles appartenant au presbytère de Saint-Hélier [français].

Pièces relatives à l'Histoire de Jersey (n° 4) dans le *Bulletin de la Société Jersiaise*, 1888, p. 364-365.

1584, 26 janvier.

3976. — Inventaire estimatif, après décès, des meubles de William Dallison, gentilhomme, de Hallinge, comté de Kent.

[Tentures, linge, argenterie, livres de droit.]

Robertson (W.-A.-Scott), *Archaeologia Cantiana*, t. XV (1883), p. 391-393.

1584, 28 mai.

3977. — Inventaire du mobilier de l'église paroissiale de Pittington, comté de Durham.

Barmby (J.), *Churchwardens' Accounts of Pittington and other parishes in the diocese of Durham from A. D. 1580-1700* [t. LXXXIV *Surtees Society*], (Durham, Andrews and C°, 1888, in-8°), p. 11-12.

1584

Inventaires estimatifs, après décès.

26 février.

3978. — William Bennett, curé, p. cxix-cxxii.

12 mars.

3979. — William Melmerby, curé, p. cxiii.

27 mai.

3980. — William Harding, curé, p. cxxv.

Sans date.

3981. — Thomas Middleton, curé, p. cxxvii.

3982. — Robert Leghton, curé [ferme], p. cxxviii.

Raine (J.), *Injunctions and Ecclesiastical Proceedings of Richard Barnes, Bishop of Durham.*

1584

3983. — Inventaire des meubles et livres de l'église paroissiale de Wigtoft, comté de Lincoln.

[Nichols (J.]), *Accompts of Churchwardens*, p. 242.

1586, 8 et 9 décembre.

3984. — Inventaire estimatif, après décès, de Robert Richardson, curé.

Raine (J.), *Injunctions and Ecclesiastical Proceedings of Richard Barnes. Bishop of Durham*, p. cxxx.

1587, 12 octobre.

3985. — Inventaire estimatif, après décès, des meubles d'Edward Tyldesley, gentilhomme.

Earwaker (J.-P.), *Lancashire and Cheshire Wills and Inventories*, t. IV, p. 151-153.

Vers 1587.

3986. — Inventaire estimatif des vêtements et armes de Thomas Forster, gentilhomme, d'Adderstone.

Raine (J.), *North Durham*, p. 308.

1588

3987. — Inventaire des meubles de Béatrice Taylor, vieille femme pauvre de Pulham Saint Mary, comté de Norfolk [avec prix de vente].

Rayson (G.), *The East Anglian*, t. IV (1869), p. 280.

1588

3988. — Inventaire du mobilier de Robert Dudley, comte de

Leicester (favori de la reine Élisabeth), au château de Kenilworth.

[Lits, meubles, tapisseries, tableaux, instruments de musique, argenterie, tapis.]

Scott (Sir Walter), *Kenilworth.* note K (extraits). — Halliwell (J.-O.),
*Ancient Inventories of Furniture, Pictures, Tapestry, Plate, etc., illus-
trative of the Domestic Manners of the English in the Sixteenth and
Seventeenth centuries* (London, J.-E. Adlard, 1854, in-4°), p. 115-154.

1589, 17 janvier.

3989. — Inventaire estimatif, après décès, de William Glaseor,
vice-chambellan et conseiller municipal de la ville de Chester.

[Armes, meubles, livres, ustensiles, vaisselle, argenterie,
vêtements, linge, ferme; intéressant exemple du mobilier
d'un riche bourgeois d'une ville de province.]

Piccope (G.-J.), *Lancashire and Cheshire Wills and Inventories,* t. III,
p. 132-142.

1589, 22 octobre.

3990. — Inventaire du mobilier du réfectoire d'Emmanuel
College, à Cambridge.

Willis (R.) et Clark (J.-W.), *The Architectural History of the University of Cambridge,* t. III, p. 361-362.

1589 (?)

3991. — Inventaire, après décès, de Henry Chetham.

Earwaker (J.-P.), *Lancashire and Cheshire Wills and Inventories,*
t. IV, p. 207 (extraits).

1590, 9 février.

3992. — Inventaire du mobilier de la maison de Sir John Lyttel-
ton, à Frankley.

[Argenterie, verres.]

Walcott (M.-E.-C.), *Transactions of the Shropshire Archaeological and
Natural History Society,* t. I (1878) p. 11-14 (extraits).

1590, 24 février.

3993. — Inventaire estimatif, après décès, de Sir John Radcliffe,
chevalier.

Piccope (G.-J.), *Lancashire and Cheshire Wills and Inventories,* t. II,
p. 71-72.

1590, 25 mars.

3994. — Inventaire de l'argenterie de Sir William Fairfax, chevalier, à sa maison de Gilling, comté de York.

Peacock (E.), *Archaeologia,* t. XLVIII (1885), p. 153-154.

1590, 27 mai.

3995. — Inventaire, après décès, de Sir Edmund Trafford, chevalier.

> Piccope (G.-J.), *Lancashire and Cheshire Wills and Inventories*, t. II, p. 72-74.

1590, 17-26 juin.

3996. — Inventaire estimatif, après décès, des meubles de Sir Thomas Ramsey, marchand, de Londres, et Lord Maire en 1577.

> [Son magasin, meubles, vêtements, vaisselle et ustensiles, armes, argenterie, objets d'or et joyaux, linge.]
>
> Fairholt (F.-W.), *Archaeologia*, t. XL (1866), p. 323-341.

1590, 10 septembre.

3997. — Inventaire du linge de maison de Sir William Fairfax, chevalier, à sa maison de Gilling.

> Peacock (E), *Archaeologia*, t. XLVIII (1885), p. 154-156.

1590

3998. — Inventaire des armes appartenant à la ville de Repton, comté de Derby.

> Cox (J.-C.), *Journal of the Derbyshire Archaeological and Natural History Society*, t. I (1879). p. 36.

1591, 8 juin.

3999. — Inventaire estimatif, après décès, des meubles de Thomas Blackstone, curé.

> Raine (J.), *Injunctions and Ecclesiastical Proceedings of Richard Barnes, Bishop of Durham*, p. cxxxi.

1591

4000. — Inventaire du mobilier du château de Skipton.

> [Meubles et tentures, livres.]
>
> Whitaker (T.-D.), *The History and Antiquities of the Deanery of Craven, in the County of York*. 2e édit. (1812), p. 336-357 (extraits). — *Ibid.*, 3e édit. (1878), p. 406.

1592, 27 avril.

4001. — Inventaire estimatif des meubles de Sir John Perrot, chevalier (passant pour fils naturel de Henri VIII), dans son château de Carew, comté de Pembroke, au pays de Galles.

> [Lits, linge, meubles, ustensiles, armes.]
>
> Barnwell (E.-L.), *Archaeologia Cambrensis*, 3e sér., t. XII (1866), p. 339-348.

1592, 27 septembre.

4002. — Inventaire estimatif d'objets dispersés en divers en-
droits, appartenant à Sir John Perrot, après son arrestation.
   [Bestiaux et chevaux, vaisselle, vêtements, instruments de
musique, linge, armes.]
   Ibid., p. 348-358.

1592, 15 décembre.

4003. — Inventaire du mobilier du château de Barnard-Castle
(en état de délabrement complet).
   Surtees (R.), *The History and Antiquities of the County Palatine of
   Durham* (London, J.-B. Nichols and Son : Durham, Andrews, 1816-1840,
   in-fol.), t. IV, p. 87-88.

1592

4004. — Inventaire des meubles de la gilde des quincaillers de
Londres.
   Nicholl (J.), *Some Account of the Worshipful Company of Ironmon-
   gers*, p. 432 (extraits).

1595, 16 mars.

4005. — Inventaire du mobilier de Sir William Fairfax, chevalier, dans sa maison de Gilling, comté de York.
   Peacock (E.), *Archaeologia*, t. XLVIII (1885), p. 123-136, 152-153.

1595, 24 août.

4006. — Inventaire d'ornements sacerdotaux et autres objets
du culte catholique, ayant appartenu à l'église paroissiale de
Masham, comté de York, confiés à divers paroissiens.
   Fisher (J.), *History and Antiquities of Masham and Mashamshire*
   (London, Simpkin, Marshall and Cᵒ, 1865, in-8ᵒ), p. 582-583.

Vers 1595.

4007. — Inventaire des armes de la paroisse d'Ecclesfield,
comté de York.
   Eastwood (J.), *History of the Parish of Ecclesfield*, p. 27-28

1596, 11 mai.

4008. — Inventaire estimatif, après décès, des meubles de Sir
Henry Unton, chevalier (ambassadeur d'Angleterre en France,
en 1591) dans ses manoirs de Wadley et de Faringdon, comté
de Berks.
   Nichols (J.-G.), *The Unton Inventories relating to Wadley and Faringdon* (London, for *The Berkshire Ashmolean Society*, 1841, in-4ᵒ), p. 1-14.

1596, 24 juin.

4009. — Inventaire estimatif, après décès, des meubles de Hugh Bellot, évêque de Chester.

[Vêtements, vaisselle et ustensiles, argenterie, linge, armes.]

Piccope (G.-J.), *Lancashire and Cheshire Wills and Inventories*. t. III, p. 1-7.

1596

4010. — Inventaire estimatif, après décès, des meubles de James Nelson, curé.

Raine (J.), *Injunctions and Ecclesiastical Proceedings of Richard Barnes. Bishop of Durham*, p. cxxxiv.

1597, 25 mars.

4011. — Inventaire estimatif, après décès, des meubles de John Browne, fermier, de Loders, comté de Dorset.

[Meubles, vaisselle et ustensiles, ferme.]

Hutchins (J.), *The History and Antiquities of the County of Dorset*. 3ᵉ édit., t. II, p. 307.

1597, 30 juin.

4012. — Inventaire estimatif, après décès, des meubles de Robert Tatton, gentilhomme.

Piccope (G.-J.), *Lancashire and Cheshire Wills and Inventories*, t. III, p. 101-102.

1597, 18 juillet.

4013. — Inventaire estimatif, après décès, des meubles de Frances Walker, veuve pauvre, de Sandwich, comté de Kent.

Shaw (W.-F.), *Liber Estriae; or, Memorials of the Royal Ville and Parish of Eastry* (London, J.-R. Smith, 1870, in-4°), p. 230.

1597, 22 septembre.

4014. — Inventaire estimatif, après décès, des meubles d'Amilion Holbeach, gentilhomme, de la ville de Warwick.

The Warwickshire Antiquarian Magazine, p. 200-208.

1597

4015. — Inventaire estimatif, après décès, des meubles de Sir Henry Curwen, chevalier, de Workington, comté de Cumberland (document incomplet au commencement).

Jackson (W.), *Transactions of the Cumberland and Westmoreland Archaeological Society*. t. V (1881), p. 314-316.

1598, 20 juillet.

4016. — Inventaire estimatif, après décès, des meubles, bestiaux, vaisselle et armes, de Henry Stanley, gentilhomme.

> Piccope (G.-J.), *Lancashire and Cheshire Wills and Inventories*, t. II, p. 97 (extraits).

1598

4017. — Inventaire du mobilier des chambres de Kings College, à Cambridge.

> Bradshaw (H.), *Cambridge Antiquarian Communications* [Cambridge Antiquarian Society], t. III (1879), p. 183-194. — Willis (R.) et Clark (J.-W.), *The Architectural History of the University of Cambridge*, t. III, p. 324, 325-326, 382 (extraits). — *Collected Papers of Henry Bradshaw, late University Librarian* (Cambridge, University Press, 1889, in-8°, p. 166-176.

1599, 4 mai.

4018. — Inventaire estimatif sommaire, après décès, des meubles de Dame Mary Egerton, veuve.

> Piccope (G.-J.), *Lancashire and Cheshire Wills and Inventories*, t. II, p. 275-276.

1600, 22 avril.

4019. — Inventaire du mobilier de l'église paroissiale de Saint Mary Bourne.

> Stevens (J.), *Parochial History of Saint Mary Bourne, Hants* (London, Whiting and C°, 1888, in-8°), p. 212.

COMMENCEMENT DU XVIe SIÈCLE.

4020. — Inventaire du mobilier de la chapelle de Sainte-Sithe sur le pont de Bridgnorth.

> *Tenth Report of the Royal Commission on Historical Manuscripts* (London, Eyre and Spottiswoode, 1885, in-8°, append., I part., p. 424 (extraits).

COMMENCEMENT DU XVIe SIÈCLE.

4021. — Inventaire des joyaux ornant la chàsse de la gilde du *Corpus Christi*, à York.

> Skaife (R.-H.), *The Register of the Guild of Corpus Christi in the City of York*, p. 295-296.

XVIe SIÈCLE.

4022. — Inventaire estimatif, après décès, des meubles d'Elizabeth Loftus et de Margaret Smyrthwate.

> Fowler (J.-T.), *Acts of Chapter of the Collegiate Church of S.S. Peter and Wilfrid, Ripon*, p. 376-377.

1601, 19 mars.

4023. — Inventaire estimatif, après décès, des meubles de Richard Boteler, gentilhomme, d'Eastry, comté de Kent.

> Shaw (F.-W.), *Liber Estriae*, p. 224-227.

1601, 5 octobre.

4024. — Inventaire estimatif, après décès, des meubles de John Law, fermier, de Yenwith, comté de Cumberland.

> Jackson (W.), *Transactions of the Cumberland and Westmoreland Archaeological Society*. t. II (1876), p. 267-268.

1602, 24 juin.

4025. — Inventaire du mobilier de l'église paroissiale de Bray, comté de Berks.

> Kerry (Ch.), *The History and Antiquities of the Hundred of Bray* (London, Savill and Edwards, 1861, in-8°), p. 29.

1602, 1er août.

4026. — Inventaire estimatif, après décès, des meubles de Sir Thomas Rous, dans ses maisons de Henham et de Dennington, comté de Suffolk, et de Norwich.

> Suckling (A.), *The History and Antiquities of the County of Suffolk* (London, for the author, 1848, in-4°), t. II, p. 355-364.

1602, 15 août.

4027. — Inventaire estimatif, après décès, des meubles de William More, gentilhomme, de Bank Hall, comté de Lancaster.

> Trevelyan (W.-C.), *Archaeologia Aeliana*, nouv. sér., t. VI, (1865), p. 104-106.

1602

4028. — Inventaire du mobilier de l'église paroissiale de Prestbury, comté de Chester.

> Earwaker (J.-P.), *East Cheshire,* t. II, p. 184-185.

1603, 29-31 mars et 1er avril.

4029. — Inventaire, après décès, des meubles de Sir Thomas Kytson, de Hengrave, comté de Suffolk.

[Instruments et livres de musique, armes, chapelle, selles, vaisselle.]

> Gage (J.), *The History and Antiquities of Hengrave in Suffolk*, p. 22-37 (extraits).

1603, 16 mai.

4030. — Inventaire estimatif, après décès, du mobilier de James Shaw, curé.

Raine (J.), *Injunctions and Ecclesiastical Proceedings of Richard Barnes, Bishop of Durham*, p. cxl.

1603, 30 juillet.

4031. — Inventaire estimatif, après décès, des meubles de Henry Naunton, curé de Bedlington.

Raine (J.), *North Durham*, p. 368-369 (notice et extraits).

1603, 1er septembre.

4032. — Inventaire estimatif, après décès, de Christopher Smythe, vicaire de la cathédrale de Durham.

Raine (J.), *Injunctions and Ecclesiastical Proceedings of Richard Barnes, Bishop of Durham*, p. cxliij-cxlv.

1604, 4 à 6 janvier.

4033. — Inventaire des armes de la Tour de Londres et de Woolwich.

Jordan (J.), *A Parochial History of Enstone* (London, J.-R. Smith, 1857, in-8°), p. 104-105.

1604, 4 mai.

4034. — Inventaire estimatif, après décès, des meubles de James Bassett, gentilhomme, de Tehiddy, comté de Cornwall.

[Armes, meubles, vêtements, ustensiles.]

Dunkin (E.-H.-W.), *The Monumental Brasses of Cornwall* (London, Spottiswoode and C°, 1882, in-4°), p. 61-62 (extraits).

1604, 21 juin.

4035. — Inventaire estimatif, après décès, des meubles de Sir William Reade, chevalier, de Fenham.

[Argenterie, tableaux, livres, linge, vaisselle et ustensiles.]
Raine (J.), *North Durham*, p. 177-178.

1604

4036. — Inventaire des joyaux et pierreries du trésor secret de la Tour de Londres.

[Couronnes, colliers, bagues, pierreries, éventail.]
Palgrave (Fr.), *Kalendars and Inventories*, t. II, p. 299-306.

1604

4037. — Inventaire des joyaux et pierreries tirés du trésor secret de la Tour de Londres, et remis par le Roi lui-même à la Reine.

Ibid., p. 306-309.

1605, août.

4038. — Inventaire du mobilier de l'église paroissiale de Saint Oswald de Durham.

> Barmby (J.), *Churchwardens' Accounts*, p. 141-142.

1606, 26 février.

4039. — Inventaire d'objets, la plupart religieux, appartenant à Ambrose Rookwood et à ses complices de la Conspiration des Poudres, saisis avec eux à Clopton House.

> *Ninth Report of the Royal Commission on Historical Manuscripts, Part I*, p. 292-293.

1606, 27 mars.

4040. — Inventaire des joyaux d'or, dépendant spécialement, par ordre du roi Jacques Ier, de la Couronne d'Angleterre. [Couronnes, colliers avec pierreries.]

> Rymer (F.), *Fœdera*, 1re édit. et réimpression de Holmes, t. XVI, p. 643-644. – *Ibid.*, 3e édit., t. VII, 2e part., p. 148-149 (avec traduction française).

1606

4041. — Inventaire du mobilier de l'église paroissiale de Beeston-next-Mileham.

> Carthew (G.-A.), *The Hundred of Launditch*, t. III, p. 22-23.

1607, 1er mai.

4042. — Inventaire du mobilier de l'église paroissiale de Saint Teath, comté de Cornwall.

> Maclean (J.), *Parochial and Family History of the Deanery of Trigg Minor, in the County of Cornwall*, t. III, p. 119.

1608, 25 janvier.

4043. — Inventaire estimatif sommaire, après décès, des meubles d'Elizabeth Orrell, veuve.

> Piccope (G.-J.), *Lancashire and Cheshire Wills and Inventories*, t. II, p. 144.

1608, 22 février.

4044. — Inventaire de joyaux remis à Lady Arabella Stuart.

> *The Reliquary*, t. I (1860-1861), p. 118-119.

1608

4045. — Inventaire du mobilier de l'église paroissiale de Hadleigh, comté de Suffolk.

Pigot (H.), *Proceedings of the Suffolk Institute Archaeology*, t. III, (1863), p. 67-68.

1609, 5 avril.

4046. — Inventaire estimatif, après décès, des meubles d'Edmund Lemon, gentilhomme, de Preston, comté de Lancaster.

Fishwick (H.), *The Reliquary*. t. XVII (1876-1877), p. 170-172.

1609, 24 septembre.

4047. — Inventaire du mobilier de Wollaton Hall, comté de Nottingham, appartenant à la famille de Willoughby.

Stevenson (H.-W.), *Reports and Papers of the Associated Architectural Societies*. t. XIX (1887-1889), 1re part., p. 87-93.

1609, 17 octobre.

4048. — Inventaire estimatif, après décès, des meubles de Nicholas Forster, gentilhomme, de Bamborough.

Raine (J.), *North Durham*. p. 309 (extraits).

1609 (?)

4049. — Inventaire des meubles de la gilde des marchands tailleurs de Londres.

Clode (C.-M.), *Memorials of the Guild of Merchant Taylors*. p. 92-96.

1610

4050. — Inventaire du mobilier de l'église paroissiale de Saint-André de Hertford.

Turnor (L.), *History of the ancient Town and Borough of Hertford* (Hertford, S. Austin and Sons, 1830, in-8°), p. 274.

1610

4051. — Inventaire estimatif de meubles de Shane O'Neill, comte de Tyrone, et de quelques-uns de ses tenants, saisis par ordre du Roi, lors du départ du comte pour Rome.

Ferguson (J.-F.) dans Nichols (J.-G.), *The Topographer and Genealogist* (London, John Bowyer Nichols and Sons, in-8°), t. III (1858), p. 81-86.

Vers 1610.

4052. — Inventaire estimatif, après décès, des meubles de John Moore, avocat, de York.

Longstaffe (W.-H.-D.), *Archaeologia Aeliana*, nouv. sér., t. II (1858), p. 91-92.

Sans date, vers 1610.

4053. — Inventaire du mobilier de l'église paroissiale de Dilwyn, comté de Hereford [avec prix d'acquisition].

Archaeologia Cambrensis. 3ᵉ sér., t. XIV (1868), p. 138-139.

1611, février.

4054. — Inventaire du mobilier de la maison de campagne d'un gentilhomme, à Cockesden.

Halliwell (J.-O.), *Ancient Inventories.* p. 59-86.

1612, 20 janvier.

4055. — Inventaire des meubles de Mary Tompson, vieille paysanne, de Wigtoft, comté de Lincoln.

[Nichols (J.)], *Accompts of Churchwardens.* p. 248.

1612, 23 mars.

4056. — Inventaire estimatif, après décès, des meubles de John Hutton, curé de Gateshead.

[Armes, instruments de musique, vaisselle et ustensiles, vêtements, argenterie.]

Raine (J.), *Archaeologia Aeliana.* nouv. sér., t. V (1861), p. 52-53.

1612, 7 septembre.

4057. — Inventaire estimatif des meubles de John Aridge, d'Iford, comté de Sussex.

Cooper (H.), *Sussex Archaeological Collections [Sussex Archaeological Society]*, t. XXIX (1879), p. 132-133.

1612, novembre.

4058. — Inventaire, après décès, des joyaux et pierreries du prince Henri, fils aîné du roi Jacques Iᵉʳ.

[Couronnes, épées, équipements de cheval.]

Bray (W.), *Archaeologia,* t. XV (1806), p. 18-20.

1612

4059. — Inventaire du mobilier de l'église paroissiale de Hartshorn, comté de Derby.

North (T.), *Journal of the Derbyshire Archaeological and Natural History Society,* t. VII (1885), p. 44-45.

1612

4060. — Inventaire estimatif du mobilier de la maison d'un

marchand de vin, « The Mouth Tavern », dans Bishopsgate Street, à Londres.

The Gentleman's Magazine, t. LVIII (1788), 2° part., p. 582-583. — [Nichols (J.)], *Accompts of Churchwardens*, p. 229-232.

1613, 12 avril.

4061. — Inventaire du mobilier de l'église paroissiale de Saint Mary Colechurch de Londres [avec additions jusqu'en 1631].

Milbourn (T.), *History of the Church of St Mildred the Virgin, Poultry*, p. 57-60.

1613

4062. — Inventaire du mobilier de l'église paroissiale de Saint Werburgh de Derby.

Jewitt (Ll.), *The Reliquary*, t. II (1861-1862), p. 44.

1614, 15 juin.

4063. — Inventaire estimatif, après décès, des ferme, meubles, linge, vaisselle et ustensiles de Roger Lee, de Sheffield.

Ibid., p. 231-232.

1614, 16 juin.

4064. — Inventaire estimatif, après décès, des meubles de Henry Howard, comte de Northampton.

[Joyaux et pierreries, objets d'or, montres, colliers, bagues, coupes, cristaux, argenterie, tentures, meubles, cabinets, tableaux, vêtements, linge.]

Shirley (E.-P.), *Archaeologia*, t. XLII (1869), p. 348-374.

1614, 12 novembre.

4065. — Inventaire estimatif, après décès, des meubles de William Orfeur, gentilhomme, de Highclose, paroisse de Plumbland, comté de Cumberland.

[Ferme, vaisselle et ustensiles, meubles, linge, vaisselle.]

Jackson (W.), *Transactions of the Cumberland and Westmoreland Archaeological Society*, t. III (1878), p. 113-116.

1615, 11 avril.

4066. — Inventaire du mobilier de l'église paroissiale de Pittington, comté de Durham.

Barmby (J.), *Churchwardens' Accounts*, p. 68-69.

1615

4067. — Inventaire des joyaux et des meubles de Robert Carre,
comte de Somerset.
> Kempe (A.-J.), *The Losely Manuscripts*, p. 406-411 (abrégé).

1616, 14 avril.

4068. — Inventaire du mobilier de l'église paroissiale de Sainte-
Catherine, Aldgate, de Londres.
> Malcolm (J.-P.), *Londinium redivivum*. t. III, p. 311-312.

1616, 19 mai.

4069. — Inventaire du mobilier de la cathédrale de York.
> Raine (J.), *The Fabric Rolls of York Minster*, p. 315-316.

1616

4070. — Inventaire des armes appartenant à la ville de Repton,
comte de Derby.
> Cox (J.-C.), *Journal of the Derbyshire Archaeological and Natural
> History Society*, t. I (1879), p. 37.

1616

4071. — Inventaire du mobilier de l'église paroissiale de Windsor.
> Tighe (R.-R. et Davis (J.-E.), *Annals of Windsor*. t. II, p. 70-72.

1618, 19 janvier.

4072. — Inventaire estimatif, après décès, des meubles de Catherine Boteler, veuve de Richard Boteler, d'Eastry, comté de
Kent.
> Shaw (W.-F.), *Liber Estriae*, p. 227-229.

1618, 21 décembre.

4073. — Inventaire estimatif, après décès, des meubles de Lady
Margaret Read.
> [Vêtements et ornements personnels, joyaux.]
> Raine (J.), *North Durham*. p. 179 (extraits).

1618

4074. — Inventaire du mobilier de l'église paroissiale de Saint-
Michel de Lichfield.
> Harwood (T.). *The History and Antiquities of the Church and City of
> Lichfield* (Glocester, Jos. Harris : London, Cadell and Davies, 1806,
> in-4°), p. 529.

1618

4075. — Inventaire estimatif, après décès, des meubles de James Montagu, évêque de Winchester.

Shirley (E.-P.), *Archaeologia*, t. XLIV (1873), p. 400-402.

1618 (?)

4076. — Inventaire du mobilier de chapelle de Lancelot Andrewes, évêque d'Ely, et plus tard de Winchester.

(Russell (J.-F.), *Hierurgia Anglicana* (London, J.-G.-F. and J. Rivington, 1848, in-8°), p. 8-9, 10-11, — Andrewes (L.), *Two answers to Cardinal Perron, and other miscellaneous works* (Oxford, J.-H. Parker, 1854, in-8°), p. xcvii-xcix.

1619, 30 mars.

4077. — Inventaire du mobilier de l'église paroissiale de Pittington, comté de Durham.

Barmby (J.), *Churchwardens' Accounts*, p. 75.

1619, 27 avril.

4078. — Inventaire d'objets précieux du Trésor royal, vendus par ordre du roi Jacques Ier.

Mitre, bassins de madre de perle, image, horloge, salières d'or ornés de pierreries, objets anciens passés de mode.

Rymer (T.), *Fœdera*, 1re édit. et réimpression de Holmes, t. XVII, p. 195-196 (cf. p. 198-199) — *Ibid.*, 3e édit., t. VII, 3e part., p. 130-131 (cf. p. 132-133), (avec traduction française).

1619, 4 octobre.

4079. — Inventaire des objets trouvés dans les deux caisses de Pierre Hugon, à l'hôtel des Ursins, à Paris, confiées à la garde de Paris, domestique du marquis de Trenelle. [Il paraîtrait que Hugon était retenu en prison en Angleterre sous l'inculpation d'avoir volé ces objets à la mort de la reine d'Angleterre, Anne de Danemarck, épouse de Jacques Ier.]

[Tapis, broderies, vêtements, objets d'or et d'argent, pierreries, perles, croix, objets de dévotion et livres de prières catholiques, médailles, boîte à tabac en or.]

Collections historical and archaeological relating to Montgomeryshire and its borders [Powysland Club], t. XX (1886), p. 247-249.

1619

4080. — Inventaire du mobilier de l'église paroissiale de Leominster.

Townsend (G.-F.), *The Town and Borough of Leominster; with illustrations of its ancient and modern history* (Leominster, S. Partridge : London, Arthur Hall and Cⁱᵉ, s. d., in-8°), p. 243-244.

1620, 31 août et 20 septembre.

4081. — Inventaire du mobilier de Dame Dorothy Shirley (autrefois Unton, et veuve de Sir Henry Unton), dans son manoir de Faringdon, comté de Berks.

Nichols (J-.G.), *The Unton Inventories*, p. 17-30. — Shirley (E.-P.), *Stemmata Shirleiana*, p. 73-74 (extraits). — *Ibid.*, 2ᵉ édit., 1873, p. 94-95.

1620, 18 novembre.

4082. — Inventaire estimatif, après décès, des meubles d'Elizabeth Pudsey, veuve, de Barford, comté de Durham.

Raine (J.), *Archaeologia Aeliana*, nouv. sér., t. II (1858), p. 184-185.

1621, 30 avril.

4083. — Inventaire du mobilier de l'église paroissiale de Saint Werburgh de Derby (avec additions de 1635).

Jewitt (Ll.), *The Reliquary*, t. II (1861-1862), p. 44-45.

1622, 30 avril.

4084. — Inventaire après décès des meubles de Sir George Shirley, dans sa maison d'Astwell, comté de Northampton.

Shirley (E.-P.), *Stemmata Shirleiana*, p. 71-73 (extraits). — *Ibid.*, 2ᵉ édit., 1873, p. 92-93.

1622, 12 novembre.

4085. — Inventaire du mobilier de Cossey House, près de Norwich.

Tenth Report of the Royal Commission on Historical Manuscripts, append., 4ᵉ part., p. 163-164 (extraits).

1623, 4 mai.

4086. — Inventaire du mobilier de l'église paroissiale de Bray, comté de Berks.

Kerry (Ch.), *The History of the Hundred of Bray*, p. 29-30.

1623

4087. — Inventaire des joyaux et pierreries envoyés au prince Charles, lors de sa visite en Espagne, par le roi Jacques Iᵉʳ, son père ; avec d'autres joyaux donnés par le Roi.

[Pierreries, croix, bagues, miroir, horloge d'or, épée, chaînes.]

> Rymer (T.). *Fœdera*, 1ʳᵉ édit. et réimpression de Holmes, t. XVII, p. 508-511. — *Ibid.*, 3ᵉ édit., t. VII, 4ᵉ part., p. 74-76 (avec traduction française). — Lemon (R.), *Archaeologia*, t. XXI (1827), p. 150-154.

1623

4088. — Inventaire du mobilier de l'église paroissiale de Saint Laurence Pountney de Londres.

> Wilson (H.-B.), *History of the Parish of St Laurence Pountney*, London (London, C.-J.-G. and F. Rivington, 1831, in-4°), p. 127.

1624, 3 avril.

4089. — Inventaire du mobilier de Sir Thomas Fairfax, chevalier, dans sa maison de Walton, comté de York.

> Peacock (E.), *Archaeologia*, t. XLVIII (1885), p. 136-148.

1624, 22 juin.

4090. — Inventaire du mobilier de Sir Thomas Fairfax, chevalier, dans sa maison de Gilling, comté de York.

> *Ibid.*, p. 148-151.

1624, octobre.

4091. — Note des tableaux (portraits) de maîtres célèbres appartenant à Jacques Iᵉʳ (22 numéros).

> Scharf (G.), *Archaeological Institute of Great Britain and Ireland. Old London; Papers read at the London Congress. July. 1866*, p. 313-315.

1625, 1ᵉʳ mai.

4092. — Inventaire estimatif, après décès, des meubles d'Edmund Waring, gentilhomme, dans ses trois maisons de Lea et de Leacroft, comté de Stafford, et d'Oldbury, comté de Salop.

> Darwin (G.-H.), *Proceedings of the Society of Antiquaries of London*, 2ᵉ sér., t. VI (s. d.), p. 364-375.

1625, 5 octobre.

4093. — Inventaire estimatif, après décès, des meubles de John Bromwith, gentilhomme, de Bewdley, comté de Salop.

> *The Salopian and West Midland Monthly Illustrated Journal* (Madeley, John Randall, in-4°), t. VI (février, 1877), p. 82-84.

1625, 7 décembre.

4094. — Inventaire d'objets précieux du Trésor royal remis au duc de Buckingham, à l'occasion de son ambassade aux Provinces-Unies de Hollande.

[Coupes, salières d'or avec pierreries, joyaux, objets en madre de perle, agate.]

Rymer (T.), *Fœdera*, 1ʳᵉ édit. et réimpression de Holmes, t. XVIII, p. 236-240. — *Ibid.*, 3ᵉ édit., t. VIII, 1ʳ part., p. 167-170 (avec traduction française).

1625

4095. — Inventaire du mobilier de l'église paroissiale de Pinner, comté de Middlesex.

Hind (W.-M.), *Transactions of the London and Middlesex Archaeological Society*, t. III (1870), p. 177.

Sans date, mais vers 1625.

4096. — Inventaire du mobilier laissé dans Brooke House, à Hackney, près Londres, résidence de la comtesse d'Oxford.

[Tentures.]

Robinson (W.), *The History and Antiquities of the Parish of Hackney* (London, J.-B. Nichols and Son, 1842, in-8°), t. I, p. 110-114.

1626, 6 et 7 octobre.

4097. — Inventaire du mobilier d'un château situé dans le comté de Suffolk (?).

Halliwell (J.-O.). *Ancient Inventories*, p. 87-114.

1626

4098. — Inventaire de l'argenterie du Trésor royal, vendue l'an II du roi Charles Iᵉʳ.

[Nichols (J.)], *Accompts of Churchwardens*, pagination spéciale, 4 p., vers la fin du volume.

1627, 14 novembre.

4099. — Inventaire de l'argenterie, des poids et mesures de la ville de Carlisle.

Nanson (W.), *Transactions of the Cumberland and Westmorland Archaeological Society*, t. VII (1884), p. 56-58.

1627

4100. — Inventaire du mobilier de l'église paroissiale de Saint Mary Coslany de Norwich.

L'Estrange (J.), *Norfolk Archaeology*, t. VII (1872), p. 77.

1628, 19 mars et 23 avril.

4101. — Inventaire estimatif du mobilier de la maison des Jésuites, à Clerkenwell (Londres).

Nichols (J.-G.), *The Camden Miscellany* [*Camden Society*], (London, 1852-1853, in-4°, t. II, 4° partie, p. 52-53, 54-57.

1628 (?)

4102. — Inventaire du mobilier de l'église paroissiale de Sainte-Marguerite de Westminster.

> Walcott (M.-E.-C.), *History of the Parish Church of St Margaret in Westminster*, p. 74-76.

1629, 20 juin.

4103. — Inventaire de joyaux du Trésor royal, destinés à être vendus par ordre du roi Charles Ier.

[Colliers d'or, chaînes, bagues, armes, avec pierreries, croix d'or.]

> Rymer (T.), *Fœdera*. 1re édit. et réimpression de Holmes, t. XIX, p. 90-92 (cf. p. 150-152). — *Ibid.*, 3e édit., t. VIII, 3e part., p. 53-54 (cf. p. 91-93), (avec traduction française).

1629, 26 juin.

4104. — Inventaire, après décès, des meubles de Sir Thomas Barrington, à Hatfield Priory, comté d'Essex.

> Lowndes (G.-H.), *Transactions of the Essex Archaeological Society*, nouv. sér., t. III (1889), p. 156-176.

1629, 4 juillet.

4105. — Inventaire estimatif, après décès, des meubles et de l'argenterie de Sir Timothy Hutton, dans sa maison de Richmond, comté de York.

> Raine (J.), *The Correspondence of Dr Matthew Hutton. Archbishop of York* [t. XVII *Surtees Society*], (London, J.-B. Nichols and Son. 1843, in-8°), p. 253-254.

1629

4106. — Inventaire du mobilier de l'église paroissiale de Sainte-Marie de Lichfield.

> Harwood (T.), *The History and Antiquities of the Church and City of Lichfield*. p. 466.

1629 (?)

4107. — Inventaire estimatif, après décès, des meubles de Sir Timothy Hutton, chevalier, dans sa maison à Marske, comté de York.

> Raine (J.), *Archaeologia Aeliana*, nouv. sér., t. V (1861), p. 59-60.

1630, 3 avril.

4108. — Inventaire d'objets précieux du Trésor royal, dont une partie fut réservée par le roi Charles, une partie vendue par son ordre.

[Agate gravée des portraits d'Henri VIII et d'Édouard VI, grande croix d'or, joyaux, pierreries et perles.]

Rymer (T.), *Fœdera*, 1ʳᵉ édit. et réimpression de Holmes, t. XIX, p. 147-149. — *Ibid.*, 3ᵉ édit.. t. VIII, 3ᵉ part., p. 88-91 (avec traduction française).

1630, 30 décembre.

4109. — Inventaire du mobilier de l'église paroissiale de Repton, comté de Derby.

Cox (J.-C.), *Journal of the Derbyshire Archaeological and Natural History Society*, t. I (1879), p. 33.

1630

4110. — Inventaire du mobilier de l'église paroissiale d'All Saints de Newcastle-upon-Tyne.

Sopwith (T.), *Historical and descriptive account of All Saints Church in Newcastle-upon-Tyne* (Newcastle, Edward Walker, 1826, in-8ᵒ), p. 11-12.

1631, janvier-février.

4111. — Inventaire de l'armurerie royale de Greenwich, envoyée plus tard à la Tour de Londres.

Cooper (W.-D.), *Archaeologia*, t. XXXVII (1857), p. 486-488.

1632

4112. — Inventaire du mobilier de l'église d'All Saints de Derby.

Cox (J.-C.) et Hope (W.-H.-St John), *The Chronicles of the Free Chapel of All Saints, Derby*. p. 178-179.

1633, 10 mars.

4113. — Inventaire estimatif, après décès, des meubles de Henry Grey, gentilhomme, de Kyloe.

Raine (J.), *North Durham*, p. 193.

1633, 10 mars.

4114. — Inventaire estimatif du mobilier du manoir de Selaby, après le décès de Francis Brakenbury, gentilhomme.

Surtees (R.), *The History and Antiquities of the County Palatine of Durham*, t. IV, p. 18.

1634, 16 janvier.

4115. — Inventaire du mobilier de la cathédrale de York.

Raine (J.), *The Fabric Rolls of York Minster*, p. 316-317.

1634

4116. — Inventaire du mobilier de l'église « Great Saint Mary's » de Cambridge.

> Sandars (S.), *Notes on Great Saint Mary's Church, Cambridge*, p. 56.

1635, 7 janvier.

4117. — Inventaire estimatif, après décès, du mobilier de la maison de campagne de Lettice, comtesse de Leicester, à Drayton-Basset, comté de Stafford.

> Halliwell (J.-O.), *Ancient Inventories*, p. 1-42.

1635, 14 février.

4118. — Inventaire estimatif, après décès, du mobilier de la maison de Lettice, comtesse de Leicester, à Londres (Essex House).

> *Ibid.*, p. 43-50.

1635, 30 mars.

4119. — Inventaire du mobilier de l'église d'All Saints de Derby.

> Cox (J.-C.) et Hope (W.-H.- St John), *The Chronicles of the Free Chapel of All Saints, Derby*, p. 179.

1635

4120. — Inventaire du mobilier de l'église paroissiale de Saint-André de Plymouth.

> Rowe (J.-B.), *The Church of St Andrew, Plymouth*, p. 43.

Vers 1635.

4121. — Inventaire du mobilier de l'église paroissiale de Billingham.

> Surtees (R.), *The History and Antiquities of the County Palatine of Durham*, t. III, p. 147.

1636, 24 septembre.

4122. — Inventaire du mobilier de l'hôpital de Sherburn, comté de Durham.

> [Allan (G.)], *Collections relating to Sherburn Hospital* (Printed in the year 1771, in-4°, 4 p. : le volume est sans pagination). — Hutchinson (W.), *The History and Antiquities of the County Palatine of Durham* (Newcastle, S. Hodgson : London, Robinsons, 1787, in-4°), t. II, p. 597-598.

1637, 29 mars.

4123. — Inventaire estimatif, après décès, de John Hyde, curé de Mottram, comté de Chester.

> Earwaker (J.-P.), *East Cheshire*, t. II, p. 128.

1637, 15 avril.

4124. — Inventaire du mobilier de l'église paroissiale de Hawsted, comté de Suffolk.

> Cullum (J.), *The History and Antiquities of Hawsted, in the County of Suffolk* (London, John Nichols, 1784, in-4°), p. 33-35 [cette 1re édition est le n° XXIII de la *Bibliotheca Topographica Britannica* de John Nichols]. — *Ibid.*, 2e édit. (London, J. Nichols, Son and Bentley, 1813, in-4°), p. 31-34.

1637

4125. — Inventaire du mobilier de l'église paroissiale de Saint Mary at Axe de Londres.

> Malcolm (J.-P.), *Londinium redivivum*, t. I, p. 62-63.

Peu après 1637 (?)

4126. — Inventaire du mobilier de l'église paroissiale de Youlgreave, comté de Derby.

> Sleigh (J.), *The Reliquary*, t. IV (1863-1864), p. 189. — Cox (J.-C.), *Notes on the Churches of Derbyshire*, t. II, p, 335-336.

1638, 30 avril.

4127. — Inventaire du mobilier de l'église paroissiale de Wilmslow, comté de Chester.

> Earwaker (J.-P.), *East Cheshire*, t. I, p. 109-110.

1639, 15 avril.

4128. — Inventaire estimatif sommaire, après décès, des meubles de Dame Dorothy Legh, veuve.

> Piccope (G.-J.), *Lancashire and Cheshire Wills and Inventories*, t. III, p. 210-212.

1639, vers octobre.

4129. — Inventaire des tableaux, statues, bronzes et curiosités de Charles Ier, rédigé par Vandervoort, gardien de ces trésors.

> *A Catalogue and Description of King Charles the First's capital collection of Pictures, Limnings, Statues, Bronzes, Medals, and other Curiosities; now first published from an original manuscript in the Ashmolean Museum at Oxford* (London, W. Bathoe, 1757, in-4°), p. iv et 202 (dont p. 183-202, index). A la fin, 8 pages de pagination spéciale, détails de vente. — Scharf (G.), *Archaeological Institute of Great Britain and Ireland. Old London; Papers read at the London Congress, July 1866*, p. 323-347 (extraits).

1639

4130. — Inventaire du mobilier de l'église paroissiale de Mackworth, comté de Derby.

> Cox (J.-C.), *Notes on the Churches of Derbyshire*, t. IV, p. 292.

1641, 8 ou 16 janvier.

4131. — Inventaire de la bibliothèque, et du mobilier de la maison de l'École de grammaire, à Sandwich, comté de Kent [latin et anglais].

Boys (W.), *History of Sandwich*, p. 239-241.

1642, 5 mars.

4132. — Inventaire estimatif, après décès, de Roger Widdrington, gentilhomme, de Harbottle.

[Vêtements, joyaux et ornements personnels, argenterie.]

Raine (J.), *North Durham*, p. 222-223 (extraits).

1642, 8 juillet.

4133. — Inventaire du mobilier de l'église paroissiale de Cartmel.

Ffolliott (W.), *Cartmeltoniana; being extracts from the manuscript books contained in Cartmel Church* (London, Wertheim and Macintosh, 1854, in-12). p, 17. — Rigge (H.-F.), *Transactions of the Cumberland and Westmorland Archaeological Society*, t. VII (1884), p. 103-104.

1642, 3 août.

4134. — Inventaire de l'argenterie du Queens College, à Cambridge, et des membres du collège, envoyée au roi Charles Ier pour subvenir aux besoins de la guerre.

Cooper (C.-H.), *Cambridge Antiquarian Communications* [*Cambridge Antiquarian Society*], t. I (1859), p. 243-250.

.1642

4135. — Inventaire de la salle commune d'Emmanuel College, à Cambridge.

Willis (R.) et Clark (J.-W.), *The Architectural History of the University of Cambridge*, t. III, p. 383.

1643, 2 juin.

4136. — Inventaire estimatif, après décès, de Robert Tatton, gentilhomme, de Withenshaw, comté de Chester.

Earwaker (J.-P.), *East Cheshire*, t. I, p. 313-314 (extraits).

1643, 2 septembre.

4137. — Inventaire des meubles de William Ffarrington, gentilhomme, de Worden, comté de Lancaster, confisqués par les adhérents du parlement.

Ffarington (S.-M.), *The Farington Papers* [t. XXXIX *Chetham Society*], (Manchester, 1856, in-4°), p. 93-95 (extraits).

1643, 21 octobre.

4138. — Inventaire sommaire du mobilier de l'hôpital de Bablake, à Coventry.

The Warwickshire Antiquarian Magazine, p. 401-402.

1643

4139. — Inventaire du mobilier de l'église paroissiale de Sydling Saint Nicholas, comté de Dorset.

Hutchins (J.), *The History and Antiquities of the County of Dorset*, 2ᵉ édit., t. IV, p. 315. — *Ibid.*, 3ᵉ édit., t. IV, p. 511.

1643

4140. — Inventaire du mobilier de la maison de la gilde des quincailliers de Londres.

Nicholl (J.), *Some Account of the Worshipful Company of Ironmongers*, p. 434-438 (avec notice sommaire de l'argenterie seule, cf. p. 447).

1644, 23 janvier.

4141. — Inventaire du mobilier du château de Skipton, à la mort du dernier Clifford, comte de Cumberland.

Whitaker (T.-D.). *The History and Antiquities of the Deanery of Craven* (1805), p. 301-303 (extraits). — *Ibid.*, 2ᵉ édit. (1812), p. 342-344. — *Ibid.*, 3ᵉ édit. (1878), p. 414-416.

1644, janvier-mars.

Inventaires de meubles de royalistes et de catholiques du comté de Bedford, saisis par ordre du Parlement [avec prix].

4142. — Christopher Turner, p. 181-182.

4143. — Sir William Palmer, p. 182-184.

4144. — Lady Mordaunt, p. 184-186.

4145. — Spencer Potts, p. 186.

4146. — Sir Peter Osborne, p. 187-189.

4147. — Peter Richardson, p. 189.

4148. — Robert Huett, p. 190.

4149. — William Yarwey, p. 190-191.

4150. — Sir Francis Crawley, p. 191-192.

4151. — Richard Watson, p. 192-194.

4152. — Le comte de Cleveland, p. 194-197.

Blaydes (F.-A.), *Reports and Papers of the Associated Architectural Societies*, t. XIX (1887-1889).

1646, 24 avril.

4153. — Inventaire estimatif, après décès, des meubles de Sir
William Wilmer, chevalier, de Catton, comté de Derby.

Ussher (R.). *The Reliquary*, t. XXI (1880-1881), p. 176-178.

1646

4154. — Inventaire sommaire des objets enlevés ou détruits par
les soldats du Parlement, après la reddition du château de
Corfe.

Bankes (G.), *The Story of Corfe Castle* (London, John Murray, 1853,
in-12), p. 250-254 — Hutchins (J.), *The History and Antiquities
of the County of Dorset*, 3ᵉ édit., t. I, p. 494-495 (extraits).

1649, 23 avril.

4155. — Inventaire estimatif, après décès, des meubles de
George Lee, fermier, de Little Sheffield, comté de York.

The Reliquary, t. Ii (1861-1862), p. 161-162.

1649, 13 août.

4156. — Inventaire estimatif, après décès, du trésor et de l'argenterie du roi Charles Iᵉʳ.

[Objets d'or, de vermeil et d'argent, de cristal, d'agate, de
jaspe, de madre de perle, de porcelaine, coupes, images,
salières, montres, chandeliers, bassins, colliers, plats, couronnes royales, sceptres, pierreries.]

Brand (J.), *Archaeologia*, t. XV (1806), p. 271-290. — Grose (F.) et
Astle (F.), *The Antiquarian Repertory*, nouv. édit. (1807), t. I,
p. 79-80 (extraits).

Vers 1649.

4157. — Inventaire des tableaux de George Villiers, duc de
Buckingham, vendus à Anvers, lors de son exil, après la défaite
du parti royal.

*A Catalogue of the curious Collection of pictures of George Villiers,
Duke of Buckingham, in which is included the valuable Collection of
Sir Peter Paul Rubens* (London, W. Bathoe, 1758, in-4°), 23 p.

1650, mai.

4158. — État de quelques tableaux et des tapisseries du roi
Charles Iᵉʳ d'Angleterre, mis en vente à Somerset House,
après sa mort [français : avec prix estimatifs].

Cosnac (Le comte Gabriel-Jules de), *Les richesses du Palais Mazarin*
(Paris, Renouard, 1884, in-4°), p. 413-420.

1650

4159. — Inventaire du mobilier enlevé après la mort du roi Charles Ier, au château royal de Ludlow.

[Meubles, tapis, vaisselle, linge, portraits du Roi et de la Reine : avec prix de vente.]

Clive (R.-H.), *Documents connected with the History of Ludlow and the Lords Marchers* (London, John Van Voorst, 1841, in-4°), p. 42-58.

1653, 24 mai.

4160. — Inventaire estimatif, après décès, des meubles de Thomas Curwen, gentilhomme, de la paroisse de Saint Bridgett, comté de Cumberland.

[Linge et argenterie, vêtements, vaisselle et ustensiles, ferme.]

Jackson (W.), *Transactions of the Cumberland and Westmoreland Archaeological Society*, t. V (1881) p. 317-320.

1658, 25 mars.

4161. — Inventaire du mobilier de l'église paroissiale de Houghton-le-Spring, comté de Durham.

Barmby (J.), *Churchwardens' Accounts*, p. 319 (cf. p. 320).

1659, 11 avril.

4162. — Inventaire du mobilier de l'église paroissiale de Saint-Michel de Coventry.

Sharp (Thomas), *Illustrative Papers on the History and Antiquities of Coventry*, p. 46 (extraits).

1660, 6 octobre.

4163. — Inventaire des armes et de l'armurerie ancienne et moderne de la Tour de Londres.

Bray (W.), *Archaeologia*, t. XI (1794), p. 98-103 (extraits). — Way (A.), *The Archaeological Journal*, t. IV (1847), p. 344-351.

1661, 24 janvier.

4164. — Inventaire du mobilier de la maison du prévôt de Kings College, à Cambridge.

Clark (J.-W.), *Cambridge Antiquarian Communications* [Cambridge Antiquarian Society], t. IV (1881), p. 306-310.

1661, 15 avril.

4165. — Inventaire du mobilier de l'église paroissiale de Cartmel, comté de Cumberland.

Ffolliott (W.), *Cartmeltoniana*, p. 21. — Rigge (H.-F.), *Transac-*

tions of the Cumberland and Westmorland Archaeological Society,
t. VII (1884), p. 105.

1662, 31 mars.

4166. — Inventaire du mobilier de l'église paroissiale de Bray,
comté de Berks.

Kerry (Ch.), *The History of the Hundred of Bray*, p. 30.

1662

4167. — Inventaire estimatif, après décès, des meubles de Richard
Hunn, fermier, de Worthing, comté de Sussex.

Fenton (J.-A.), *Sussex Archaeological Collections* [*Sussex Archaeological Society*], t. XXXV (1887), p. 98-99.

1663, 7 mai.

4168. — Inventaire du mobilier de l'église paroissiale de Houghton-le-Spring, comté de Durham.

Barmby (J.), *Churchwardens' Accounts*, p. 330.

1663

4169. — Inventaire du mobilier de l'église paroissiale de Saint
Werburgh de Derby.

Jewitt (Ll.), *The Reliquary*, t. V (1864-1865), p. 105.

1664

4170. — Inventaire du mobilier de l'église paroissiale de Saint
Werburgh de Derby.

Ibid., t. II (1861-1862), p. 45.

1666, 30 mai.

4171. — Inventaire du mobilier de l'église paroissiale de Saint-
Nicolas de Durham.

Barmby (J.), *Churchwardens' Accounts*, p. 221-222.

1666, 1er juin.

4172. — Inventaire estimatif, après décès, des meubles du manoir
de Sir Faithful Fortescue, chevalier, à Bowcomb, dans l'île
de Wight.

Clermont (Thomas Fortescue, Lord), *A History of the Family of
Fortescue in all its branches*, 2ᵉ édit. (1880), p. 231-232.

1666, 29 juillet.

4173. — Inventaire estimatif, après décès, des meubles de Rowland Mower, tonnelier, à Eyam, comté de Derby.

The Reliquary, t. III (1862-1863), p. 228.

1666

4174. — Inventaire du mobilier de l'église paroissiale de Saint
Werburgh de Derby.

Jewitt (Ll.), *The Reliquary*, t. II (1861-1862), p. 45.

1667, 10 avril.

4175. — Inventaire du mobilier de l'église paroissiale de Houghton-le-Spring, comté de Durham.

Barmby (J.), *Churchwardens' Accounts*, p. 334.

1669, 14 janvier.

4176. — Inventaire estimatif, après décès, des meubles de John
Best, gentilhomme.

Robinson (C.-B.), *Rural Economy in Yorkshire in 1641*, p. 175-176.

1669, 19 février.

4177. — Inventaire estimatif, après décès, des meubles de
Charles Wyndham, gentilhomme, de Stokesby, comté de
Norfolk.

Bulwer (J.), *Norfolk Archaeology*, t. V (1859), p. 332-340.

1670, 16 mai.

4178. — Inventaire du mobilier de l'église paroissiale de Ham-
mersmith, près de Londres.

Faulkner (Th.), *The History and Antiquities of the Parish of Ham-
mersmith* (London, Nichols and Son, 1839, in-8°), p. 104-105.

1670, 24 mai.

4179. — Inventaire de l'argenterie de l'église paroissiale de
Monken Hadley, comté de Middlesex (et additions jusqu'en
1737).

Cass (F.-C.), *Monken Hadley*, p. 176-177. — Cass (F.-C.), *Transactions of the London and Middlesex Archaeological Society*, t. IV
(1875), p. 280.

1672, 3 mai.

4180. — Inventaire du mobilier de l'église paroissiale de
Windsor.

Tighe (R.-R.) et Davis (J.-E.), *Annals of Windsor*, t. II, p. 361-362.

1672

4181. — Inventaire estimatif, après le décès du duc de Richmond, du mobilier de Cobham Hall, comté de Kent.

[Meubles, tableaux, tentures, armes, carrosse, selles.]

Robertson (W.-A.-Scott), *Archaeologia Cantiana*, t. XVII (1887), p. 393-408.

1673

4182. — Inventaire du mobilier de l'église paroissiale de Saint Mary at Axe de Londres.

Malcolm (J.-P.), *Londinium redivivum*, t. I, p. 63.

1674, 10 février.

4183. — Inventaire estimatif, après décès, des meubles de William Grey, marchand, de Newcastle-on-Tyne.

Welford (R.), *Archaeologia Aeliana,* nouv. sér., t. XI (1886), p. 80-81.

1676, 16 septembre.

4184. — Inventaire estimatif, après décès, des meubles de Robert Marples, gentilhomme, de Barlborough, comté de Derby.

Addy (S.-O.), *Journal of the Derbyshire Archaeological and Natural History Society*, t. IX (1887), p. 25-32.

1681, 28 janvier.

4185. — Inventaire du mobilier de l'église paroissiale d'Abenhall, comté de Gloucester.

Maclean (J.), *Transactions of the Bristol and Gloucestershire Archaeological Society*, t. VI (1881-1882), p. 172-173.

1681, 11 novembre.

4186. — Inventaire du mobilier de la cathédrale de York.

Raine (J.), *The Fabric Rolls of York Minster*, p. 317-318.

1682

4187. — Inventaire du mobilier de l'église paroissiale de Saint-Martin de Birmingham.

Bunce (J.-T.), *History of Old St Martin's Birmingham*, p. 38.

1683, 20 novembre.

4188. — Inventaire estimatif, après décès, des meubles d'Edward Acton, gentilhomme, de Dunvall, comté de Salop.

Smith (H.), *The Reliquary*, t. XXIV (1883-1884), p. 161-162.

1683

4189. — Inventaire du mobilier de l'église paroissiale de Long Melford, comté de Suffolk.

Parker (W.), *The History of Long Melford*, p. 119-120.

1684, 3 novembre.

4190. — Inventaire estimatif, après décès, des meubles de Philip Lewis, curé de Presteign, comtés de Radnor et de Hereford.

Original Documents printed as a Supplement to the Archaeologia Cambrensis, t. I (1877), p. vii-ix.

1684, 28 novembre.

4191. — Inventaire du mobilier de la cathédrale de Worcester.

Noake (J.), *The Monastery and Cathedral of Worcester*, p. 547.

Entre 1685 et 1688.

4192. — Inventaire des tableaux de Jacques II.

A Catalogue of the Collection of Pictures, etc., belonging to King James the Second (London, W. Bathoe, 1758, in-4°), p. iv et 110.

1688, 24 juin.

4193. — Inventaire des meubles de la gilde des marchands tailleurs de Bristol.

Fox (F.-F.), *Some Account of the Ancient Fraternity of Merchant Taylors of Bristol* (Bristol, J. Wright and C°, 1880, in-4°), p. 101-104.

1688

4194. — Inventaire du mobilier de la salle commune de Christ's College, à Cambridge.

Willis (R.) et Clark (J.-W.), *The Architectural History of the University of Cambridge*, t. III, p. 384.

1691, 14 décembre.

4195. — Inventaire estimatif, après décès, des meubles de la maison de Strelley Pegg, gentilhomme, à Beauchief Hall, comté de Derby.

Addy (S.-O.), *Journal of the Derbyshire Archaeological and Natural History Society*, t. III (1881), p. 57-66.

1691, 22 décembre.

4196. — Inventaire du mobilier de la cathédrale de York.

Raine (J.), *The Fabric Rolls of York Minster*, p. 318.

1692, 16 juin.

4197. — Inventaire estimatif sommaire, après décès, des meubles de Cuthbert Orfeur, gentilhomme, de Pryor Hall, comté de Cumberland.

Jackson (W.), *Transactions of the Cumberland and Westmoreland Archaeological Society*, t. III (1878), p. 118.

1692

4198. — Inventaire du mobilier de l'église paroissiale de Prestbury, comté de Chester.

> Earwaker (J.-P.), *East Cheshire*, t. II, p. 185.

1695, 1er octobre.

4199. — Inventaire estimatif, après décès, des meubles de Ca-
tharine Bagshaw, de Milnehousedale, comté de Derby.

> Kirke (H.), *The Reliquary*, t. VI (1865-1866), p. 109.

1695

4200. — Inventaire du mobilier de l'église paroissiale de Tad-
dington, comté de Derby.

> Cox (J.-C.), *Notes on the Churches of Derbyshire*, t. II, p. 121.

1698, 1er janvier.

4201. — Inventaire estimatif, après décès, des meubles de Cor-
nelius Humphrey, fermier, de Newhaven, comté de Sussex.

> Spurrell (F.), *Sussex Archaeological Collections* [*Sussex Archaeolo-
> gical Society*], t. VI (1853), p. 192-196.

1698, 6 septembre.

4202. — Inventaire de l'argenterie et des ornements de l'église
paroissiale de Cartmel.

> Ffolliott (W.), *Cartmeltoniana*, p. 23. — Rigge (H.-F.), *Transactions
> of the Cumberland and Westmorland Archaeological Society*, t. VII
> (1884), p. 106.

1698, 5 décembre.

4203. — Inventaire estimatif sommaire, après décès, des meubles de Thomas Machell, curé de Kirkby-Thore, comté de
Westmoreland.

> Ferguson (R.-S.), *Transactions of the Cumberland and Westmore-
> land Archaeological Society*, t. IV (1879), p. 5.

COMMENCEMENT DU XVIIe SIÈCLE (?)

4204. — Inventaire du mobilier de l'église paroissiale de Dag-
lingworth, comté de Gloucester.

> Bazeley (W.), *Transactions of the Bristol and Gloucestershire Ar-
> chaeological Society*, t. XII (1887-1888), p. 64-65.

1702

4205. — Inventaire du mobilier de l'église paroissiale de Saint-
Nicolas de Durham.

Barmby (J.), *Churchwardens' Accounts*, p. 262-263.

1703, 22 juillet.

4206. — Inventaire estimatif, après décès, de Jacques II.
[Tableaux, argenterie, livres, linge, quelques meubles, joyaux.]

Ferrers (E.), *Archaeologia*. t. XVIII (1817), p. 229-238.

1705, 7 juin.

4207. — Inventaire du mobilier de l'église paroissiale de Rotherham.

Guest (J.), *Historic Notices of Rotherham* (Worksop, Robert White, 1879, in-f°), p. 195.

1706, novembre.

4208. — Inventaire du mobilier de l'église paroissiale de Saint-André de Norwich.

L'Estrange (J.), *Norfolk Archaeology*. t. VII (1872), p. 65.

1707-1708

4209. — Inventaire des meubles de la gilde des quincailliers de Londres.

Nicholl (J.), *Some Account of the Worshipful Company of Ironmongers*, p. 448-450 (extraits).

1708, 6 avril.

4210. — Inventaire du mobilier de l'église paroissiale de Souldrop.

Harvey (W.-M.), *History and Antiquities of the Hundred of Willey, in the County of Bedford* (London, Nichols and Sons, 1872-1878, in-4°), p. 451.

1709

4211. — Inventaire du mobilier de l'église paroissiale de Saint Mary Coslany de Norwich.

L'Estrange (J.), *Norfolk Archaeology*, t. VII (1872), p. 77-78.

1712, 8 mai.

4212. — Inventaire du mobilier de l'église paroissiale de Saint Mildred Poultry de Londres (et additions jusqu'en 1715).

Milbourn (T.), *History of the Church of St Mildred the Virgin, Poultry*, p. 80-81.

1713, 7 juin.

4213. — Inventaire de l'argenterie de l'église paroissiale de
Saint Mary Colechurch de Londres.

> *Ibid.*, p. 74-75.

1718, 5 juillet.

4214. — Inventaire estimatif sommaire, après décès, des meubles d'Edward Orfeur, notaire, à Carlisle.

> Jackson (W.), *Transactions of the Cumberland and Westmoreland
> Archaeological Society*, t. III (1878), p. 120.

1718, 20 octobre.

4215. — Inventaire des meubles d'Esther Hervart, veuve de
Charles de la Tour, marquis de Gouvernet, réfugié Huguenot.
[Joyaux et argenterie, meubles, tableaux et portraits, por-
celaines.]

> Agnew (D.-C.-A.), *Protestant Exiles from France, chiefly in the
> reign of Louis XIV* (s. l., 1886, in-fol.), t. II, p. 195-198.

1720, 21 janvier.

4216. — Inventaire estimatif sommaire, après décès, des meubles de Thomas Law, fermier, de Cowdale, paroisse de Bampton, comté de Cumberland.

> Jackson (W.), *Transactions of the Cumberland and Westmoreland
> Archaeological Society*. t. II (1876), p. 270-271.

1721, 10 avril.

4217. — Inventaire du mobilier de l'église paroissiale de Sherborne, comté de Dorset.

> Hutchins (J.), *The History and Antiquities of the County of Dorset*,
> 2ᵉ édit., t. IV, p. 114-115. — *Ibid.*, 3ᵉ édit., t. IV, p. 259-260.

1721, 24 novembre.

4218. — Inventaire estimatif sommaire, après décès, des meubles de Thomas Morris, ancien capitaine d'infanterie, demeurant à Sebergham, comté de Cumberland.

> Ferguson (R.-S.), *Transactions of the Cumberland and Westmorland
> Archaeological Society*. t. VII (1884), p. 252.

1723, 4 janvier.

4219. — Inventaire estimatif sommaire, après décès, des meubles d'Anthony Law, fermier, de Carhullon, paroisse de
Bampton, comté de Cumberland.

> Jackson (W.), *Transactions of the Cumberland and Westmoreland
> Archaeological Society*, t. II (1876), p. 272-273.

1723

4220. — Inventaire de l'argenterie appartenant à la ville de Kingston-upon-Hull.

> Tickell (J.), *The History of the Town and County of Kingston-upon-Hull* (Hull, Thomas Lee and C°, 1798, in-4°), p. 697-698.

1726, 21 mars.

4221. — Inventaire estimatif sommaire, après décès, des meubles de Charles Orfeur, gentilhomme, de Plumbland, comté de Cumberland.

> Jackson (W.), *Transactions of the Cumberland and Westmoreland Archaeological Society*, t. III (1878), p. 122.

1727, 26 août.

4222. — Inventaire estimatif, après décès, des meubles d'Elizabeth Milton (veuve du poète).

> *Transactions of the Historic Society of Lancashire and Cheshire*, t. VII (1854-1855), p. 29*-31*.

1735, 16 mai.

4223. — Inventaire estimatif, après décès, des meubles de Henry Kyrke, de Chapel-en-le-Frith, comté de Derby.

> *The Reliquary*. t. V (1864-1865), p. 174.

1740, 9 août.

4224. — Inventaire estimatif sommaire, après décès, des meubles d'Edmund Law, fermier, de Bomby, paroisse de Bampton, comté de Cumberland.

> Jackson (W.), *Transactions of the Cumberland and Westmoreland Archaeological Society*, t. II (1876), p. 274.

1748, 29 avril.

4225. — Inventaire du mobilier de l'hôpital de Sherburn, comté de Durham.

> [Allan (G.)], *Collections relating to Sherburn Hospital*, à la fin du volume, 2 pages. — Hutchinson (W.), *History of the County of Durham*, t. II, p. 600.

1751, 29 août.

4226. — Inventaire, après décès, des vêtements de la duchesse de Richmond confiés à Philadelphia Turner (note des vêtements dans son cercueil).

> *The Reliquary*, t. VI (1865-1866), p. 236-237.

1751

4227. — Inventaire du mobilier de la chapelle de Quarndon, comté de Derby.

Cox (J.-C.) et Hope (W.-H.-St John), *The Chronicles of the Free Chapel of All Saints, Derby*, p. 89.

1753

4228. — Inventaire du mobilier de l'église paroissiale de Long Melford, comté de Suffolk.

Parker (W.), *The History of Long Melford*, p. 121.

1786, 21 juin.

4229. — Inventaire du mobilier de l'église paroissiale d'Ecclesfield.

Eastwood (J.), *History of the Parish of Ecclesfield*, p. 537.

1787, 1ᵉʳ septembre.

4230. — Inventaire de l'argenterie et ustensiles de l'église paroissiale de Cartmel.

Ffolliott (W.), *Cartmeltoniana*, p. 30.

1794, 29 mai.

4231. — Inventaire du mobilier de l'église paroissiale de Scarning.

Carthew (G.-A.), *The Hundred of Launditch*, t. III, p. 367.